KB253675

자연 회귀의 사회학

자연 회귀의 사회학

살림H클래식

자연회귀의 사회학

미셸 마페졸리

■ 김무경 지음

살림

저자의 말

  이 책은 그간 우리나라에 '일상' '부족주의' '노마디즘' 등의 주제를 통하여 어느 정도 알려져 있는 프랑스 사회학자 미셸 마페졸리(Michel Maffesoli, 1944~) 저작의 전반적인 소개 및 해석을 그 목적으로 하고 있다.

  이를 위해 우리는 '자연 회귀'라는 문제 틀을 제안하고자 하며, 이 점에 이 책의 주된 의의가 있을 것 같다. 여기서 '자연'은 우선 통상적 의미에서의 '자연'을 의미하며, 이 경우, 그간 '문화'에 의해 배제되었던 부분을 뜻할 것이다. 또 '자연'은 인간 속의 '자연' 혹은 본성을 뜻함으로서, 인간 이성에 의해 배제되었던 감성이나 열정, '동물적인 부분' 혹은 상상력을 뜻하기도 할 것이다. 따라서 이 책은, 모더니티 시기 동안 제대로 인정받지 못하거나 배제되었던 가치나 생활양식들, 즉 '자연'이라는 공통어로 묶어서 특징지을 수 있는 가치나 생활양식들이, 포스트 모던 시대에 회귀하고 있다고 가정하고, 그 모습을 서술하고 분석하는 것이 마페졸리 저술의 일관된 문제 틀이라는 전제를 그 출발점으로 한다.

방법론적이고 인식론적인 측면에서 보았을 때 이 책은, 이와 같이 모더니티 시기에서 배제되었던 변수들을 모두 포함하여 우리의 연구 대상—그것이 개인이든, 사회이든, 문화이든—을 살아 있는 '생명체'—이것이 바로 '자연'의 또 하나의 주된 의미일 것이다—로 파악하는 '유기적' 관점, 통합적 관점의 회복이 마페졸리에게 있어서 핵심적임을 강조하고자 한다.

그러나 우리는 무엇보다도 이 책이, 사회학적 저술이 보통 사람들에게 그리고 그들의 긴 '입문 과정'이라고 할 수 있는 그들의 '삶' 자체에 동반자 구실을 할 수 있기를 모색하는 마페졸리 저술의 끄는 힘을 독자들이 맛볼 수 있는 계기가 되기를 기원한다.

많은 분들의 도움으로 이 책을 마칠 수 있었다. 우선, 저자의 유학 시절 지도 교수이자 이제는 오랜 친구이기도 한 마페졸리 교수님께 감사의 말씀을 드린다. 스승과 제자의 인연도 인간살이의 여러 인연들 중 매우 중요한 인연일 터인데, 이를 통하여 많이 배우게 하고 성찰하게 해주신 것 같다.

그간 마페졸리 저술을 소개하고 번역해오신 박재환 교수님과 이상훈 교수님, 그리고 마페졸리의 한국 제자인 여러 동료 선생님들께도 감사의 말씀을 드린다. 그들과의 그간의 대화 및 토론이 또한 이 책의 밑거름이 되었다. 그리고 마페졸리 저술에 대한 훌륭한 분석가이고, 이 책 쓰기를 본인에게 권유해주신 진형준 교수님, 박치완 교수님께도 감사의 뜻을 전한다. 이 책을 쓸 수 있도록 여건을 마련해주신 서강대학교 사회학과 동료 교수님들, 대학원 세미나를 통해 마페졸리 저술에 대한 토론을 함께 이끌어주었던 서강대학교 사회학과 대학원생들에게도 깊은 감사의 뜻을 전하고 싶다.

그리고 책의 출판을 기꺼이 맡아주신 살림 출판사의 심만수 사장님께 감사드린다. 인문학 저서의 진작을 위한 평소 그의 의지 덕분에 이 책이 나올 수 있었다. 마지막으로 필자의 늦은 작업 속도 때문에 애를 많이 먹었고, 글의 미흡함을 여러 모로 개선하기 위하여 많은 노력을 기울여주신 살림 출판사의 강훈 부장님과 담당 편집인들께도 심심한 감사의 마음을 전하고 싶다.

2007년 8월 김무경

차례

인간이라는 자연

미셸 마페졸리는 1944년 프랑스 남부에서 태어났다. 그의 몇 가지 전기적 사항들은 그의 사유를 우리가 이해하는 데에 도움을 줄 수 있을 것이다. 그의 할아버지는 이탈리아인으로서 고향을 떠나 프랑스 남부의 광산촌에 자리 잡았고, 그의 아버지는 이탈리아계 2세로서 아버지의 직업을 이어받고 일생을, 마페졸리 자신이 본인의 저서에서 밝히듯, '프로메테우스 이데올로기'에 바친 광부이다.

그 선조들이 자리 잡은 광산촌은, 그 당시 여러 이유들로 이주해온 이탈리아인들, 폴란드인들, 포르투갈인들 그리고 그 후 알제리인들과 모로코인들이 공존하는 마을이었는데, 이와 같은 조건은 마페졸리에게 고유한 포퓰리즘, 그의 저작 속 '노마디즘' '역동적 뿌리내림' 등의 주제를 짐작하게 해준다. 부인 헬렌 마페졸리가 들려주는 그 당시의 일화들 또한 이와 같은 기원의 의미를 되돌아보게 한다.(Hélène-strohl-maffesoli, 2004) 마페졸리의 삼촌은 그가 태어나기 전 광산 사고로 목숨을 잃었고, 그의 부친 또한 작업 중 사고로 척추를 다치고, 한

쪽 눈을 실명하게 된다. 삶과 연결된 '죽음' '비극'의 테마는 마페졸리 저작의 중심을 이루는데, 이는 항상 민중적인 삶의 고락, 자연의 산물들이 주는 기쁨의 향유, 축제의 과도함 등과 늘 함께하는 것들이었다.

이를 마페졸리는 나중에 한 잡지에서 '체화된 지식'이라고 덧붙인다. 예를 들어 마을에서 종소리가 울리면 마을 사람들은 '체화된 지식'으로 또 한 사람의 광부가 사고로 죽었다는 것을 안다는 것이다. 그리고 이 '체화된 지식'에 대한 존중은 그의 전 저작을 관통한다고 할 수 있을 것이다.

프랑스 68혁명 즈음의 마페졸리는, 스트라스부르에서 상황주의자였고, 마르크스와 하이데거에 있어서의 '기술'을 주제로 석사 논문을 썼으며, 줄리앙 프로인트(Julian Freund) 등을 스승으로 모시게 된다. 그 후 1970년대의 대부분을 마페졸리는 연구원 자격으로 그르노블로 가서 생활하게 되는데, 이 기간 동안 그는 많은 학문적 동지들, 삶의 동반자들을 만나게 된다. 우리에게 잘 알려진 이들만을 든다면 장 보드리야르(Jean Baudrillard), 에드가르 모랭(Edgar Morin), 피에르 상소(Pierre Sansot) 그리고 무엇보다 질베르 뒤랑(Gilbert Durand)이 그들이다. 그러나 무엇보다 이 시기는 친구들과의 우정, 사랑, 모험, 새로운 공동체의 모색 등이 그에게 중요한데, 이 체험은 그 후 '부족주의' '노마디즘' '일상적이고 창건적인 폭력' 등의 주제로 되풀이되고 심화된다.

뒤랑의 지도하에 그는 국가 박사 학위논문(「사회동학 : 갈등적 사회」)을 쓰고, 1978년 스트라스부르 대학교를 거쳐서, 1981년 소르본 대학교 정교수로 임용되게 된다. 대학 사회의 관료주의와 편협한 아카데미즘에 대한 신랄한 비판을 퍼붓곤 하던 그는, 이제 많은 제자들에 둘러싸인, 그가 사용하길 좋아하는 표현을 빌린다면 '구식(舊式) 교수(vieux professeur)'로서 15권 이상의 저술을 출판하고, 그중 많은 부분들이 외국어로 번역되어 널리 알려지게 된다. 따라서 마페졸리가 비록 '프로메테우스적인 소부르주아'라고 스스로를 정의 내리기도 한다지만, 모랭이 지적하듯 마페졸리는 그의 나이에도 불구하고 급진성과, 그의 심층에서 우러나오는 삶에 대한 멜랑콜리를 간직하고 있다고 할 수 있다.

한 글에서 마페졸리는 "사회학은 우리 시대의 이데올로기"라고 지적한 적이 있다. 우리는 이 지적을, 마치 1930년대에 '사회학 콜레주(Collège de Sociologie)'의 조르주 바타유(Georges Bataille), 미셸 레리(Michel Leiris), 로제 카유아(Roger Caillois) 등이 언급했던 '선택적 공동체'처럼, 마페졸리와 그의 동료 친구들은 그들이 구상했던 새로운 모둠 살이의 양식과 가치관들을, 지금은 경직화되어 죽어가고 있는 유럽 사회에 일종의 충격요법처럼 주입함으로써, 유럽 사회를 재생시키는 것을 그들의 목적으로 하고 있음을 드러낸 표현이라고 생각한다. 그의 글이 얼마나 반향을 일으키고 있는지는 따로 살펴볼 문제지만, 그의 글이 파트리크 타퀴셀(Patrick Tacus-sel)이 지적하듯, 학자로서는 큰 용기를 갖고, 적어도 『부족의 시대』(TT) 이후로 작금의 사회 문화 변동을 본격적으로 다루면서, 일반 독자들에게 읽힐 수 있는 방식을 최대한 찾아가기 시작했다는 점은 강조해야 할 것 같다. 즉 마페졸리가 심층적인 학문적 쟁점들을 놓치지 않으면서 일반 독자들과의 접촉을 유지하려는 흔치 않은 노력을 견지하고 있음은 분명하고, 이런 각도에서 그의 저작을 바라보는 것도 의미 있는 일일 것이다.

방금 우리는 유럽 사회를 '갱생'시킨다는, 즉 다시 '생명력'과 '삶'을 불어넣는다는 표현을 사용하였는데, 바로 이와 같은 '삶' '생명' '생기론(vitalisme)'에 대한 문제의식이 마페졸리의 전 저작을 관통한다고 우리는 가정하고자 한다. 그리고 이러한 그의 관점을 우리는 '자연'의 문제 틀을 통하여 해석하고자 한다.

마페졸리 저작의 전반적 관심과 문제의식 그리고 방법론은 그의 국가 박사 학위논문에 잘 나타나 있다. 따라서 이에 대한 분석은 그의 중요 문제의식을 정리하게 해주고, 향후 그의 연구 방향을 가늠하게 해준다. 이 학위논문은 차후 약간의 보완을 거쳐서 세 권의 저서(VT, EV, CP)로 나타난다.

논문—「사회동학 : 갈등적 사회La dynamique sociale: la

société conflictuelle」— 은 우선 크게 '권력(pouvoir)'과 '사회성(socialité)'의 두 부분에 할애되어 있다. 그리고 사회성은 다시 '폭력'과 '의례'의 두 주제로 나뉜다. '권력'에 관한 부분은 나중에『전체주의적 폭력』(VT)으로, '폭력'에 관한 부분은 『(일상적이고 창건적인) 폭력에 관한 에세이』(EV)로, 그리고 '의례'에 관한 부분은『현재의 정복』(CP)으로 출판된다. 그런데 논문 지도 교수였던 뒤랑이『현재의 정복』초판 서문에서 지적하고 있듯이, 논문 전체 그리고 각 소주제들을 관통하고 있는 문제의식은 '사회적 소여의 양가성(ambivalence du don-né social)'과 그것을 다룰 수 있는 방법론에 대한 탐색이라고 할 수 있다. '양가성'이라고 했지만, 그것이 나타내고자 하는 바는 마페졸리의 저작에서 '구조적 길항작용(antinomie)' '갈등적 구조' '갈등적 조화' '분화된 조화' 등의 다양한 표현으로 나타난다. 이를 뒤랑은 다시 '사회적인 것의 역설(para-doxe du social)'이라고 표현하며, 바로 이 점에서 자신의 사유와 마페졸리의 그것이 공통점이 있음을 강조한다.(G. Durand, 2004) 논문 첫머리에 나와 있는 다음의 글은 마페졸리의 그러한 의도를 잘 보여준다.

절대를 향한 열정이 있고, 그로부터 치유될 수 없다면, 끊임없이 스스로를 부정하고, 대립되는 극단을 화해시키는 것 외에 다른 출구가 없을 것이다. 모순의 원칙은 소멸될 것이고, 수동적

인 태도와 그렇지 않으면 필요성을 인정하고 그것을 자유로운
행위로 변형시키면서 고귀하게 만드는 결정 사이에 선택이 있
을 따름일 것이다.

마페졸리 저작을 관통하게 될 '역의 일치(逆의 一致, *coin-
cidentia oppositorum*)'의 문제의식이 잘 나타나 있는 곳이다.

이와 같은 '역의 일치'의 문제의식을 잘 드러내는 예로서
우선, '일상'의 경우와 이를 응용하고 발전시킨 '포스트 모던
사회성'의 경우를 살펴보기로 하자.

일상

마페졸리에게 있어서 '일상' '일상생활'은 곧 '삶'에 다름
아니다. 즉 '일상'의 문제 틀은 말하자면 '삶' 일반을 이야기
하기 위한 하나의 빌미라고 우리는 가정해본다. '일상'이란
곧, "운명에의 일상적 대면인 존재"(CO, p. 80)라는 그의 표현
에도 그 의미가 잘 드러나 있다고 할 수 있다.

본인 자신도 지적하고 있듯이, 마페졸리의 저작은 그 초기
에는 '일상'에 집중되었다면, 후기에는 이 '일상'의 일종의 일
반화로서의 포스트 모던 사회성을 이야기하고 있다.(CP, p.
9) 우리는 이 두 부분을 이 책의 1부와 2부에서 각각 살펴볼

것이다.

마페졸리에 의하면, 일상을 특징짓는 것은 무엇보다도 '체험'과 '근접성(proxémie)'이다.(CP, p. 10) 이러한 '가까운 것으로의 재집중'을 제대로 이해하기 위해서는, 한편으로는 근래 우리가 목도하고 있고 위로부터 덮어씌우는 '먼' 이데올로기들에 대한 일종의 환멸과, 다른 한편으로는 '체험'과 '근접성' 그리고 '가까운 가치들'에 근거하여 태동하고 있는, 매일매일 체험되는 다양한 이데올로기들을 대비시켜야 할 것이다.

그런데 이러한 체험과 근접성에로의 회귀는, 마페졸리에 의하면, '공공 정신'의 후퇴로서 개탄만 할 것이 아니라, 좋은 건강의 고유한 생동감으로 봐야 한다. 그런데 이 생기론은 말하자면 '유기적 사고'를 퍼뜨린다고 할 수 있는데, 유기적 사고는 다음과 같은 요소들을 가지고 있다.

내부로부터의 시선인 직관적 통찰력에 대한 강조. 소여의 다양한 요소들의 전반적이고 통합적인 파악(saisie globale et holistique)인 이해에 대한 강조. 타인들과 더불어 체험된 지식을 설립하는 것으로 느끼는 공동 경험에 대한 강조.(CP, p. 10)

그런데 이러한 유기적 사유는 사회생활에서의 '다원주의', 그 '괴물성(monstruosité)', 파열된 측면들의 원인이자 결과라고 할 수 있다. 이 측면을 파악하는 것이 바로 '일상생활의 사회학'이라고 마페졸리는 강조한다.

즉 '존재'란, 마페졸리에 의하면, "그 속에서 내부와 외부, 가시적인 것과 비가시적인 것, 물질과 비물질이, 〔……〕 설혹 12음계를 사용할지라도, 가장 조화로운 교향악 안으로 들어가는 그러한, 지속적인 신비적 참여, 끝없는 상응이기 때문이다."(ERS, p. 34) 그러나 합리주의는 '존재'가 완전히 대립되는 사물들, 존재들 그리고 현상들을 결합되게 하는 '역의 일치'의 법칙과 관련이 있다는 점을 잊고 있다는 것이다. 반면, 현재 목도할 수 있는 합리적이지 않은 폭발들은(explosions non rationnelles) '대립되는 것들의 통일체(union des contraires)', "즉 사회생활의 각 요소는 그 대립된다는 것에 관계된다는 사실"을 보여주는 그만큼의 징조 혹은 지표라는 것이다.

다시 마페졸리는 논리학에서의 '배중률'과 '포중률'의 구분을 이용하여 자신의 주장을 확인하고자 한다. 즉 합리주의에 있어서 "제삼자는 배제되어 있다면", 전통적 지식, 민중적 지혜 혹은 아주 단순한 경험들은 "제삼자는 항상 포함되어 있다(tertium datum)."라는 점을 가르친다는 것이다. 결국, "그 다양한 측면 안에서 삶은, 대립자의 통일이 표명되는 지속적인 움직임"이라는 것이다. 이 점에서 마페졸리는 뒤랑이나 스테판 뤼파스코(Stéphane Lupasco)가 주장하는 '콩트라딕토리엘(contradictoriel)'[1]의 논리와 만난다. 즉 존재의 모든 이질적 요소들을 함께 유지하는 논리 말이다.

어떻든, 이것이 마페졸리가 보기에 일상이 '문화', 즉 '사회를 창건시키는 것'과 연결되는 부분이다. 사회관계를 근거시키는 '부식토'로서의 일상, 아주 긴 역사의 흐름에서 '종(種)의 지속'을 보장하는 일상의 역할, "그것을 출발점으로 하여 사회관계를 창건하는 장소로서의" '일상'이 바로 그것이다.

한 걸음 더 나아가 마페졸리에게 있어서 일상은 '생성시키는 퇴거(retraite génératrice)'이다. 즉 그것은 일종의 '공동(空洞, creux)'이고, '모태'이며, '밤의 체제'(뒤랑)이지만, 바로 그렇기에 "미세한 창조의 연금술적 실험실"로서, 자아를 '재창조'하고 정체성을 유지하는 장소가 된다.(CP, p. 12) 물론 생성시키는 퇴거는 집단의 차원에서 이해되어야 하고, 이로부터 연유하는 자기로의 칩거(TT, 2장 3절 참조)와 대중의 수동성(보드리야르)은, 외부로부터 행사되는 다양한 형태의 부과에 대한 저항을 가능하게 한다는 것이다. 바로 그런 의미에서 일상은 '대중의 주권'이 유지되고, 그 '숨겨진 역능'이 보존되는 장소이기도 하다.

---

1) '정(正)'-'반(反)'의 대립 항이 '합(合)'으로 극복 종합되는 헤겔식의 변증법과는 달리, 대립되는 것들이 그대로 유지되면서 생성되는 갈등과 역동성을 강조하기 위하여 만들어진 신조어이다.

포스트 모던 사회성과 그 인식론적 토대

마페졸리는 포스트 모더니티의 잠정적인 정의를 다음과 같이 내린다. "매우 오래된 현상들(phénomènes archaïques)과 기술 발전의 시너지."(CP, p. 15) 이 정의는 동일한 것의 '영원한 회귀'보다는 오히려, 나선 형태를 취하는 성장이라고 마페졸리는 강조한다.

그리고 모더니티의 거대 설명 주제들이라고 할 수 있는 국민 국가, 제도, 이데올로기 체계 등에 포스트 모더니티의 지역의 회귀, 부족의 중요성 그리고 신화적 브리콜라주를 대비시킨다. 그의 논의를 따라 각 주제를 정리해보기로 한다.(CP, pp. 16~17) 각 주제는 '역설' '역의 일치'의 문제 틀을 잘 보여준다.

첫째, '지역'의 주제. 마페졸리에 의하면, '지역'의 문제 틀(TT, 6장 1절 참조)은 오늘날의 놀라운 이질화(hétérogénéisation)에 대한 첫 지표인 셈이다. 그것의 중요성이 다시 부각됨은 '고장' '국토' 그리고 '공간' 등이 다시 중요성을 갖는 것과도 밀접한 관련이 있는데, 이 모든 것은 점점 강화되는 소속감, 감정의 공유를 잘 강조해주는 변수들이다. 마페졸리가 즐겨 쓰는 표현을 다시 빌린다면, '관계를 만드는 장소' '관계가 되는 장소'인 셈이다. 즉 추상적이고 이론적이고 합리적인 관계가 아니라, "언어, 관습, 음식, 육체의 자세 등, 뿌리내린 가치들의 공동소유에, 유기적으로 근거한" 관계인 것이다. 그리고 이는 다시, 한 종족의 물질적인 측면과 정신적인 측면을, '정신적 유물론'이라고 할 수 있는 하나의 역설 안으로 결합하는 일상적이고 구체적인 모든 사물들이라는 것이다.

둘째, 포스트 모던 신부족주의(TT)의 주제. 이는 곧 제도적인 것의 파편화의 원인이자 결과인, 앞에서 지적한 역동적 뿌리내림(enracinement dynamique)과 관련이 있다. 마페졸리가 요약하는 바대로 몇 가지 특징들을 살펴보자. 부족주의는, 돌들의 정글이라고 할 수 있는 현대 메가 폴리스에서 연대와 보호의 욕구를 충족시켜준다. 그리고 '선택적 친화성'에 근거한 부족들은 정당, 대학, 노조 그리고 그 외의 공식적 조직들에서 일종의 "일반화된 페리 메이슨의 연대 규칙"에 따라 기능한다. 이들에 공통되는 구조는 상호부조, 감정의 공유 그리고 정감적 분위기이다. 이러한 사회생활의 파편화는, 마페졸리가 '주변성의 연쇄'라고 부르는 것을 잉태한다.

셋째, 부족을 통한 이러한 구조화는 마페졸리가 '신화적 브리콜라주'라고 부르는 것을 인도한다. 마페졸리에 의하면, 신화적 브리콜라주는 이데올로기의 종말을 의미하기보다는 그것의 '변형'을 의미한다.

'거대 준거 서사들'은 특수화되고, 육화되고, 한 주어진 영토의 차원으로 제한된다. 그로부터 청소년의 언어 실천들, 지역 방언들의 회귀, 다양한 철학적 혹은 종교적 제설혼합주의(syncrétisme)—그중 '뉴 에이지'가 그 명백한 예—의 재유행, 그리고 잊지 말아야 할 것은 동일한 이름을 가진 섹트들에 연결되어 있고, 그 모두가 그 순수성을 보호해야 하는 그러한 시조 영웅의 창건 담론으로부터 구성될 그러한 사회학적 정치적 그리고 정신분석학적 '이야기들'.(CP, p. 17)

마페졸리는 위의 세 가지 가정적 문제 틀을 "작은 신화들을 생성하는 부족적 장소(un local tribal générant des petites mythologies)"로 요약한다.

그리고 위의 문제 제기들의 인식론적 토대를, 경험적인 관찰을 토대로 모더니티의 개인(Individu), 역사(Histoire) 그리고 이성(Raison)에 대비되는 "융합하는 이미지들을 중심으로, 현재에 육화되는 정감적 혼융(fusion affectuelle s'incarnant au présent autour d'images communielles)"으로 요약한다. 포스트모던의 가정적 부제들의 경우와 마찬가지로, 이제 각 인식론적 문제 제기를 살펴보도록 하자.(CP, pp. 18~20)

첫째, 마페졸리는 모더니티의 '개인'과 '사람(personne, 그 어원은 *persona*)'을 대비시킨다. 연극의 각 장면에서 그 상황의 역할에 상응하게 바꿔 쓰는 가면처럼, '페르소나(*persona*)'는 취약해지는 정체성(identité), 그리고 점점 더 배가되는 다수의 동일시(identifications)를 나타낸다. 오늘날의 음악, 스포츠 그리고 소비의 거대 집회나 행렬들이 보여주듯이, 중요

한 것은 타자 속에서 자아를 상실하는 것이다. 융합의 추구로서의 '소진'(바타유).(ACA, 7장 참조)

> 그 타자가 친화적 부족의 그것이든지, 자연의 이타성(altérité)이든지, 아니면 대타자인 신성의 이타성이든지 간에, 이제 각자는 타자의 시선 안에서, 그리고 그것에 의해서만 존재한다. (CP, p. 18)

여러 차원의 이러한 혼융(fusion)과 혼동(confusion)은 마페졸리가 즐겨 쓰는 메타포인 디오니소스 신화를 상기하게 한다.(OD) 다시 요약한다면, 이제 우세한 것은 더 이상 '자율성(autonomie)'—나는 나의 고유한 법칙이다—이 아니라, '타율성(hétéronomie)'—나의 법은 타자이다—이라는 것이다.

둘째, 이제 중요한 것은 더 이상 단선적이고 목적론적인 시간(Hostoire linéaire)이 아니라, 자잘한 인간사들(histoires)이다.(TT, pp. 151~152 참조) 자잘한 인간사들의 경우를 마페졸리는, "공간 안에 축약되는 시간", 시간의 '아인슈타인화'라고 이름 붙인다. 요약하자면 이제 중요한 것은, "한 주어진 장소에서 내가 타자들과 함께 사는 현재"이다. 마페졸리에 의하면, 이러한 일종의 '현재주의'는 사회적 재현들과 실천들, 특히 청소년들의 사회적 재현들과 실천들을 물들인다. 이제 마페졸리에게 있어서 포스트 모던적 현재는, '기회들'에 강조점을 두는 '카이로스(kairos)'의 철학과 만난다. 이 문제의식에 있어서 '드라마'와 '비극'의 구분은 마페졸리에게 매우 중요하다.(IE, 1장)

'드라마'가 그 어원이 의미하는 바처럼 하나의 가능한 해결을 향하여 진화하고 팽팽히 당겨져 있다면, '비극'은 해결과 결의를 찾지도 바라지도 않는다. 이런 의미에서 비극은 '이질적인 요소들 간의 긴장에 근거'하고 있다고 말할 수 있다고 마페졸리는 지적한다. 다른 구분을 쓴다면, '드라마'가 변증법적 과정의 논리적 연속으로서 종합으로 귀결된다고 한다면, '비극'은 근본적으로 '콩트라딕토리엘', 즉 그 자체로 체험되는 모순, 또 달리 말한다면, 그 어떤 미래로도 투사되지 않고 그 자체로 수용되는 현재에 기대고 있다는 것이다. 이제 의미는 더 이상 멀고 이상적인 목표 속에서 찾아지는 것이 아니라, 그 자체로 소진되는 행위 안에서 찾아진다.

이제, 포스트 모던 인식론적 토대에서 세 번째로 중요한 것은 '이미지'가 갖게 될 중요성이다. 광고, TV, 가상적 이미지들, 그뿐만이 아니라 정치, 종교, 산업, 지식인들의 세계에서 '이미지 관리'가 이야기해주듯이, 모든 것은 보여져야 하고, 스펙터클화되어야 한다. 마페졸리에 의하면, 모더니티에서는 서구의 성상 파괴주의의 전통에 의하여 기술 발전이 세계를 '탈주술화'시켰다면, 이제 태동하고 있는 포스트 모더니티에서는 반대로 기술이 진정한 '세계의 재주술화'를 용이하게 한다. 이 점을 강조하기 위하여 마페졸리는, 앙리 코르뱅(Henry Corbin)의 용어를 빌려 오면서, '이마지날의 세계(monde imaginal)', 즉 상상계, 상징적인 것, 비물질적인 것들에 의해 전적으로 관통되는 존재 양식과 사유 양식의 (재)탄생에 대하여 이야기한다.

가상적이건, 게임을 통해서건, 아니면 놀이를 통해서건, '이마지날'은 근본적 '모둠 살이'의 구성 요소가 된다.

> 사회적인 것(le social)은 통합적인(holistique) 방식으로 현대적 합리주의가 제쳐두었던 요소들을 통합하면서 확장된다고 말하게 할 수 있는 것은 이 모든 것이다. 이마지날은 이렇듯, 복잡한 사회(société complexe)에, 유기적 연대에, 그리고 사회적이고 자연적인 모든 요소들 사이의, 보들레르적인 의미에서의 '상응'에 주의를 기울이게 하는 다른 방식인 것이다.(CP, p. 20)

이상의 일상과 포스트 모던 사회성에 관한 논의들을 통하여, 우리는 그것들이 이제껏 모더니티를 통하여 배제되었던 요소들을 통합함으로써, 하나의 유기적이고 전체적이고 복잡성이 있는 관점을 지향한다는 점을 살펴볼 수 있었다. 그리고 이러한 유기적 관점을 통하여 확인할 수 있었던 것은, '일상'의 문제 틀과 '포스트 모던 사회성'을 관통하는 '역의 일치' '제3의 여건'의 문제 틀이라고 할 수 있다. 이러한 문제의식을 우리는 '자연의 회귀'로 요약하면서, 이를 바탕으로 다음과 같이 이 책의 진행을 구성하도록 할 것이다.

이때 '자연'은 앞서 우리가 언급하였듯이, 우선 통상적 의미에서의 '자연'을 의미하며, 이 경우 그간 '문화'에 의해 배제되었던 부분을 뜻할 것이다. 또 '자연'은 인간 속의 '자연', 혹은 본성을 뜻함으로써, 인간 이성에 의해 배제되었던 감성이나 열정, '동물적인 부분' 혹은 상상력을 뜻하기도 할 것이다. 또한 우리는 '자연'의 문제 틀이 마페졸리 저작의 방법론적이고 인식론적인 관점을 특징짓는 데에도 핵심적임을 가정한다. 즉 우리의 연구 대상을 살아 있는 '생명체'로 파악하는 '유기적' 관점, 통합적 관점의 회복이 마페졸리에게 있어서 핵심적임을 강조하고자 한다.

책의 구성

우선, 1부 '권력 대(對) 역능'에서는 다음의 두 가지 쟁점을 특히 부각시킬 것이다. 첫째, 사회적 여건의 구조적 양가성과 사회동학을 살피기 위하여 '권력(pouvoir)과 역능(puissance)(혹은 사회성socialité)'을 살핀 후, 모더니티의 신화 분석을 통하여 모더니티의 '권력' 혹은 '전체주의적 폭력'과 통제 사회의 기원에 대한 논의를 전개하는 마페졸리의 분석을 살피기로 할 것이다. 둘째, '사회성'에 대한 마페졸리의 분석은 다시 다음의 두 부분으로 나누어 살펴볼 것이다.

(1) '일상적이고 창건적인 폭력(violence banale et fondatrice)'은 권력과 역능의 두 구조적 극(極)의 연결과 지표의 기능을 맡는다. 예를 들어 주연(酒宴, orgie)(『디오니소스의 그림자』)과 '파롤(parole)' 등의 일상적 폭력들은 '집단의 욕망'을 나타낸다. 이 부분은 특히, '권력'의 경직된 측면을 부수기 위하여 '자연(적 요소)'을 통합하는 과정이라고 우리는 해석할 수 있다.

(2) '현재의 정복' 혹은 일상 사회학을 향한 마페졸리의 첫 번째 분석이라 할 수 있는 부분이다. 현재와 '비극', 유기적 전체와 차이의 수락, 사회성의 가능성의 조건으로서의 공간, 환상, 상상계, 이중성, 의례, '외양'의 중요성 등이 그 중요 주제들이 될 터인데, 이 부분에서는 특히 '자연'의 요소가 이제 통합되어 있는 일상생활의 삶의 양식을 마페졸리가 그리고 있다고 우리는 해석하고자 한다.

그리고 이 책의 2부는, 이와 같은 '사회성'의 밑그림—일상적 폭력과 일상—을 응용하여 포스트 모더니티 논의를 전개하고 있는 마페졸리의 논의를, 마페졸리 본인의 책(『외양의 공동(空洞)에서 Au creux des apparences』)의 한 장의 제목이기도 한, '문화의 자연화, 자연의 문화화'라는 중심 테마로 정리하도록 할 것이다. 그렇게 함으로써 이 책은 전체적인 중심 주제인 '자연의 회귀'의 사회학적 의미에 대한 고찰로 집중될 수 있을 것이다.

2부에서는 또한 각각 쌍을 이룬다고 생각되는 네 개의 저작을 중심으로 논의가 전개될 것이다. 사회조직을 다룬 『부족의 시대*Le temps des tribus*』(1988)와 가치관을 다룬 『외양의 공동에서』(1990)가 한 묶음으로서 3장과 4장의 논의 대상이라면, 다시 사회조직을 다룬 『노마디즘에 대하여*Du nomadisme*』(1997)와 가치관을 다룬 『영원한 순간*L'instant éternel*』(2000)이 또 다른 묶음으로서 5장과 6장의 논의 대상이 될 것이다. 앞의 묶음이 주로 연금술의 '세계의 풀(*glutinum mundi*)', '상응' 혹은 '공간'의 주제에 중점을 두었다면, 뒤의 묶음은 시간의 '변전(變轉)' '무상(無常)함' '실체주의를 넘어서는 관계주의'에 강조점을 두고 있다고 우리는 가정한다. 그리고 각 묶음의 앞선 저술들(『부족의 시대』와 『노마디즘에 대하여』)이 '자연'의 요소 도입을 보여주고 있다면, 뒤의 저술들(『외양의 공동에서』와 『영원한 순간』)은 '자연'의 요소가 이미 통합되어 있는 일상생활의 삶의 양식을 마페졸리가 그리고 있다고 우리는 해석한다.

이렇게 본다면, 초기의 『(일상적이고 창건적인) 폭력에 관한 에세이』(1978)의 주제는 거의 10년 정도의 간격을 거치면서 『부족의 시대』와 『노마디즘에 대하여』에서 반복되고 있고, 『(일상적이고 창건적인) 폭력에 관한 에세이』와 짝을 이룬다고 할 수 있는 『현재의 정복』(1979)은 마찬가지로 거의 10년의 주기를 거치면서, 『외양의 공동에서』와 『영원한 순간』에서 다시 반복 심화된다고 할 수 있다. 마페졸리가 자주 강조하듯이, 이는 아마도 한 학자의 일생에 강박적인 주제는 결국 '하나'라는 마페졸리 자신의 주장을 상기시킨다. 또한 그가 마찬가지로 자주 강조하듯이 서구 중세에서 흔히 실천되었던 동일한 주제를 나선형으로, 동시에 심층으로 파고드는 방법을 실천하고 있기 때문이기도 하다. 이제 각 주제를 하나하나 살펴보기로 하자.

권력 대(對) 역능

'역설'의 개념은, 사회 역동성에 대한 가장 좋은 조사 도구처럼 보인다. 그리고 이 도구들은 항상 우리로 하여금 하나의 구조의 균형을 파악하게 해준다.

1장

사회동학: '권력'과 '역능' 그리고 '폭력'

국가 박사 학위논문의 전체는 앞서 우리가 언급하였듯이, '권력'과 '사회성'이라고 하는 인류 역사의 두 항수(恒數)에 할애되어 있는데, 각 주제의 세부적 분석은 점차 행하기로 하고, 우선은 두 '항수' 그리고 그들 간의 관계에 주목해보기로 하자. 논문 제목은 우선 '사회동학'의 연원이 '갈등' 자체에 있다는 것을 보여준다는 점에 우리가 우선 주목해야 할 것이다. 동학의 원천으로서의 갈등. 하등 새로울 것이 없는 주장이지만, 마페졸리의 선택은 그 갈등을 하나의 '극복하는 종합' 속으로 수렴해가는 헤겔식의 변증법보다는, 두 대립되는 항을 극복 없이 그대로 유지하는 니콜라 드 쿠자(Nicolas de Cusa)식의 '역의 일치'를 택한다.

‘역의 일치’의 양극을 이루는 ‘권력’과 ‘사회성’ 각각은, 마페졸리에 의하면, 다음과 같은 일련의 대립되는 두 항들로 이루어져 있다. ‘권력’이 ‘하나(Un)’의 승리, ‘하나’로의 환원, ‘하나’의 환상을 나타낸다면, ‘사회성’은 ‘역능(puissance)’ 혹은 ‘사회적 역능(puissance sociale)’으로도 표현되며, ‘차이’들의 장소라고 할 수 있다.

우선, 방법론상으로 본다면 권력이 일종의 다양한 ‘환원주의’를 나타낸다면, 사회성은 이에 대한 저항, 그리고 사회성과 사회적 사실의 ‘애매성’과 ‘양가성’ ‘복잡성’을 향한 방법론적 탐색으로 이어진다고 할 수 있다. 여러 종류의 ‘환원주의’에 대한 비판은 그의 저작을 통하여 간단없이 이루어진다. ‘실증주의’ 비판(CO)은 ‘설명(ex-plication)’, 즉 분석하고자 하는 대상의 균등화, 동질화에 대한 비판으로 이어지며, 이에 대한 대안으로서 마페졸리는 ‘복잡화(complexification)’ ‘포함(implication)’ 등의 방법을 제안한다. 이러한 ‘환원주의’에 대한 비판에서 중요한 것은 여러 유형의 역사 진화론적 관점으로부터 벗어나고자 하는 마페졸리의 시도들이다. 이는 게오르크 짐멜(Georg Simmel)식의 사회 ‘형식들(formes)’에 대한 탐구로 이어져, 마페졸리의 전 저작을 관통하게 된다. 그리고 환원주의에 대한 거부는 우리의 사유 활동, 재현 활동의 토대에 대한 탐구, 후기 저작의 표현을 따르자면 ‘전(前) 지각적’ 차원(RV)에 대한 탐구로 이어지며, 그 관점 아래서 우리는 그의 방법론 저작들(CO, ERS)을 해석할 수 있을 것이다.

이러한 자신의 관점을 마페졸리는, "'차이의 놀이'를 '사회 동학'의 구성 요소로서 인지하는 '사회 비판'"(VT, p. 22)이라고, 혹은 "생성, 미완성, 결여를 참작하지 않는 합리주의 비판"이라고 칭하기도 한다.(VT, p. 23)

따라서 이런 '차이의 놀이'의 관점에서 바라보자면, "정치의 장(場), 즉 사회구조화(structuration sociétale)의 장은 권력으로 환원될 수 없다."(VT, p. 40) 이는 정치의 장에 그 다원적 차원을 돌려주어야 하는 것과 관련이 있으며(VT, p. 41), "권력과 역능이라는 이 대립자들(opposés)의 역의 일치"(VT, p. 40)와 관련된다는 것이다. 이를 또한 마페졸리는 마니교적인 관점에 대비한 정치의 '이중성(duplicité)'이라고 분석하고 있다. 그에게 있어 매우 중요한 이 이중성의 개념에 대해서는 차후에 '일상'을 다룰 때에 길게 살펴보도록 하겠다.

권력과 역능의 이러한 변증법은, 짐멜의 '삶과 비극', 독일 관념론에 있어서의 '주체와 객체'의 변증법을 연상시킨다. 그것은 마치 짐멜에게 있어서 '삶'과 '형식'의 관계가 '문화 비극'의 조건을 이루고, 그 비극은 특히 현대에 와서 더욱 두드러지게 되는 것처럼, 마페졸리의 경우도 어떻게 보면, '권력'과 '역능'이라는 하나의 밑그림이 있다면, 특히 현대에 와서 권력의 '과잉'과 그것을 낳은 토대로부터의 추상화를 목도하게 된다는 것이다.

1. 권력과 전체주의적 폭력

우선 권력부터 살펴보기로 하자. 마페졸리에게서 '권력'에 대한 엄격한 정의를 발견하는 것은 힘든 일이지만, 권력에 대한 그의 기본 관점들을 다음과 같이 정리해볼 수 있을 것이다.

마페졸리에게 '권력', 그리고 그를 바탕으로 하는 '지배'는 마키아벨리에게서와 마찬가지로, 일종의 불변소(invariance)이다. 따라서 "사회동학이라고 부를 수 있는 것은 구조적으로 권력과 관계된다."(VT, p. 25) 즉 긍정적으로건 부정적으로건, 이 사회적 제약인 권력과 관련되어야만 사회적 체험과 그것에 대한 해석이 행해질 수 있다는 것이다.

또한 권력과 관련하여 중요한 점은, 그것을 낳는 것은 넓은 의미로 이해한 '정치'의 기초로서의 '사회적 이질성'(프로인트)이지만, 권력은 일단 태어나면 그것을 낳은 그 기초로부터 추상화되어간다.(VT, p. 24)

따라서 마페졸리에 의하면, 폭력적 탄압으로 질서의 항구성을 설명할 수 없고, 보호와 복종, 보호와 지배의 관계 그리고 의존의 욕구와 지배의 욕망 사이의 관련을 살피는 것이 보다 중요해진다.

운명 앞에서의, 삶에 대한 주권 앞에서의 도피인 안락한 의존
은, 단지 피식민지 민중들에게만 전형적인 것이 아니다. 〔……〕
권력은 사회적 요구 안에서, 그리고 그것에 의하여 기원하고 기
능한다. (노동 조직 안에서 중재되는) 기아에 대한 투쟁, 안전
의 욕구는 권력 유형학의 윤곽으로 쓰인다. 물론 이제, 그것이
어떻게 그것을 낳은 것으로부터 추상화되는지를 보아야 한
다.(VT, p. 30)

　권력의 사회적 토대와, 이러한 토대로부터의 권력의 추상
화에 대한 강조만큼 마페졸리에게 있어서 중요한 것은, 권력
의 종교적 측면이다.
　즉 위와 같이 권력의 결정이 종속의 욕망과 관련이 있다면,
그것의 다른 측면은 바로, '저세상의 당근'의 세속화라는 점
을 주목해야 한다는 것이다. 왜냐하면 저세상의 당근은 "미래
의 약속을 보장할 것을 목적으로 하는 구원의 통일성의 당위
에 욕구불만과 현재의 종속을 근거"시키기 때문이라는 것이
다.(VT, p. 26) 이러한 논리적 연결은 우리가 보기에 매우 중
요한데, 마페졸리는 점차 후기 저작에서 이 부분을 체계화시
키면서 어떻게 이런 관점이 서구 유대·기독교 전통에 뿌리내
리고 있는가를 보여주려고 한다.
　이 관점에서 보았을 때, 사제의 고유한 점은 중재들을 확립
하는 것이고, 그의 효용성을 근거 짓는 것이다.

비중재의 장소인 체험의 '현재에의' 관심(l'intérêt d'à-pré-sent)에 대면하여, 삶을 갉아먹고 중독시키는 재현(représenta-tion)을 제도화하는 이 성직의 먼 뿌리들을 보아야 한다.(VT, p. 32)

즉 각 교회는 각 개체성이 하나님과의 합일에 직접적으로 이르게 해달라는 요구에 대립한다. 모든 그노시스적이고 신비주의적인 태도들에 대한 성직들과 신학자들의 요구는 그 면에서 일러주는 바가 크다는 것이다. 따라서 마페졸리에 의하면, 종교사는 그것이 중재의 독점을 확립하기 위한 끊임없는 투쟁임을 보여준다. '지배하기 위하여 분리한다'는 원칙이 여기에서도 유효한 셈인데, 권력의 고유한 점은 이와 같은 과정을 통하여 '성직 카스트'의 우세를 확보하고, 사회관계들의 이행점이 되는 것에 있다고 마페졸리는 분석한다. 이런 점에서 보았을 때, 성직에 의한 대리는 고립의 논리와 함께 간다.(VT, p. 33) 그리고 이전에는 유일자—신이나 왕—의 의지가 중요했다면, 현대에는 특화된 지식의 이름으로 기술자들에 의해 보장된 중재를 강조해야 한다.(VT, p. 35) 이렇게 보았을 때, '원자화'는 의존의 욕구를 설명하는 여러 요소들 중의 하나이다.

앞서 살펴보았듯이, '권력'은 아마도 창건의 순간에는 그것을 낳은 '역능'과 조응하지만, 그 경향상 점차 자신을 낳은 토대, 즉 '역능'과 분리되고, 추상화되며 자율성을 얻게 된다. 마페졸리는 이를 종교적 기원과 연결시킨다. 즉 서구의 역사상, 역능의 '다신주의'는 유대·기독교의 일신교에 고유한 "하나의 환상(Fantasme de l'Un)"을 통하여 '하나'로 환원되듯이, '다원성의 관리'(TP, 2장 참조)로서의 정치는 특히 모더니티의 경우, 다원성의 축소로 귀결된다. 현대에서는 합법적 유형의 권위가 정착되면서 '지배의 논리'(LD 참조)가 관철된다.(VT, p. 31) 지배의 논리에서 중요한 것이, 미셸 푸코(Michel Foucault)의 분석을 통하여 널리 알려져 있듯이, '지식'과 '권력'의 기능, 그리고 이 양자의 관계라고 할 수 있다. 과학적 사회학의 아이디어, 실증주의 전통, 역사법칙에 근거한 사회의 진보와 진화의 신화에 바탕을 둔 이론으로 무장한 지식인이, 이제 '역사의 주역'인 프롤레타리아와 함께 '사회 문제' 해결의 주역으로 등장한다는 것이다. 그리고 이 엘리트가 행하는 기술과 지배의 융합에 의하여 일상의 삶의 모든 영역들이 관리되기에 이르렀다고 마페졸리는 진단한다. 이렇게 된다면 이제, 제한된 지식의 한계 내에서 행해졌던 전통 지식이 행사하던 권력과 사물에 대한 불완전한 장악에 비해서, 현대의 기술 관료적 지식과 그것의 사물에 대한 절대적 관리가 중요해진다.(VT, p. 32) 이제, 기술적 도구화에 의한 지배의 정당화와 합리주의적으로 전체주의적인 사회 사이의 상관관계, 조직과 통제 그리고 지배 사이의 상관관계를 설정해볼 수 있다.

　서구 역사에 있어서의 정치와 권력과 관련하여 앞에서 살펴본 바와 같은 다원주의의 일신교적인 '하나'로의 축소 및 환원은 마페졸리의 정치 관련 저술들(VT, TP)의 기본 주제를 이룬다. 『전체주의적 폭력』에서는, '혁명'의 어느 순간 '사회성'(혹은 '역능')과 조응을 이룰 수 있었던 '권력'이 점차 '사회성'과 분리되어 추상화의 길을 걷게 되고, 이 추상화는 관료제의 확립과 그것을 뒷받침하는 '공공서비스'의 이념과 함께 가며, 그 추상화의 귀결은 여러 형태의 전체주의와 전체주의적 폭력이며, 이와 상관적인 시민들의 원자화와 그들의 공적 영역에 대한 무관심임을 잘 보여준다. 반면, 10여 년이 지난 후의 저작인 『정치의 변형』(TP)에서 마페졸리는 정치의 종교적인 측면을 보다 강조한다. 그러나 그 기본 입장은 그대로 유지하면서, 어떻게 정치나 권력이 그 '생태학적 기원'과 멀어지면서, 그리고 어떻게 그 차원들을 생성시킨 집합 열정이나 감정이라는 토대로부터 자율적이 되면서, 그리고 그와 동시에 '다원성의 관리'라는 그 근본적 기능으로부터 떨어져 나와 추상화되는지를 되풀이하여 강조하고 있다. 이 모든 측면에서 마페졸리는 '정치'나 '권력'이 하나의 '생명체'로서 그것을 탄생시키고 생명을 준 토대, 즉 '역능'이나 '사회성'과 서서히 유리되어 어떻게 경직화되고 생명력을 잃어가는지를 그 고유의 방식대로, 그야말로 '점진적으로' 보여주고 있는 것이다. 그리고 이와 같은 경직화의 순간, '역능'의 측면은 더욱 부각된다.

2. 역능: (창건적 혹은 일상적) 폭력과 '일상'

권력이 그것을 낳게 한 사회적 기초인 토대로부터 유리되면서 추상화의 과정을 겪는다면, 사회적 실천에서 그리고 이론적 관점에서는 이와 같은 상황에 대한 대안과 변화를 이끌 수 있는 측면에 초점을 맞추어야 할 것이다. 이 점이 바로 마페졸리가 '역능'의 문제의식을 통하여 밝히려고 하는 것이다.

우선 그것들이 강조되고 대안이 될 수 있는 것은, 혹은 마페졸리의 표현대로라면, 권력으로부터 역능으로의 '미끄러짐(glissement)'이 일어나는 것은, 앞서 말한 권력의 추상화의 조건 아래서이다. 그리고 이 미끄러짐을 파악하면서 보다 낮게 '사회적 양가성'의 특성을 접할 수 있다고 마페졸리는 강조한다.(VT, p. 40)

마페졸리는 '역능'을 다음과 같이 설명한다.

사회적 역능이라고 부를 수 있는 것은, 그것들의 관계 맺기(articulation) 안에서 잘 기능하는 요소들(힘, 집단적인 것, 차이……)의 총체이다. 그런데 그것들이 분간되고 그것들의 관계 맺기(역능)가 비판과 조사의 대상이 될 수 있는 것은, 단지

이 활동으로부터 그것들이 고개를 돌릴 때뿐이다. 이것이 바로 우리의 역설이다. 〔……〕(VT, p. 49)

바로 이 관점에서 창건적 행위들로서의, 구조들에 대안 구실을 하는 사회 역동주의의 요소들로서의 '소사건들'이 이제 중요해진다. '역사의 패배자들'(벤야민)이나, '주문하고 찾아가지 않은 상품들'(뒤랑)이 보여주는 고유한 효율성이 그 예가 될 것이라고 마페졸리는 강조한다. 즉 억압받은 자들, 이단들, 시인들 그리고 규범을 벗어나는 이들은 체험의 진부성에 의미를 부여하고, 진보주의적 역사의 장엄하고 확실한 왕도를 벗어나는 새로운 시간성을 언급한다. 이 모든 것들은 한 순간 안에, 한 시대 안에, 압축적인 방식으로, 체험의 비극이 상연되는 그러한 '현재에의 관심의 유지'의 그만큼의 표지들이라는 것이다.(VT, p. 49)

또한 '역능'은 "현재에 살고, 소우주와 대우주의 모든 요소들의 자가 긍정을 말하는 그러한 사회적이고 유기적인 개화, 발전" 혹은 니체식의 "역능의 의지(volonté de puissance)"와 관련이 있고, 그런 면에서 "모든 사회학자들과 모든 사회 비판가들이 드러내려 하는 접점(point nodal)인 이 사회적 자가 긍정(autoaffirmation sociale)의 변주"라는 것이다.(VT, p. 51)

또한 모든 역능은, 마페졸리에 의하면, 사회에 내재적인 초월성과 관련된다. 이는 곧 집단적인 것(le collectif)의 결정화와 상징적인 것과 관련이 있는데, 이와 같이 역능의 신성(le divin)을 인지하는 것은, '폭력'의 역동성에 의하여 구조화되는 현실을 파악하는 것이기도 하다는 것이다. 이와 같은 관점에서 우리는 마페졸리의 '폭력'에 대한 관심을 다시 확인할 수 있다. 우선 이 측면을 살펴본 후, '역능의 구조화'로서의 '일상'의 측면을 살펴보기로 하자.

3. (창건적 혹은 일상적) 폭력

마페졸리는 1980년대 초 「르 몽드Le Monde」와의 인터뷰에서, 이 시대에는 오히려 폭력이 '부족'하다고 말하고 있다. 이는 무엇을 의미하는가? 폭력에 대한 고찰 역시 다른 주제들과 마찬가지로 마페졸리 개인의 삶의 변전과 밀접하게 연결되어 있다고 할 수 있다.

또한 마페졸리에게 있어서의 여타 주제들과 마찬가지로 폭력은 그 '양가성' 안에서, 그리고 그 다성적 측면 안에서, 그리고 하나의 '신비'로서 이해해야 하는 어떤 것이다.(EV, p. 7)

> (폭력의) 다원성 자체가, 〔……〕 사회적 사실의 가치의 다신교, 다의성(多義性)의 특권화된 지시체이다. 〔……〕 폭력이라는 용어는 투쟁, 갈등, 싸움, 간단히 말해서 개인적인 체(体) 혹은 사

회체를 못살게 구는 그림자의 부분(part d'ombre)과 관계되는 모든 것을 모으는 하나의 편리한 방식이다. 〔……〕 이질성은 폭력을 낳는다, 그러나 동시에 그것은 삶의 원천이다. 반면, 동일한 것(identique)(혹은 동질적인 것homogène)은 그것이 비록 더욱 평화적일지라도, 잠재적으로 치명적이다.(EV, p. 14)

따라서 마페졸리에 의하면, 그것을 잡아내는 방법론도 마찬가지여야 한다. 어떻든 확실한 것은, 그리고 폭력의 실제적 특수성은, 그것의 분할된 특성이 그것에 대한 이론화를 어렵게 만든다는 사실이라는 점이다. 엄격히 말해서 그것이 정의될 수 없다는 사실이 그것의 '괴물성'을 증가시킨다. 따라서 마페졸리가 보기에 '폭력'의 연구와 관련된 '역설'은 다음과 같다. 즉 폭력의 연구는 흔히 유동성과 자발성 안에서 그리고 많은 간극과 거부 안에서 표명되지만, 그러나 하나의 항수인 어떤 것을 잡아내는 것이다. 따라서 폭력을 하나의 유일한 현상으로서, 하나의 유일한 방법을 통해 잡는다는 것이 불가능하다.(EV, p. 14)

마페졸리에 의하면, '폭력'은 무엇보다도 권력/역능의 변증법에서, 그리고 그 이중성 안에서, 연결 혹은 지표의 기능을 맡는다.(VT, pp. 22~23) 이제 이 점을 자세히 검토해보자.

마페졸리에게 있어서 폭력은 '인간 현상의 항구적인 구조'이다. 즉 그것은 시대착오적 사실, 야만적인 전(前) 문명화된 시대의 잔재가 아니다. 바로 그렇기에, 마페졸리가 보기에 그것을 대하는 데에는 '현실 원칙'이 중요하다. 즉 그것을 너무 성급히 책망하거나 그 존재를 부인하기보다는, 그것과 어떻게 '타협'할 수 있는가, 어떤 형태의 '속임수'를 쓸 수 있는가가 중요하다는 것이다. 그리고 이러한 현실 원칙을 출발점으로 하여, 모든 사회를 특징짓는 다소간 큰 균형의 질을 평가할 수 있다는 것이다.(EV, p. 12)

폭력이 인간 역사의 하나의 '항수'라는 점은 막스 베버에게서의 '가치의 다신교'와 모든 사회관계의 근거로서의 그리고 사회들의 역동성의 기본 동인으로서의 '투쟁(타협, 조정, 경쟁……)', 그리고 짐멜에게서의 '갈등'("사회는 조화 혹은 불화의, 연합 혹은 경쟁의, 우호적 경향들과 비우호적 경향들의 일정한 비율이다.")의 문제 틀과 닿아 있다고 마페졸리는 분석한다.(EV, p. 13)

더 나아가서 폭력은, 마페졸리에 의하면, 모든 사회구조화의 시작에, 모든 집단의 창건적 순간에 위치한다. 성서의 원죄 부분에서 이야기하듯이 사탄 덕분에 인류 역사가 시작되었듯, 폭력은 말하자면, '지하의 중심성(centralité souter-raine)'처럼 — 다시 마페졸리가 즐겨 쓰는 표현을 빌리자면 — 항상 그것을 출발점으로 하여 존재가 결정되는 어떤 것이라는 것이다.(EV, p. 8)

'항수'로서의 폭력은, 마페졸리에 의하면, 다음의 세 가지로 '변주'될 수 있다.

(1) 제도화된 권력의 폭력(관료적 장치, 국가, 공공서비스).

(2) 창건의 기능을 갖고 있는 아노미적 폭력.

(3) 사회적 열정 안에서, 대중의 저항 안에서 그 효력을 발휘하는, 일상적 폭력(violence banale).

우리가 앞서 살폈듯이, (1)의 부분은 『전체주의적 폭력』 안에서 분석되며, (2)와 (3)은 『(일상적이고 창건적인) 폭력에 관한 에세이』에서 주로 다루어진다.

그리고 세 번째의 '일상적 폭력'은, 마페졸리에게 있어서, 다시 다음과 같이 세분화된다.

(1) 주신주의(orgiasme), 디오니소스적 형식(forme diony-siaque) 혹은 디오니소스적 역동성이라고 일컬을 수 있는 것으로서, 여기서 중요한 것은 폭력의 의례화(ritualisation) — 전쟁이 아니라 사랑을 할 것 — 이다. 마페졸리에 의하면, 폭력의 의례화는 미래 전망적이다.(EV, p. 8)

(2) '저항과 사회성' 안에서, 일상생활 안에서 폭력은 변모를 겪게 되어, 사회적이고 자연적인 부과에 저항하는 효율적인 방패가 된다. 이를 마페졸리는 특히 '이중성'의 문제 틀로 지속적으로 발전시킨다.

(3) 육식동물로서의 인간의 또 하나의 현대적 변용 양식인

'유목주의'.(EV, p. 9)

우리가 여기서 강조해야 할 점은, '일상적 폭력'의 이 세 가지 주제는 마페졸리의 연구 프로그램에서 지속적으로 그리고 주기적으로 심화된다는 점이다. 이미 우리가 서두에서 밝혔듯이, '주신주의'의 주제가 『디오니소스의 그림자』(1982)를 통하여 탐구된다면, '저항과 사회성'과 '유목주의'는 각각 『부족의 시대』와 『노마디즘에 대하여』를 통하여 발전된다.

그러면 이제 '폭력'의 구조와 기능과 수단 등을 본격적으로 다루기 전에, 그것이 역사적 시기에 따라서 어떤 변모를 겪어 왔는지를 마페졸리가 정리하는 바를 따라가면서 살펴보도록 하자. 이는 앞서 우리가 살핀 '권력'의 추상화 과정과 같이 간다.

마페졸리에 의하면, 우리가 위의 분류에서 살폈듯이 폭력이 집단을 구조화하는 계기가 될 수 있다면, 그것은 동시에 한 사회를 '무기력하게 하고', 그것에 특유한 '덕'을 제거하는 것이 가능함을 보여준다. 후자의 경우는, 특히 폭력이 하나의 획일화하는 구조—국가, 정당, 폭력 혹은 범죄 조직—에 의하여 독점될 때 특히 분명하다는 것이다. 마페졸리에 의하면, 이는 특히 2세기 전부터의 서구 문화적 전통에서 보다 정형화된 방식으로 관찰된다는 것이다. 즉 그 시기 동안 점차적으로, '무균성 정상 상태(aseptique normalité)'가 사회적인 것의

‘불분명한 영역(zone obscure du social)’을 대체했다는 것이
다. 이제 보다 잘 ‘취급’하기 위하여 일탈과 역기능의 경계가
정해지고, 이것들이 전문가들(복지사로부터 국제적 테크노크라
트들까지)의 범주에 정당화 구실을 하게 된다. 그리고 이로부
터 현대적 기술 관료제가 성립한다. 이제 일반화된 통제와 강
화된 사회적 조정을 이야기할 수 있게 되고, 여러 유형의 사
회적 지수(指數)의 완성은, 작은 ‘그림자’의 점도 용납하지 않
는 조직을 허락하게 된다는 것이다. 여기에서는 모든 것이 즉
각적으로 완전히 해독 가능해야 하며, ‘불분명한 순간(instant
obscure)’(블로흐)은 제거되거나 아니면 적어도 파악되고 목록
에 올라야 한다. 마페졸리에 의하면, 역기능에 대해 이와 같
이 이름을 붙이는 것은, 윤리적 과정으로 파악되어서는 안 되
고, 어떤 손실도 허락하지 않는 경제적 태도로 파악되어야 한
다. 노동의 에너지처럼 일탈의 에너지도, 그 자체의 발전이라
는 유일한 목적을 갖고 있는 생산주의적 체계의 지속에 협조
해야 한다는 것이다.(EV, pp. 14~15)

　이렇게 기술 관료제에 의하여 폭력은 ‘저주받은 부분(part
maudite)’(바타유)으로 취급된다. 그것은 장악하기 힘든 동요
를 가져오기에, 잘 인도되고 사용되어야 하는 것으로 여겨진
다. 물론 ‘저주받은 부분’의 조절은 역사적인 모든 집단의 근
심이었지만, 현대의 특징은 그것이 생산적이고 효용적인 행
정 독점 안에서, 모든 기술과 과학 자원을 이용하여 행해진다

는 점이다. 너무 자연적이라고 판단된 폭력의 부정이고자 하는 이러한 독점화된 폭력은, 사회생활의 안전화의 이데올로기를 근거시키는 '평화적이 되고 만족한 존재'로 인도한다는 것이다.(EV, p. 16)

그러나 마페졸리는, 폭력이 기술 관료제의 독점화된 폭력에 의하여 이와 같이 부정되는 경우와 '폭력의 의례화'가 이루어지는 경우를 대비시킨다.

> 폭력이 편재함을 그리고 그것이 사회적 사실과 동체임을 의식한다면, 그것과 타협해야 하고, 속어야 하며, 그것을 '얼러맞추어야' 하고, 그것을 사회화하여야 한다. 이 의미에서 폭력은 사회적 상징화의 보조물이다.(EV, p. 17)

베버에게 있어서 이는 "적과의 모든 종류의 공동체화"를 결여한 투쟁이 하나의 극단적 경우로 보이는 것과 같은 논리이다. 베버는, 폭력의 장에서의 의례와 합의의 예들로서 다음과 같은 것들을 들고 있다. 투쟁의 무기들과 수단들에 대한 규약, 결투나 스포츠적 경쟁의 의례들, 그리스 도시국가들에서 전쟁을 일으키거나 멈추는 데에 필요한 합의들, 놀이의 규약과 규칙들 등.(EV, p. 17)

그러나 반대로, 의례의 합리적인 진전은 폭력의 독점화를 야기한다.

역사의 발전 과정에서, 물리적 힘의 사용은 점차 〔……〕 정치조
직에 의하여 독점되었다. 이렇게 폭력은 권력자들에 의하여, 그
리고 결국 형식적으로 중립성의 외양을 스스로에게 부여하는
권력에 의하여 조직된 제약의 위협으로 변하였다.(EV, p. 17)

마페졸리는 위의 인용이, 사회성에 대한 권력의 추상화 과
정, 이어서 이 사회성의 하나의 질(質)인 폭력의 독점에 이르
는 과정을 잘 보여준다고 강조한다. 중요한 점은 이 '조직된
제약'의 장악은 사회적 뿌리로부터 떨어져 나와, 익명적이고
현실을 조정하고 구성하는 '빅 브라더(Big Brother)'의 몫이
되었다는 것이다. 이제 공동체화(communalisation) 없이 단
'하나'에 의하여 추상적이고 합법적으로 간직된 폭력은 위협
이 되고, 복종을 결정하고, 권력을 강화한다.

그러나 마페졸리에 의하면, 폭력의 합리적 변전은 실제 그
비합리적 잠재성을 동반한다. 이제, 민중적 혹은 사회적 무게
중심을 더 이상 갖지 않음으로써 폭력은 점점 증가하는 비합
리성 속으로 동요될 수 있다. 즉 폭력과 그 어떤 조절되지 않
은 '의도'는 잠재적으로 체계를 이룰 수 있고, 이 합류로 폭력
은 테러가 될 수 있다는 것이다. 원자폭탄과 그것을 터뜨릴
'스위치'의 결합의 예를 생각해볼 수 있다. 이렇게 된다면 폭
력은 그것의 합리화로 오히려 확산될 위험이 커지고, 이로 인
한 범죄와 도시 불안의 점증은 그것을 다시 특수화시킨다는

것이다. 그 최종 결과는, 마페졸리에 의하면, 다음과 같다.

> [……] 폭력을 그 의례적 토대(substrat rituel)로부터 떼어내면서, 타자들에 대한 모든 이의 투쟁이었던 것이, 각자의 모두에 대한 투쟁으로 파편화되는 경향이 있다. 구역질 나고 일상적인 공격성으로 폭력이 희석되게 하는 원자화에 근거한 작은 게릴라들.
> 폭력의 의례적 스펙터클화가 폭력을, 말하자면 외재화할 수 있게 하였다면, 그것의 독점화와 그것의 합리적 변전은 반대로 그것을 내재화하는 경향이 있다.(EV, p. 18)

폭력의 독점이 그것을 그 의례적 토대로부터 떼어냄으로써, 어떻게 그것이 일상적인 공격성으로 산개되는지를 마페졸리는 보여준다. 그리고 마페졸리에 의하면, 여기에는 명백한 변화가 있다. 즉 이전에 권력의 분명하고 자세하고 강압적인 폭력은 가혹하게 행사되었지만, 심정적 동조를 요구한 것도 아니었고, 따라서 우리는 복종하고 미워할 수 있었다면, 기술 관료제의 권력은, 그것이 피지배자들 안에서 반향을 찾을 수 있는 한에서만 행사될 수 있기 때문에, 이제 작은 폭력들이 일반화된다는 것이다.(EV, p. 19)

사회적 사실의 하나의 구조적 요소로서의 폭력 혹은 이탈

은, 마페졸리에 의하면, 파괴와 창건의 이중 운동을 잘 보여
준다.(EV, p. 21) 즉 그것은 다소간 분명한 사회구조의 해체를
드러내고, 동시에 새로운 창건을 호소한다. 따라서 이탈 혹은
폭력은, 마페졸리에 의하면, 그것이 증인이 되고 있는 제도화
된 것(institué)에 관계해서 분석될 수 있고, 동시에 그의 고유
한 역동성을 갖고 있는 하나의 형식으로서 그 자체로서 분석
될 수 있다.

우선, 사회구조의 해체를 드러내주는 측면을 살펴보자. 이
때는 사회 '위기'의 일종의 지표로서의 역할을 수행하는 폭력
이라고 할 수 있을 것이다. 마페졸리에 의하면, 이 위기의 상
태는 하나의 느린 메커니즘인데, 이것의 근본은 모더니티와
관련해서는 정상화(normalisation)이다.(EV, p. 22) 즉 규범
(Norme)의 채용은 중심과 주변을 만들고, 광인과 비정상은
이제 더 이상 사회적 유기성(organicité sociale) 안에 통합되지
못한다. 그리고 그들이 내포할 수 있는 과도함과 잔인함, 그
리고 차이 등은 부정된다. 이를 통해 사회구조화를 근거시키
는 질서와 무질서의 두 극(極) 중에서 한 극의 과도화로 인해
균형이 깨지고, 사회적 영속성(perdurance sociale)을 보장하
는 전신 감각(cénesthésie)이 더 이상 작동을 못 한다고 마페
졸리는 말하고 있다. 따라서 이때 비합법주의의 다양한 변주
들은 누를 수 없는 삶의 의지의 표현처럼 간주될 수 있다는
것이다. 말하자면, 도시의 분노, 화재, 불법 침입 등 여러 형

태의 비합법주의들은 원자화를 거부하면서, 쩨쩨하고 순응주의적인 '도덕'에 대항하면서 '윤리', 즉 집단적인 것을 체험하고 말하는 방식이 된다.(EV, pp. 23~24)

이제, 고유한 역동성을 갖고 있으면서 새로운 창건을 호소하는 폭력의 '긍정적' 기능에 대하여 살펴보자.

그 첫 번째 측면을 살피기 위하여 마페졸리는, 디오니소스 신화의 경우를 그 예로 들고 있다. 이 악마는 지하의 밀사이면서 동시에 갱신의 밀사로서 폭력의 모순적 측면을 잘 드러내준다.(EV, p. 26) 즉 과도함, 광란 등은 도시의 창건에 수반된 원초적 폭력(violence originelle)을 추도하면서, 동시에 그것에 대한 죄 갚음을 하고, 또한 벌을 받고, 그것과 타협한다는 것이다. 이것이 갖는 카타르시스의 기능과 광인 축제, 카니발, 그 외의 전복 의례의 예들은 잘 알려져 있다. 그러나 이 파괴의 기쁨은 건설의 욕망과 함께한다는 점을 마페졸리는 강조한다. 사회 변화의 시기들에서 흔히 우리가 목도할 수 있는 현상이기도 하다.(EV, p. 27)

'긍정적' 폭력의 두 번째 측면을 살펴보자. 이것은, 마페졸리에 의하면, 사회적 삶의 의지(vouloir-vivre social)와 관련된다.

> 그림자의 부분(저주받은 부분)에 대한 사회관계(rapport so-cial), 파괴 혹은 죽음에 대한 사회관계는 실제로 삶에의 관계를 규정하게끔 한다. 보다 자세히는, 우리의 주제로 되돌아온다면,

(필요의 질서 안에 새겨지는) 그림자의 부분의 수락은, 그것을
사회적으로 살도록 한다.(EV, p. 30)

이 점에서 마페졸리는, '불법주의'와 '경범죄' 간의 푸코의
구분을 상기시킨다. '불법주의(사회적 폭력, 이탈)'가 그 억압
할 수 없는 양가성 안에서 체험되었을 때, 살아 있고 모험적
이며 역동적인 사회성의 부식토가 된다면, 반대로 '경범죄'는
닫혀 있고, 분리되어 있으며, 그 전문가들을 갖고 있다. 그러
나 마페졸리에 의하면, 분리와 전문화에 근거한 사회질서 안
에서 '위계'나 '역할'은 더 이상 없고, 단지 '기능들'과 '기능
화'만이 있다. 즉 다소간 조화롭게—난폭함은 결코 배제되지
않는다—서로 균형을 취하는 요소들의 유기성은 더 이상 없
고, 대신에 하나의 가치 지배, 그리고 특별히 격렬한 억압된
것의 회귀의 순간적이고 임시적인 분출만이 있게 된다는 것
이다.(EV, pp. 30~31)

이렇게 보았을 때, '아노미'의 실용주의적 측면에 대한 이해
가 필요하다고 마페졸리는 강조한다. 즉 그것은 바로 앞에서
도 살폈듯이, 사회적 영속성, 즉 균형에 근거한 전신 감각, 사
회적 의미가 존재한다는 것을 파악하게 한다는 것이다.(EV,
p. 36)

구조적 균형 혹은 폭력의 효용성은, 보다 일반적으로는 '역

설'과 '사회 역동성' 간의 관계를 숙고하게 한다.

> 길항작용에 의한 결정(détermination par les antagonismes)
> 혹은 레비스트로스가 '사회·문화적 분리'라고 부른 것으로서
> 이해될 수 있는 '역설(paradoxe)'의 개념은, 〔……〕 사회 역동
> 성에 대한 가장 좋은 조사 도구처럼 보인다. 그리고 이 도구들
> 은 항상 우리로 하여금 하나의 구조의 균형을 파악하게 해준다.
> (EV, p. 37)

마페졸리에 의하면, 대립 관계와 길항 관계 속의 것들은, 꼭 의식적인 것은 아니지만 '공모' 관계 속에 위치하면서, 전체의 균형에 이바지한다. 피가 날 때까지 결투하는 귀족들이 길항하는 것들 간의 균형의 완곡화된 모습이라는 것이다. 전쟁이 일상적 사실이었던 고대 그리스에서는 적을 완전히 절멸시키려 하지 않았는데, 아마도 '싸움하는 사회성(socialité agonale)'의 지속을 위한 것이었으리라는 것이다.(EV, p. 38)

이와 같이 폭력에 내재하는 창조와 파괴의 이중 운동, 그리고 그것의 사회적 영속성과의 관련에 대해 논한 후 마페졸리는 사회적 폭력의 몇 가지 중요한 특징들을 분석한다. 그중에서 무엇보다 중요한 점은 '현재'와 그 전복적 성격, 그리고 그와 연관된 '우연'과 '과도함'의 문제 틀들일 것이다.

우선, 마페졸리에 의하면, 저항의 자발성, 우연적 분출은 사회적 폭력의 다른 특징인, '현재'를 도입한다.(EV, p. 50) 마페졸리는, 르 루아라뒤리(E. Le Roy-Ladurie)가 몽타유 마을 분석에서 중세 이단의 일파인 카타리파와 관련하여 언급하는 '현재의 강조'의 의미를 다음과 같이 정리한다. 첫째는 순환성이다. 이것은 역사의 파국적 선조성을 부정하며, 예를 들어 천국 등의 미래를 함수로 오늘의 존재에 대한 권력을 근거시키는 교회의 공식 교리와 마주하여 현재의 영원성을 확인하게 하는 토대가 된다. '현재의 강조'와 관련된 두 번째 요소는 '다른 곳의 거부'이다.

> 이 다른 곳의 거부는, 이 '세계(*soeuculum*)'의 현재를 잘살고자 하는, 이 세계를 그 구성 요소들과 그 다양한 유한성들과 함께, 그러나 그것을 충만하게 살고자 하는 관심에 뿌리내리고 있다.(EV, p. 54)

이러한 '순환성' 그리고 '다른 곳의 거부'는, 마페졸리에 의하면, 현재의 전복적 특징들이다. 왜냐하면 그것은 저세상에 대한 정치·종교적 구성물들에 대항함('con-tester', 즉 '함께 테스트함')이 없이 그것들을 실제로 거부하는 것이기 때문이라는 것이다. 이는 또한 니체가 언급했듯이, "이 세계를 비방하거나 더럽힐 수 있기 위해서 또 하나의 세계"를 발명하는 것과 같다.

체험되는 현재가 전복적이기에, 권력의 첫 목표는 그것을 장악하고, 자르고, 조직하고, 조정 가능한 시퀀스들로 나누는 것이다. 이렇게 나뉘어져서 시간은 이제 분리의 질서 속으로 들어가고, 유용해지고, 기능적이 된다. 현대적 교육과정, 육체의 장악과 순화(馴化) 과정, 포드와 테일러의 노동의 과학적 조직 등이 그 예가 될 터인데, 이와 같은 시간의 장악은 그러나 마페졸리에 의하면, 현재로부터 그 모든 체험된 강렬함을 빼앗는다. 시간은 이제 그 모든 무게를 잃어버리고 동질적이고 비게 된다.(EV, pp. 54~55)

'현재'에 대한 강조는 또한 '우연'의 아이디어와 상관적이다. 마페졸리에 의하면, 단선적 진보주의적 비전을 부정하는 우연은, 모든 행동과 모든 전망하는 사유의 '급진적 무의미'를 함축하고, 바로 이런 의미에서 합리화 과정의 정확한 대립이다.(EV, p. 56)

또한, 앞에서도 우리가 살폈듯이, 현재를 유일한 '실재'로서 인정한다는 것은, 제도화된 것의 모든 형식들을 인정하는 것이 아니라는 점을 마페졸리는 강조한다. 그것은 이 형식들을 비껴가고, 비합법주의를 실천하고 싸우는 것인데, 흔히 복종의 외양을 띤다는 것이다.(EV, pp. 59~60)

마페졸리에 의하면, 현재를 유일한 '실재'로서 인정한다는 것은 또한, '그림자의 부분'도 소여의 온전한 부분이고, 죽음은 심층적인 방식으로 매일의 삶을 결정한다는 것을 받아들이는 것이다.

> 따라서 현재는 자신이 지금 여기서 전체적으로 말해지고자 하는 인간의 억누를 수 없는 필요이고, 흔히 과도함 안에서 이 표현이 이루어지는 것을 이해하게 하는 것은 거기서는 아무것도 버려지지 않는 이 '전체성'이다.(EV, p. 61)

'과도함의 취향'(호이징가) 또한 폭력의 또 하나의 결정적 측면이다. 마페졸리에 의하면, 과도함은 여러 형태의 변주를 낳는데, 그 공통점은 "모르는 것으로부터 나오는 불안에 대한 보호의 순간적 시도"라는 것이다. 즉 현재의 수락의 중대한 하나의 구성 요소는 '우연'의 수락이었는데, 이 수락은 지탱하기 힘들며, 따라서 주기적으로, 의례적으로, 일상생활에서 다 사용되지 않은 강렬함의 모든 퇴적을 내쫓는 카타르시스에 참여해야 한다는 것이다.(EV, p. 61) 과도함, 그것은 또한 어지러움, 비등, 유동성으로 이루어지며, 세계 속의 모든 질서가 임시적으로 파괴된 부재 기간을 의미하고, 그럼으로써 "죽음과의 마주함"을 그 원형적 특징으로 갖는다고 마페졸리는 강조한다. 그리고 우주 발생적 신화 안에서의 그것의 역할을 상기한다면, 과도함과 난폭함과 죽음은 사회적인 것의 기원에 항상 있다는 것이다.

이 의미에서 과도함은, 마페졸리에 의하면, 상징적인 것의 유기적 구조물(structurant organique du symbolique)로서의 '죽음'의 상기에 다름 아니다. 이와 같은 죽음과 삶의 유기적 연결은, 예를 들어 에밀 뒤르케임(Émile Durkheim)도 잘 보여주고 있다. "세오스(Céos)에서 일정한 나이를 넘은 사람들은 경건한 축제에 모여서, 머리에 꽃을 두른 채, 즐거이 독약을 마셨다."(『자살론 *Le Suicide*』) 또한 마페졸리는 위대한 인물들의 미망인이나 종들의 의례적 자살들을 그 예로 들면서, 이 예들은 "삶에 빚진 의무"가 표명되는 것이라고 해석한다.

> 가역성과 교환의 틀 안에서, 어떤 의미에서는 삶이라고 하는 선물(don qu'est la vie)에 대하여, 균형이 확립되게끔 하는 반대 증여에 의하여 답해야 한다. 따라서 그것은 삶이 부과가 아닌 다른 것이 되게끔 하는 유기적 교환의 문제이다. 단지 증여만 있다면, 우리가 그것을 장악할 수 없다. 그것은 압도한다. 부과된 삶, 단지 받아들여지기만 한 삶은 살 수 없다. 의례적 죽음(그리고 그것의 대체하는 변주들)은, 이런 의미에서 균형을 재확립하는 하나의 도전이다. 우리는 여기서 죽음에의 권리를 재발견한다……. 〔……〕 파괴는 세속적 삶의 극복할 수 없는 하나의 원칙이다.(EV, pp. 63~64)

마페졸리에 의하면, 과도함은 이 원칙에 근거한다. 그것은 의례적으로 (사회적이고 생물학적인) 유기적 교환 안에서 죽음의 자리가 어떤 것인가를 상기한다는 것이다. 그리고 그것은 또한—여기서 '현재'의 주제와 연결됨—삶은 '긍정적'이어야 함을, 니체식의 "삶에 대한 긍정"을 의미한다. 즉 그것은 삶을 구성하는 강렬함과 단조로움의, 욕망과 결여의, 완전함과 유한성의, 합리적임과 신비로움의 혼합을 받아들임에 다름 아니다. 또한 그것은 삶의 비극적 감정의 길로 개입하게 하는 것이라는 것이다. 이렇게 보았을 때 일상적으로 체험된 죽음의 기초 위에서 긍정적 역능은, 마페졸리에 의하면, "확장하는 삶"의 실천, 즉 과도함에 대한 의미 부여, 관대함의 욕구, 역동성, 덕 등과 관련된다.(EV, p. 64) 그리고 또한 이로부터 일상적 행위들의 미세한 창조, 그 유한성 속에서의 실천들을 이해할 수 있다는 것이다. 우리의 식사, 그리고 옷 입기의 '겉치레(semblant)' 등이 마페졸리에게는 그 중요한 예가 된다. 이것들은 모두 우리가 유한성에 빚지고 있는 것을 상기한다는 것이다. 그리고 이런 관점에서 보았을 때 폭력, 잔인함, 축제, 무질서, 손실 등은 그 극단까지 밀고 나간 일상생활의 측면들일 따름이라는 것이다.(EV, pp. 64~65)

4. 역능의 구조화 혹은 일상

이제 이 역능의 '현실화'는 어떤 모습을 띠게 될 것인가를 살펴보자.

우선, '현재'에의 집중은 역능의 다원주의와 관련이 있다는 점을 마페졸리는 강조한다.

> [……] 이 현재는 그의 복수성에 의하여, 모든 창건 행위의 모험적인 측면, 즉 사회적 유동성을 참작하고, 그 의미에서 경직화되는 것의 결점을 피하는 그러한 측면을 간직하고 있다.
> 변화에 준비되어 있는 것, 이것이 바로 사회성에의 개방을 특징짓는 것이다.(VT, p. 58)

현재에의 긍정은, 그리고 중재 혹은 대리 없는 "운명에의 대면"은 역능 혹은 사회성의 원인이자 결과가 된다는 점을 우리는 이미 살펴보았는데, 이와 같은 대면에서 중요한 것은 타자 혹은 이타성의 존재가 부인되는 것이 아니라, 오히려 사회 존재의 척도가 된다는 것이다.(VT, pp. 61~62)

이제 '차이'의 문제가 역능의 구성 요소가 된다. 마페졸리에 의하면, 그것은 차이들의 정렬(ordonnancment) 혹은 결합(conjonction)에 의하여 사회적 전체에 주권을 행사하는 것과 관계된다.(VT, p. 62) 또한 차이는 길항작용들을 제거하는 것을 의미하는 것이 아니며, 오히려 그것들을 그 자체로 유지하고, 그것들을 정렬하는 문제인 것이다. '역의 일치' 혹은 '콩트라딕토리엘의 논리'(뒤랑, 뤼파스코)라고 할 수 있는데, 이는 사회성의 논리이기도 하다. 이 논리는 일상의 삶을 구성하는 애매함, 다원성, 지속적인 단절 등을 나타내준다고 마페졸리는 강조한다.

'일상의 삶'은 이제 역능 개념의 상관 항이라고 할 수 있다.

> [……] 일상의 삶은 '현재에의 관심' 안으로 사회적인 혹은 개인적인 유동성(labilité)의 다양한 요소들을 [……] 모은다. 그것은 현재에 유토피아를 사는 것이고 [……] 이러한 일상적 삶의 모음은 사회성, 즉 상호성과 순환의 요구를 나타내준다.(VT, p. 64)

바로 이런 의미에서 역능의 또 다른 중요한 요소는 집단적인 것, 즉 공동체의 통일성과 그것의 정렬이라고 마페졸리는 강조한다. 그리고 이 경우 '사회적 합의(consensus social)'란, 특유한 의지와 공동체의 감정, 즉 보편성 사이에 확립될 수 있는 상응이라는 것이다.

그러나 짐멜이 화폐경제의 발달에 대한 분석을 통하여 지적하고 있는 것—화폐의 발달에 의한 인간관계의 추상화, 인간과 사물 관계의 추상화—처럼, 사회관계의 중화의 메커니즘은, 집단적인 것의 부정과 마찬가지이다. 이제 그 안에서 차이의 정렬된 기능으로서의 집단적인 것은 비합리적이거나 혹은 원시적인 것으로 특징지어진다.

> 이 균질화(aplatissement) 안에서, 개인적 욕망의 사회적이고 자연적인 필요성에의 대면을 특징지은 비극(le tragique)은, 안전화의 권태 안에서 희석된다. 이것이 간략하게 윤곽을 잡아본, 〔……〕 공동체의 물질성으로부터 추상화에 〔……〕 이르는 길이다.(VT, p. 65)

이 모든 것을 포함하는 관점을 마페졸리는, 생기주의적 혹은 유기적 틀이라고 특징짓는다. 말하자면 모든 유의 재현 활동을 넘어서서 삶의 지속을 강조하는 틀인 셈이고, 그리고 이 속에서는 마페졸리가 이후 반복적으로 강조하게 되는, '이중의 놀이(double jeu)'가 중요해진다.

> 〔……〕 재현을 멸시하는 혹은 오히려 재현의 가치들에 대하여 수락과 거리 두기의 이중의 놀이, 양가성을 실천하는 사회적 역능. 〔……〕 그 안에서 실천이 가치들과 분리되는 이중의 놀이는, 규칙적으로 그리고 항상 균열들 속에서, 차이와 아노미의 형식들 속에서, 일상적 삶의 다양한 요소들의 뿌리내림 속에서, 즉 완전히 이해될 수 없는 삶을 멜랑콜리를 가지고 맛보게 하는

모든 것들, 집단적 지혜와 덕을 가장 잘 특징짓는 모든 사물들
안에서 표명된다.(VT, p. 67)

이와 같이 차이, 이중의 놀이, 집단적인 것들을 함축하는
일상의 삶은, 마페졸리에 의하면, 차후의 모든 조절(régula-
tion)의 기초가 된다.

왜냐하면 이후, 물론 이와 같은 조절은 경직화되고, 이 창건으
로부터 떨어져 나가며, 그것을 인도하고, 그럼으로써 사회생활
을 구조화한다. 그러나 이 과정은 결코 총체적일 수 없다. 왜냐
하면 항상 가장 강한 지배의 순간일지라도 생명력이 솟아나오
는 것이고, 생명력은 우리가 감출 수 없는 것으로서, 다소 명시
적인 방식으로 최후의 준거 구실을 한다.(VT, p. 55)

이 생명력은 어떤 때는 우회적인 방식으로 표명되기도 하
고, 또 어떤 때는 큰 규모로 폭발하기도 하는 등 상황에 따르
게 되지만, 그것은 항상 현전하면서, 그 유동성은 결국 그것
을 완전한 통제로부터 벗어나게 한다.

권력의 논리가 '지배'이고, '하나'로의 환원이라면, 역능은
다원주위와 실재의 다양성과 관련이 있다. 즉 그 불안전성 속
에서 사회생활을 구조화하는 다양성 말이다.(VT, p. 57)

18~24세의 젊은이들에 대한 장 뒤비뇨(Jean Duvignaud)의

앙케트는, 정치 등에의 무관심과 사전적인 정당화 없이 일상적 실천들을 살려는 불완전한 시도들을 잘 보여주는데, 이는 '가치의 다신교', 그리고 각 특수한 경우마다 구체적으로 운명과 대면하기의 자세를 잘 보여준다고 마페졸리는 분석한다. 사물들의 처녀성을 그대로 내버려 두기와 관계되는 이 태도는 비관주의적이거나 상대주의적인 것과는 아무런 관련이 없다. 오히려 그것은 사회적 힘의 재정향과 관련이 있다는 것이다.(VT, pp. 57~58)

다음 장에서 우리는 이 역능의 구조화, 현실화가 어떻게 일상의 차원을 통하여 나타나는지를 마페졸리의 분석을 통하여 살펴보기로 하겠다.

2장

일상

1. 사회적인 것의 무의미

마페졸리의 '의도'가 무엇보다 잘 드러나는 곳은 그의 '일상'에 대한 문제 제기라고 할 수 있다.

보편적이고 일반적인 것만이, 그리고 이성을 통해 추상화할 수 있는 것만이 학문의 대상이 될 수 있다는 입장에서라면, 특수하고 구체적이고 너무나 범속하고, 반복되기에 진부한, 그리고 하찮아 보이기까지 한 '일상'은 학문적 인식의 대상이 될 자격이 없다. 나아가 "정신의 바로 곁에 육체가 있고, 이성의 바로 옆에 항상 감성이 있음을 일깨워주는" 것이 '일상'이라면, 그것은 기존의 이분법적 논리에 기초한 지식의 대상이 될 수 없는 '흉물스러운' 것으로 여겨질 수도 있었다. 마치 요즈음에야 다시 주목받고 있는 '상상력'이 그간 '온갖 거짓과 오류의 원흉'으로 몰려 학문의 영역에서 오랫동안 밀려나 있었던 것처럼.

그렇지만 이제 일상은 그 표면적 무의미함 밑에 풍요로운 의미의 장이 숨겨져 있는 차원으로, 그리고 한 사회의 윤리적이고 도덕적이며 미학적인 기준들을 결정짓는 '부식토'와 같은 '새로운' 차원으로 인식되기 시작하였다. 이것은 여태껏 '나머지(rest)'—잔여, 찌꺼기, 쓰레기, 그렇지만 지속되는 것—라고 여겨졌던 '죽음' '여가' '주변인' 등의 주제들이 겪은 운명이기도 할 것이다.(G. Durand, 1985) 그렇다면 "일상은 나쁜 것" 혹은 "일상은 좋은 것"식의 이분법적 평가를 행할 문제가 아니라, 배제되었던 이타성(異他性)의 한 차원으로서의 '일상'과 그것을 포함하는 사유의 의미가 무엇인지가 중요하게 다가온다.

서구 인문학에서 일상에 대한 관심은 크게 '비판'과 '이해'의 전통으로 나누어볼 수 있다. 비판적 접근의 경우, 일상에서 개인의 '소외'가 중심 주제로서 마르크스주의 전통의 앙리 르페브르(Henri Lefebvre), 아그네스 헬러(Ágnes Heller), 카렐 코지크(Karel Kosík)와 상황주의자들의 작업이 중요하다. 특히 르페브르는 일상의 문제 제기를 통하여, 자본주의가 개인의 꿈과 상상력과 욕망의 선택에 대해 행사하는 모든 영향력에 대한 비판으로 마르크스주의 사회 비판의 영역을 확장시켰다. 물론, 르페브르가 일상이 고유의 모순과 복잡성을 가진, 그 자체로 분석을 요하는 영역임을 밝힘으로써, 일상에 대한 단순한 환원적 해석에서 벗어날 수 있는 계기를 마련해 준 것은 사실이다. 그러나 그는 자본주의의 역사적 변전에 따른 일상의 소외에 대한 분석에 비중을 두었기에, 일상에 대한 보다 적극적인 의미 부여를 하기에는 미흡하다고 할 수 있을 것이다. 그 몫은 '이해'의 전통에서 찾아야 할 것이다.

'이해'의 전통은 현대의 현상학, 알프레드 쉬츠(Alfred Schütz), 베버, 발터 벤야민(Walter Benjamin)과 프랑크푸르트 학파, 그리고 짐멜에 그 뿌리를 두고 있으며, 어빙 고프먼(Erving Goffman) 등의 상호 작용론자들, 모랭과 보드리야르와 같은 메타 비판가들, 마페졸리, 상소 등의 미학적 직관론자들로 이어지고 있다.

마페졸리에게 있어서 '이해'란 무엇보다도 "열려진 전체성에 대한 관심"과 연결된다.(CP, pp. 32~34) 그에게 있어서 '이해'는 또한 어떻게 '일상'과 연결되는지를 보다 자세히 살펴보도록 하자.

이미 우리가 살펴보았듯이 마페졸리의 경우, '소외'/'해방'의 문제 제기가 '포화' 상태에 이르게 되면서, 그리고 좁은 의미의 정치가 상대화되게 되면서, '일상' '사회성'과 그것들이 함축하고 있는 '구조적 길항 관계' '근본적 애매성'을 환원시키지 않고 바라보는 것이 필요하게 되고, '이해'란 바로 그와 같은 것을 '전체적'으로 잡을 수 있는 방법론이 된다.

이와 같은 인식론적이고 방법론적인 원칙을 바탕으로 이제, 마페졸리가 분석하는 바대로의 일상의 근본적인 특징들을 살펴보자. 동시에 마페졸리가 의도하는 바와 같이 우리는 어떤 주제를 다루든지 간에 그것들의 '구조적 양가성'을 강조해서 드러내도록 하겠다.

시간에의 관계: 운명의 수락

'일상'의 문제 제기에 있어서 '시간에의 관계'는 근본적이다. 더 나아가서 이것은 존재 전반을 '결정'짓는 만큼, 마페졸리의 저작에 있어서 근본적이다.

> 시간은 각자 모두를 구조화하듯이, 사회적 존재를 결정한다. 존재와 시간, 이것이 바로 온전히 지속되는 하나의 긴장이다. 이 긴장은 세계에 대한, 타자들에 대한 우리들의 관계를 조건 짓는다는 점에서, 늘 그리고 새로운 현재적 관심사이다.(IE, p. 21)

이 부분에서 니체의 '영원회귀'와 '운명애(*amor fati*)', 하이데거의 '현존재', 뒤랑에게 있어서의 다양한 시간과의 대면과 타협으로서의 상상계의 문제의식(G. Durand, 1960)이 두드러진다. 마찬가지로 이 주제를 중심으로, 기독교적 시간관과 이교도적 시간관의 이분법에 근거한 단선적인 진보주의의 시간관과 그 대척점에 있는 순환적 시간관의 이분법이 강조되고, 이 이분법은 마페졸리에게 있어서 모더니티/포스트 모더니티를 가르는 이분법의 근간을 이루게 된다. 그리고 이 이분법 중 후자의 항의 강조는 마페졸리의 핵심적 주제들이라고 할 수 있는 '현재' '비극' '운명에의 대면' '죽음과 모순'(OD) 등으로 우리를 이끌게 되고,(IE) 그에 대한 이해는 또한 그의 또 다른 중심 주제들인 '일상' '사회성' '의례' 등에 대한 관심으로 이끈다. 그리고 '일상'으로 국한시켜보자면, 그 문제의식은 일상이 갖고 있는 구조적 양가성을 잘 드러내주고, 어떻게 일상이 단조로운 동시에 강렬한가를 파악할 수 있게 해준다. 이제 이 요소들을 보다 가까이 살펴보자.

마페졸리에 따르면, 일상적 실천 전체를 결정하는 것은 반복의 시간과 시간의 순환성이다. 시간의 순환성은 특히 민중적 시간관의 핵을 이루고 있고, 그들에게 고유한 '상대주의'를 낳는다. 상대주의는 여기서 악, 제약, 필요성 혹은 소외 등을 개인적 구조화 속에 통합함을 의미한다. 왜냐하면 "동일한 것의 회귀 안에서는, 다양한 형태의 악과 다양한 방식으로 속임수를 쓰는 것으로 충분"하기 때문이다. 이해를 돕기 위해 마페졸리는, 이 순환적 시간의 무의미(non-sens)와 비일관성

(incohérence)을 단선주의적 역사관에서의 불완전으로부터의 '해방', 의미와 방향을 가진 시간관과 강하게 대비시킨다. 즉 '불완전'을 수락한다는 입장에서, '무의미'를 통합한다는 의미에서 순환적 시간관은 '상대주의적'이고, 이로부터 일상의 '상대주의'를 이해할 수 있다.(CP, p. 35)

마페졸리 저작을 논평하면서 사회심리학자 세르주 모스코비치(Serge Moscovici)는, 마페졸리에게 있어서의 '시간'은 곧, '비합리적인 것(l'irrationnel)'을 의미하고, 그것을 다루는 방식이라고 설득력 있게 요약하고 있다.(S. Moscovici, 2004) 즉 순환적 시간관은 어떻게 '비합리적 것'을 체험하고 사유할 수 있을까의 문제의식으로 요약될 수 있을 것이다.

마페졸리는 순환적 시간의 '무의미'와 '비일관성'을 이렇게 요약한다.

> 근본적으로 '대중'의 지혜의 기초인 것처럼 보이는 이 상대주의 안에는, 우리가 그것의 덧없음과 동시에 그 지속성을 알고 있는, 그것에 대하여 무의식적으로 거부감과 동시에 굉장한 애착을 경험하는 그러한 세계의 창조(Création) 혹은 목적(Fin), 그리고 따라서 그것의 완성(Perfection)(개혁, 혁명, 윤리)을 위한 자리는 없다.(CP, pp. 35~36)

즉 이 세계가 덧없으면서 동시에 지속적이라는 느낌 앞에서, 그리고 그 앞에서 애착과 동시에 거부감을 느끼는 이 세계에 대하여 어떻게 '일관성'을 느낄 수 있을 것인가. 그러나 마페졸리에 의하면, 이 점이 바로 일상의 기본 특징을 이루는 것이고, 이를 잡아내기 위해서는 이에 적절한 방법이 요구되는 것이다.

점성술은 이 시간관의 좋은 예가 될 것이다.(IE)

'상대주의'의 또 다른 결과는, 대중들의 단지 '반동적인' 태도와 관련이 있다. 달리 말한다면, '동일한 것의 회귀'는 "항상 동일했기에, 항상 동일할 것이다."라는 태도의 다양한 변주를 낳는다. '새로운 것의 거부'—종교적으로 해석한다면 '천국의 신화'의, '영원한 삶의 환상'의 거부—는 또한 마페졸리에 따르면, 표면적인 변화의 밑에서 발견할 수 있는 '지속성' '안정의 정서(sentiment de stabilité)'를 설명해준다.

이러한 연속성은, 마페졸리에 의하면, 삶과 죽음의 양가성 안에서 그 정점을 이루게 되는데, 이 연속성은 또한 다양한 권력의 강제를 상대화시키고, 개인과 사회의 구조화 안에서, 하나의 분명한 보호를 구성하게 된다. 마페졸리가 자주 제안하는 개념을 쓴다면, 요란스럽고 편재하는 '권력'과 마주하는 '역능' '주권(souveraineté)' 그리고 '사회성'이다.

삶의 양식이 변하지 않을 것이고, 변할 필요도 없다는 '안정의 감정'은, 마페졸리에 따르면 "차이의 필요성에 대한 심층적인 확신"과 연결된다. 이와 더불어 중요한 것은 그 감정이, '현재'와 그것에 내재적인 '비극'의 강조, '운명과의 대면'과 관계된다는 점이다. 민중적인 표현들, "두고 보지 뭐, 때가 되면 알겠지." "그게 인생이지 뭐." "되는 대로 살아야지." 등 ("on verra bien, qui vivra verra." "c'est la vie." "il faut faire aller, prendre la vie comme elle vient." etc.)이 이 점을 잘 보여준다.

그런데 마페졸리에 따르면, 시간과의 관계에 있어서의 이러한 괄목할 만한 안정성은, 시간이 항상 죽음의 문제와 부딪힌다는 사실로부터 온다. 또 이렇게 본다면, "운명과의 대면은 일상의 연구의 극복할 수 없는 지평이 된다."(CP, p. 38) 체험된 시간의 무의미와, 단선주의의 부정을 이해해야 하는 것도 바로 이 의미에서인 것이다.

'운명'은 또한 다음과 같이 정의된다. 고유한 순환적 회귀(헬레니즘의 예)와 그노시스 학파의 부서진 시간(temps brisé), 반(反)역사적 시간의 혼합. 바로 이 점에서 시간은 그 근본적 비일관성 속에서 체험되고, 이로부터 민중적 냉소주의가 유래한다. 또한 바로 그렇기에 마페졸리는 말한다.

죽음과 그 다양한 표명에 사로잡혀 일상의 체험은, 모든 차원의 투사(천국, 내일의 찬양, 완벽한 사회들)를 넘어서서, 강렬함 속에 체험되어져야 하는 혼란스러운 현재에 그의 모든 중요성을 부여한다. 사회적인 것이 이제 마주한 것은, 그 모든 구체성 속에서 체험된 순간, 그리고 그것의 모든 덧없음을 알고 있을

때, 빠르게 그리고 과도하게 소비하고, 소모해야 하는 순간인 것이다.(CP, p. 39)

이제 시간과 관련한, 이후 계속해서 마페졸리가 사용하는 이분법에 대하여 살펴보자. 물론 이 이분법은 베버의 의미에서의 '이념형'으로, 즉 현실에 그대로 존재하지 않는 일종의 '비현실적인' 구축물이지만, 바로 그럼으로써 현실의 이해를 도와줄 수 있는 일종의 모델로서 말이다. 즉 한편으로는 이교(異敎, paganisme)의 개념과 다수의 서로 상보적인 신들, 그리고 이와 상관적인 매일매일 체험되는 순간들을 위해서만, 또 그것에 의해서만 의미가 있는 파열된 시간(temps éclaté). 다른 한편으로는 기독교의 개념과 단일성의 환상(Fantasme de l'Unité)에 근거한 유일신적 정치.

이탈리아 사회학자 빌프레도 파레토(Vilfredo Pareto)의 잘 알려진 잔기(殘基, résidu)와 파생(dérivation)의 구분을 빌려서 마페졸리는 기독교적(이념적, 정치적) '파생물'과 이교적 '잔기'를 구분한다. 그 내용을 다시 반복하자면, 기독교적 파생물이 의미, 구원적 시간, 규정되고 보장된 방향에 기대고 있다면, 이교적 잔기는 운명과 죽음에의 대면에 의하여 혼미해져서, 지나가는 작은 역사들을(histoires) 준거 없이 현재에 받아들인다. 실체화된 역사(Histoire)와 매일의 이야기들(histoires)의 구분. 혹은 성 아우구스티누스의 잘 알려진 구분을 차용한다면, 그리스도가 발단이 되는 올바른 길(*via recta, rectum iter*)과 이교 철학의 그릇된 원(*falsi circuli*)이다. 한편으로는 신화에 근거하는 이교와 다른 한편으로는 역사, 케리그마(kerygma), 증거(annonce)에 기대고 있는 기독교. 따라서 '의례'가 보여주는 비극적 반복과 그것에 필요한 순환적 시간은 극적 역사(Histoire dramatique)의 효율적 단선성에 방해가 된다.

우리는 이미 체험되고 어김없는 순간 속에 모든 의미를 결정화하는 현재에의 강조가, 이 동일한 체험에 그 고결함을 부여한다는 점을 확인하였는데, 바로 이 점에서 일상생활의 사회학에서의 신화적 사유의 중요성을 살필 수 있다고 마페졸리는 강조한다. 즉 신화적 사유를 매개로 하여 신성함과 세속적인 것 사이에 변증법이 작동한다는 것이다. 종교사가들이 성현(聖顯, hiérophanie)이라고 부르는 것이 바로 그것이다. 즉 신성한 것은 드러나는 동시에 감추어져 있는데, 신화적 세속성은 구조적으로 이 이중의 운동에 의하여 구성되어 있으며, 그것은 성스러운 것을 감추는 동시에 드러낸다. 이것이 바로, 일상적 진부함이 사소한(지겨운) 동시에 열광케 하는(집중적인) 점을 설명해준다고 마페졸리는 강조한다. 이 점이 또한 사회적 소여(donné social)에 대한 놀라운 수용을 설명해준다고 마페졸리는 덧붙인다. "치명적 제약들(권력들의 질서)에도 불구하고 소여가 결국 받아들여지는 것은 〔……〕 이 소여가 억누를 수 없는 삶의 잉여를 빠져나가게 하기 때문이다."

마페졸리는 다음과 같이 결론 내린다.

> 사회적 소여의 구조적 양가성에 대한 인정은, 바로 그대로의 세계의 수용으로 이른다. 왜냐하면 이 세계의 아름다움이 어떤 일이 있더라도 인정되었기 때문이다.(CP, p. 41)

다시 요약하면, 시간에 대한, 일상에 대한 이러한 관점은 우리가 이미 살펴보았듯이, 파열된 다양한 측면들의 합으로 이루어진 차이의 질서(ordre de la différence)로 우리를 인도한다. 마치 모험, 예기치 않은 것들 그리고 많은 잠재성들이 도시의 삶을 풍요롭게 하듯이.

집단적인 것의 차원

분화된 조화(L' harmonie différentielle)

앞의 시간에 관한 분석에서와 마찬가지로 마페졸리는, 사회적 소여의 한 차원으로서의 '집단'이 갖고 있는 구조적 양가성을 밝히려고 한다.(CP, p. 46) 이는 또한 '운명의 수락'의 논리적 귀결이기도 하다. 즉 나중에 마페졸리가 다시 강조하게 되지만(TT, p. 58), '사회적 소여' '자연적 소여'를 주어진 것으로 받아들이는 것은, 사회적으로는 다원주의에, 자연과의 관계에 있어서는 생태학적 관점에 이르게 된다.

여기에서의 '집단적인 것'이란 물론, '집단주의적 조직(organisation collectiviste)'과는 거리가 멀다. 오히려 그와는 정반대라고 할 수 있다. 그것은, 마페졸리에 의하면, 우주론적 실재의 이미지처럼, "하나의 전체 안에서 각자의 다차원적 잠재력들이 발휘되게 하는 어떤 것을 지칭한다."(CP, p. 43) 혹은 우주적 참여(participation)의 이미지처럼, 근본적 상호 의존을 보여준다.(CP, p. 45)

따라서 위의 의미에서의 집단은 페쉬(H. C. Peuch)가 그노시스를 분석하면서 언급한, "하나 혹은 통일된 것인 모나코스(*monakhos*)의 콤플렉스"와 대립된다고 마페졸리는 강조한다. 모나코스의 콤플렉스 혹은 통일성에의 욕망은, 마페졸리가 '하나의 환상'이라고 칭한 것에 다름 아니다. 그노시스의 경우에는, 그 통일성에의 욕망은 물론 그들의 타락함, 그들의 '그림자의 부분'을 떨쳐버리고, 결국에는 통합될 것이 기대되는 개인에게 적용되지만, 이 개인 자신에 대한 작업은 곧, 하나의 사회적 모델로서 제시된다는 것이다. 즉 그 자신 자체의 그림자의 부분과 다차원성을 떨쳐버린 하나의 통합된 실체(entité unifiée)로서의 사회.

그러므로 다시 마페졸리에게 익숙한 구분으로 돌아오자면, 다신주의적 이교와 이에 대립하는 환원주의적 일신교의 구분이라고 할 수 있다. 즉 환원주의적 일신교가 그림자의 부분을

극복하고자 한다면, 다신주의적 이교는 그림자의 부분이 환
원되는 것에 저항한다. 또 달리 표현한다면, '통일성의 형이
상학'이, 개인 혹은 사회를 구성하는 구조적 양가성을 극복하
거나 부정하고자 한다면, 여기서의 '집단'은 일종의 '통합주
의(holisme)'와 연결된다는 것이다. (CP, p. 44)

마페졸리는 다시 '차이의 게임' '상보성의 메커니즘' 등의
표현 등으로 모든 사회구조화의 기초가 되는 이 '집단성의 차
원'을 설명한다. 그가 인용하는 『사회 분업론』에서의 뒤르케
임을 따라가 보자.

> 같은 도시 안에서, 상호 꼭 해가 됨이 없이 상이한 직업들이 공
> 존할 수 있다. 왜냐하면 이것들은 상이한 대상들을 추구하기 때
> 문이다. 병사는 군사적 영예를, 사제는 윤리적 권위를, 정치가는
> 권력을, 기업가는 부를 찾는다. 따라서 이들 각자는 타인들이 자
> 신들의 목표를 달성하는 것을 방해하지 않고서 그의 목표를 달
> 성할 수 있다.(É. Durkheim, p. 249; CP, p. 46에서 재인용)

마페졸리가 보기에, 이 점이 또한 모든 인간관계에서의 '구
조적 양가성'을 잘 드러내 보여준다. 구조적 양가성은 '갈등
적 모방' '경쟁' '상보성' 등으로 불릴 수 있는데, 이와 같은
역할들과 상황들의 균형(비등/이완, 사랑/미움, 근접성/거리)
은 하나의 인류학적 소여이고, 파레토적인 의미에서의 '잔

기'인 것이다. 바로 이러한 소여를 통해서 우리가 '사회적 영속성'을 이해할 수 있다고 마페졸리는 강조한다. 이와 같은 지적은 우리가 보기에 마페졸리의 이론화에서 매우 중요한데, 왜냐하면 한 사회의 삶, 하물며 한 개인적인 삶에 있어서의 지속성은 다양하고 이질적인 요소들로 이루어진 것들의 갈등적 조화가 보장해준다고 그는 보기 때문이다. 그리고 마페졸리가 '일상'을 통하여 강조하고자 하는 것도 바로 이러한 문제의식의 다양한 측면들이기 때문이다.(CP, p. 47)

이러한 갈등적 조화는 '개인주의' '평등주의'의 이념들보다는 '연대' '이타성'과 더 가까운 개념들이다. 이와 관련한 그의 언급을 살펴보자.

> 평등주의의 경우 그것은 균질화를 의미하고, 가장 작은 공통분모로의 환원을 의미함으로써 동일한 타자는 더 이상 욕망(혹은 미움)의 대상이 아니게 되는 반면, 하나의 대조되고 분화된 구조화 안에서는 열정이 중요하다. 〔……〕 열정은 차이의 토양 위에서만 살 수 있다. 기초적 연대, 즉 강한 의미에서의 이익(interesse)은 다원적이고, 또한 다원적인 방식으로 살아지는 사회성 안에서 형체를 갖추고 뿌리내린다.(CP, pp. 47~48)

그리고 마페졸리에게 있어서 차이의 게임이 표명되는 이러한 상보성의 메커니즘은 그것이 실제 효율적인가 아닌가 하는 문제라기보다는, 그것이 설혹 상상적인 방식으로일지라도 '우주적 조화(harmonie cosmique)'의 요약인 것으로 충분하다.

마페졸리는 다시 자신이 선호하는 저자 중 하나인 샤를 푸리에(Charles Fourier)의 예를 든다. 푸리에에게 있어서 사회성은 복잡한 건축술(architectonique compliquée)에 근거를 두고 있고, 팔랑스테르(phalanstère)의 활동을 설명해준다. 그리고 이를 바탕으로 현재의 공동체들의 '불완전한' 구조화를 '최소로(*a minima*)' 이해하게 하는 것이다. 차이의 격화된 게임에 근거한 사회성의 좋은 예가 될 것이다.

이러한 조화로운 전체성(globalité harmonique)은, 우리의 나날의 삶 안에서 체험되는 현실이기도 한데, 마페졸리는 이를 '사회성'이라고 이름 붙인다. 그리고 무엇보다 중요한 점은 이러한 갈등적 조화의 원인이자 결과는, 일상생활에서 무의식적으로 수락된 '비완전성'이라고 할 수 있다. "그런데 일상생활은 개인들과 사회집단들의 이미지처럼, 근본적으로 불완전하다. 그리고 그것의 조화와 균형과 그 아름다움 또한 근거하고 있는 것은 무의식적으로 담당된 그의 불완전성이다." (CP, p. 53)

교환의 차이

"그 갈등적이고 폭력적인 모든 측면 안에서의 교환을 이해할 수 있는 것은 활동 중인 차이(différence en acte)가 있기 때문이다."(CP, p. 54)

앞서 우리는 조화가 분화되고 갈등적이라는 점을, 그리고 그것은 불완전성에 근거하고 있다는 점을 살펴보았는데, 그것의 가장 완성된 표현은, 마페졸리에 의하면, '교환'이다. 왜냐하면 마페졸리가 지적하고 있듯이, 완전하고 완벽한 것은 이타성을 필요로 하지 않는데, 일신교의 신이 그것의 가장 분명한 예가 된다. 그러나 관계가 필요해지는 것은 불완전함이 있을 때이다. 대타자(Autre)에 대한 열정과 욕망은, 개인과 사회의 근본적 미완성의 가장 분명한 지표들인 것이다.

이와 동시에 마페졸리는, 이와 같이 불완전한 요소들을 개입시키는 교환이 주어진 것 혹은 돌려진 것의 차이, 부조화에 근거하고 있다고 강조한다. 달리 말한다면 '가역성(可逆性)'은 완전히 다원적이고 불평등하다는 것이다. 즉 선물에 대한 답이 있지만, 그 답은 주어진 것과 동일하지 않은 것이다.

피에르 클라스트르(Pierre Clastre)가 『국가에 대항하는 사회 *Société contre l'Etat*』에서 분석하고 있는 구아야키(Guayakis) 인디언의 사냥감 교환의 의례를, 마페졸리는 가역성에 있어서의 불평등을 잘 보여주는 예로서 들고 있다. 구아야키 인디언들은, 사냥에서 죽인 동물은 사냥꾼 자신이 직접 먹어서는 안 되는데, 만일 그렇게 한다면 불운이 닥치게 될 것이기 때문이다. 따라서 각 사냥이 끝난 후 사냥의 결과물은 타인에게 주어진다. 이로써 각자는 먹고살기 위해서 타인들에게 종속된다. 즉 생계라고 하는 이 단순하고도 근본적인 행위를 위하여 타인을 신뢰하여야 하며, 바로 여기에 교환을 모든 사회생활의 기초이게끔 하는 근본적인 상호 의존이 있다는 것이다. 사냥 감으로부터 분리되면서 사냥꾼은 타인들과 가까워진다. 물론 이 교환은 전혀 평온하지 않다. 구아야키 인디언은 그가 준 고기에 비교하여 받게 되는 고기를 평가한다.

이제 강조해야 할 것은, 마페졸리에 의하면, 모든 사회성은 갈등적이라는 점이다. 가장 전형화된 교환인 사랑의 관계에서조차 그 반대가 효력을 발생한다. 마페졸리는 이를 보다 일반화시킨다.

> 사회적인 것과 그것으로부터의 도피 사이에, 창건적 관계와 파괴적 분리 사이에 지속적인 긴장이 존재한다. 사회성의 지속을 설명하는 것은 이러한 받아들인 양가성이다.(CP, p. 56)

이완이 비등의 효율성을 강조해주듯이, 고독한 퇴거는 보편적 순환의 함축성을 강조해준다. 이는 사회성을 구조화하는 양가적 관계를, 인간 공동체의 삶 안에서의 차이의 게임을, 그리고 "한계 주기의 문제 틀(thématique des limitations)"을 잘 보여주는 것이다.

놀이 속의 사회성

앞서 마페졸리가 '집단'과 관련하여 정리한 몇 가지 특징들, 즉 차이의 게임 결과로서의 한계의 지혜, 사회성의 구조적 요소로서의 상보성 혹은 교환, 긍정적 태도의 표현으로서의 소여의 수락 등은, '당위'에 근거한 도덕(morale)과는 거리가 멀다고 그는 강조한다. 여기에서 마페졸리는 그의 저작을 통하여 계속 사용하게 될 도덕과 윤리(éthique)의 구분을 행한다. 윤리는 윤리적 정언명법에 대하여 경멸하는 냉소주의, 회의주의 그리고 상대주의를 표명하는 바, 이것들이 바로, 마페졸리에 의하면, '대중의 고결함(noblesse de masse)'을 이루게 된다. 마페졸리 논의에 있어서 보다 특징적인 것은, 공식적이고 획일적이며 단차원적인 가치들에 대한 이러한 '비도덕주의(immoralisme)'는 투쟁적인 방식이 아니라, 보다 은밀하고 속임수를 쓰는 방식으로 실현된다는 점이다. 그리고 이 사회적 역능은 이 '이중성'을 통하여서만 존재할 수 있고, 따라서 이중성은 그것의 '생존 조건'이라는 것이다.(CP, p. 62)

이러한 비도덕주의와 차이의 결합은 '놀이' 그리고 '방탕함'으로 연결된다. '당위'와 '저세상'이 그들 스스로 자임하는 영향력이 더 이상 없을 때, 일상적 삶의 토대를 구성하는 것이 현재와 그 덧없음일 때, 과도함과 놀이는, 마페졸리에 의하면, 더 이상 예외들이 아니라, 일상을 사는 자연스러운 방식이 된다. 복권으로부터 카지노에 이르기까지, 다양한 스포츠를 통하여 그리고 또한, 더 혹은 덜 스펙터클한 사건들과 잡보들에 대한 공공의 논평들을 통하여 중요한 것은, 감정들의 공유라는 점이다. 그리고 그것이 일상의 행위들 안으로 희석되든 아니면 순간적 혹은 기념하는 대사건들 안으로 결정화되든, 이 감정들의 공유는 사회생활을 근거시키는 것 혹은 그 창건을 상기시키는 것이다. "놀이는 따라서 사적으로 사용하는 여흥이 아니라, 그것은 근본적으로 모든 행동 중인 사회성의 효과이자 결과이다."

예를 들어, 그리스의 도시국가들의 세계는 스포츠, 통음 난무, 술자리, 의례적 축제 등으로 리듬이 잡혀 있었다. 이러한 풍성함은 디오니소스에 연결되어 있었는데, 이 풍성함은 늘 신적인 것과 집단을 통합하는 하나의 방식이다. 놀이는 사회성을 근거시키고, 그렇게 하여 놀이는 신적인 것(le divin)과 연결된다.

> 신들의 복수성은 하나의 전체적 신성의 다양한 측면들을 표현할 뿐이다. 자연과 도시와 개인들을 통합하는, 말하자면 우주론적인 신성(le divin cosmologique).(CP, pp. 64~65)

바로 그런 의미에서 마페졸리는 '다형적 신성(le divin poly-morphe)'을 근거시키는 '축제'의 중요성을 강조한다. 이런 의미에서 축제는 삶의 정상적인 흐름에 괄호를 치는 예외들이기보다는 존재를 가로질러 그것을 구조화하고, 또 그것을 파편화될 수 없는 하나의 집단적 모험이 되게 한다. 축제는 매우 다양한, 완전히 전통적인 형태를 취할 수 있고, 가장 '진지한' 활동들 안에까지도 나타날 수 있다. 소크라테스적 전통에서의 향연(Banquet)이 '문화화된 쾌락주의(hédonisme cultivé)'의 좋은 예가 될 수 있다고 마페졸리는 지적한다. 마페졸리가 인용하는 플루타르코스의 지적을 통하여 이 점을 살펴보자. "음식물을 제거하면서 우리가 치우는 것은 테이블 자체이다. 탈레스는 우리가 만일 지구를 제거한다면, 세계 전체가 혼돈 속으로 함몰될 것이라고 말했다." 말하자면 마페졸리가 다시 지적하듯이, 향연이란 토론의 즐거움, 하녀들의 매력, 육체의 현기증으로 구성된 조화로운 통일체이고, 이는 마치 하나의 정렬된 코스모스의 이미지인 것이다. 혹은 이러한 통음 난무의 전통은 코스모스와 사회적인 것의 유기적 복합체(complexe organique)를 나타낸다고 요약할 수 있다는 것이다.

통음 난무의 전통을 언급하면서 마페졸리는 다시금 자신의 문제의식을 다음과 같이 요약한다.

이 복합체를 잘 표현하는 문화화된 감각주의는 동시에 매우 비극적인데, 왜냐하면 그 감각주의는, 이 유기성은 매우 일시적이고, [……] '카르페 디엠(*carpe diem*)'은 현재의 우연적 측면을 강조하는 동시에 즐김의 긴급성을 지적한다는 것을 알고 있기 때문이다. [……] 배에 대한 사랑은 부인할 수 없는 세속적 지혜를 드러낸다. 아마도 주의를 요하는 유일한 지혜일 터인데,

왜냐하면 현재의 노스탤지어와 혼융의 욕망을 밀접히 연결하는
지혜이기 때문이다. 축제의 이러한 질서 지움(ordonnance-
ment)은 이렇듯, 코스모스와 사회성의 〔……〕 결합의 완결된
메타포이다.(CP, pp. 65∼66)

바로 이런 의미에서 유럽 16∼19세기의 동직조합에서 흔히
발견되는, '축제'에 참여해야 하는 의무를 이해할 수 있다. 그
리고 결국 이러한 유형의 비밀 결사들, 반(半) 비밀 결사들 그
리고 입문을 필요로 하는 집단들에서의 '축제'가 강조하는 바
는 이 '모둠 살이'인 것이다. 그리고 바로 이 이유로, 이러한
'축제들'은 또한 다양한 권력들로부터 의심을 받아왔다. "자
율적인 사회성은 항상 위험한 것이다." 흔히 권력은 사회성이
'방탕함'과 연결되는 것으로 진단한다고 지적하면서 마페졸
리는, 이 측면을 '다원적 비도덕주의(immoralisme pluriel)'라
고 이름 붙인다. '축제를 한다'는 표현이 함축하고 있는 욕망,
노스탤지어 혹은 비밀스러운 여망 등을 생각해보기를 마페졸
리는 권한다. 물론 여기에는 우리가 이미 앞서 살펴본 '식사'
가 갖는 중요성도 포함될 것이다.(CP, pp. 68∼69)
마페졸리는 이제까지의 논의를 '사회성'과 '통음 난무'와의
긴밀한 연결로 요약한다.

완전히 실현된 삶이란, 타자와의 관계와 융합이 더 이상 경계를

갖고 있지 않은 삶이고 [……] 이러한 융합은 항상 자신의 육체의 계산 없는 증여(don)를 통하여 이루어진다.
이러한 비도덕적이고 다원적인 관계는 전체적 교환, 즉 일반화된 교환이 지배하는 우주적 사회적 유기성의 끝없고 멈춤 없는 교환의 패러다임이다.(CP, p. 69)

다시 반복하자면 마페졸리에게 있어서, '방탕함'이나 '통음난무'는 사회적 역능이 표현될 수 있는 역동적인 비도덕주의를 나타낸다고 할 수 있는데, 이는 다양한 권력들의 '밝음'과 대비하여, 개인들과 협소해진 가족들을 원자화시키는 부과와 대비하여, 원자화를 능가하는 순환의 메커니즘을 회복시킨다는 면에서, 심층적 윤리의 표현이라고 할 수 있다.

존재론적 방황의 메타포이고, 완전하고 결정적인 방황인 죽음을 쫓아내려는, 풍속의 억누를 수 없는 방황이 있다. 이 메커니즘을 통하여 중요한 점은 인간관계들을 근거시키는 상호성이다. 방금 이야기한 방탕함은 이 상호성의 완결된 표현이다. 그것을 통하여 사회적인 것은 그 자신 안으로 소진되며, 무의미(non-sens)가 되고, 이제 현 상황들 너머의 세계란 없다. 이것이 집단 분석이 우리에게 주는 큰 교훈이다.(CP, p. 71)

즉 '사회성'이란 즉각적으로 전부(immédiateté sans partage)

의 차원인 것이다. 대중 속에서 그 효력을 발휘하는 "한계들의 지혜(sagesse des limites)"란 찬란한 내일, 어떤 저 제상 혹은 특별한 심층들 안에서 존재의 실현을 기다려야 하는 것이 아니라, 현재 안에서 그것을 찾아야 함을 가르친다. 이중성이란 아무것도 감출 것이 없다는 역설적 기능을 갖고 있는데, 그것은 존재를 구성하는 매 순간들이 그 자체로 소진되게 한다는 것이다.

사회성의 공간

'공간'은 마페졸리의 사회성에 대한 분석에서, 그 대상으로서 그리고 그 인식론적이고 방법론적인 구축에 있어서 중요한 한 차원을 구성하게 된다. 일단 초기 저작에서 나타나는 바대로의 '공간'의 사회학적 함축성을 몇 가지로 요약하면서 살펴보자.

우선 뒤랑이 지적하듯이, "우리를 먹여 살려주고, 도피처를 제공하는 어머니와 같은 땅(Terre Mère refuge, nourricière)"을 강조해야 하겠다. 마페졸리는 여기서, 공간이 갖고 있는 감각적 함의(connotation sensuelle)를 지적하는데, 우리 고장의 산물, 내 지역의 처녀들 그리고 지역의 기후 등의 표현들이 이 점을 잘 드러내준다. 일종의 지역적 감각주의인 셈인데, 이를 통해 강조되는 것은, "동일한 장소에서 사는 이들을 묶어주는 기초적 연대에 대한 확인"이다. 이 점을 차후 마페졸리는, 불어 표현으로 하자면 일종의 말장난인, "관계가 되는 장소(lieu devenu lien)"라는 주제로 계속 발전시킨다.

다시 마페졸리에게 익숙한 이분법을 쓰자면, '지역적 권위', 즉 중앙 권력의 대리가 아니고, 따라서 '근접성(proximité)'에 의하여 완화될 수 있는—즉 직접적으로 혹은 친지들의 중재로 연결될 수 있는—권위는, 그것이 갖는 '특수주의'로 인하여 중앙 권력의 통합화하려는 전체주의적 환상과 대비된다. 자코뱅주의는 그런 의미에서 늘 지역적 특수주의에 주저하는 입장이었다. 바로 그렇기 때문에 정치적인 함의에서 보자면, 지역과 공간에 대한 강조는 대개 '우파적' 함의를 갖는 것으로, 특히 프랑스혁명 이후 평가되어왔었다.(CO, 5장 참조) 그런 의미에서 요즘 부각되는 지역주의적 운동의 의미가 있는 것이고, 이는 또한 기초적 사회성과 연대를 구성하는 상징적이고 매우 육감적인 가치들을 부정할 수 없음을 보여주고 있다고 마페졸리는 강조한다.

어떻든 중요한 점은, 공간이 매일매일의 습관과 관습을 제약적인 방식으로 주조하는 것이고, 후자들은 이제 공동체적인 구조화를 가능하게 한다는 점이다. 바로 이런 의미에서 마페졸리는 르페브르의 분석을 인용한다. 르페브르는 성 아우구스티누스와 고대 중부 이탈리아 전통을 출발점으로 하여, '문두스(*Mundus*)', 즉 세계가 구멍이고, 심연이자, 암흑의 심

층이고, 빛에 다가가기 위한 의무적인 이행로이며, 결국 필요
한 제약이라는 점을 밝힌다.(CP, p. 75) '문두스'는 또한, 아비
가 거부한 신생아를 던져 넣는 곳이며, 쓰레기, 사형수들 등
저주받은 것, 즉 성스러운 것을 던져 넣는 곳이기도 한다. 이
런 의미에서 "세상은 더럽다(*Mundus est immundus*)."(성 아우
구스티누스) 이러한 해석은 위의 '구멍' '심연'이 갖고 있는 상
징적인 함축성을 짐작할 수 있게 한다. 즉 그것은 일종의 에
너지의 저장고로서, 삶과 죽음을 연결하는 유기적 관계를 근
거시키는 것이다. 바로 그런 의미에서 또한 조상들이 묻힌 땅
에 대한 애착은, 우리를 앞선 이들에게 종속되게 하는 거의
자연적인 우주적 지속성에 대한 의식에 근거를 두고 있다. 달
리 말하자면, 죽음이 생산하는 누적이 산 자들을 낳는 것이
고, 집과 땅과 영역, 그리고 이로부터 나온 관습들에 대한 애
착은 신성한 특징을 갖게 된다. '부식토(*humus*)'는, 뿌리들의
개화와 발달을 용이하게 하면서, 성장하는 것을 가능하게 한
다. 혹은 이 '세계'의 제약은 생명의 변전(devenir vital)에 필
요한 것이다. 이 모든 것을 요약하면서 마페졸리는 '한계의
지혜'를 강조한다. 폐쇄하고, 결정하며, 따라서 존재를 가능
하게 하는 그러한 한계.(CP, p. 76) 우리는 여기에서 다시 한
번 마페졸리에게 중요한 '역동적 뿌리내림'의 주제를 재발견
한다.

　공간과 관련해서 또 하나 강조할 점은, 그것이 우리의 공유

된 재현을 가능하게 한다는 점이다. 이와 관련 뒤랑은 이미 "환상의 선험적 형식"으로서의 공간에 대하여 말한 바 있다. 즉 우리가 민중적 신화, 전설, 콩트, 환상 등에서 다시 발견할 수 있는 형상들은 한 장소에, 보다 자세한 영역화에 연결되어 있다는 점이다. 이런 점에서 민중적 재현에서 지속적 요소인 '악 없는 땅(Terre sans mal)' '약속된 땅(Terre promise)'의 신화는 그 좋은 예가 될 것이다. 요약한다면 그것은 결국, "다원성(자연의 요소들)에 의해 형성된 장소와 그 자체로 파열된 사회성 사이의 합치를 사는 것"이 될 것이다. 르 루아라뒤리가 드는 예를 마페졸리는 인용한다. 그것은 "하나의 거대한 도무스(*domus*)"(E. Le Roy-Ladurie, *Montaillou, village occitane*)로서, 그 안에서는 형제자매처럼, "서로서로 가족 구성원"인 것처럼, 경계 없이 서로 사랑하는 것이 가능한 것이다.(CP, pp. 78~79)

공간과 관련하여 마페졸리가 강조하는 또 다른 측면은, '사회성의 공간화'는 시간의 두려움을 주는 변전에 대한 예방물이라는 점이다. 또한 바로 그런 의미에서 사회성과 그것이 표현하는 일상은 모두 '현재'에 집중되어 있다. 공간성이란 늦추어진 시간이고, 멈추려고 하는 시간이며, 그로부터 매일매일의 삶 안에서의 '의례'의 중요성이 유래한다는 것이다. 후자는 움직이지 않는 것을, 반복에 의하여 흉내 낸다. 과거의 이야기들, 흘러간 시간의 누적으로서의 도시 혹은 집은, 따라서 운명에의 대면이라고 하는 항구적인 투쟁 안에서의 견고한 성곽인 것이다. 바로 여기에 한 개인 혹은 집단을 한 영토에 잇는 정감적, 열정적 애착의 근거가 있다고 마페졸리는 설명한다.

다시 요약하자면, 영토에 연결되어 있는 정감(affect)은 현재를 사는 하나의 방식이다. 마페졸리는 이를 다시 일상의 의례들과 연결시킨다. "오후 끝 무렵의 애피타이저, 옷 입기의 의례, 공공장소에서의 저녁의 산보, 선술집의 대화, 시장의 소문 등, 존재를 물질화시키고 그것을 하나의 장소에 새기는 이 모든 작은 무(無, petits riens)"는 실제 사회성의 요소들이다. 더 나아가서 그것들은 그것들의 보잘것없는 측면들을 통해서 그 강렬함을 생산한다. 이러한 구체적인 공간화, 일상의 존재 안에서 현재에 체험된 이 역사의 결과란 마페졸리에 따르면, 하나의 완전하거나 혹은 이상적인 도시를 촉진시킬 수 없다는 점이다. 매일매일의 도시, 우리의 정감이 뿌리내리고 있는 도시는, '불완전' 속에서 살아진다. 특히 도시가 상상계에서 다원적 조화가 실현된 신화적 형상에 호소할 때는 더욱 그러하다.

뒤랑에 따르면, 도시는 모든 양가성이 표명되는 근본적인 형상이다. 신화적인 차원에서 보자면, 예를 들어 '이집트의 도시'는 감옥의 도시(요셉의 감옥)이면서 보물 나라(강력한 장관인 퓌티파르Putiphar의 대리자인 요셉)이기도 하다. 도시는 또한 퇴폐의 장소(바빌론)인 동시에 신이 선정한 땅(예루살렘)이기도 하다. 말하자면, 그 다양한 표명 안에서 상징적인 것을 가시적인 방식으로 실현시키는 것이다. 소통과 교환, 개인들과 재화들의 섞임, 이타성과 적대감 등으로부터 결과하는 사회관계의 밀도 높음 등등이 도시의 구조화 안에서 우리를 끌어들이는 동시에 우리에게 공포를 주는 요소들이다. 이 이중적 성격은 분명, 도시적 항구성의 뿌리에 있다. 다른 주제들에서와 마찬가지로 마페졸리는 여기서, '사회적 항구성' '도시적 항구성'의 기초로 '양가성'을 강조하고 있는 것이다.

일상적 환상. 실재의 픽션

일상의 네 번째 주제 혹은 범주로서 마페졸리는 '상상계'의 중요성을 강조한다. 즉 '성상 파괴주의'의 지배적인 전통이 서서히 힘을 잃어가고 있는 현 상황에 있어서, 우리 일상의 미세한 상황들에서는 '상상계의 몫'이 특히 중요하다는 것이다. 혹은 보다 넓게 이야기해서 '그림자의 부분', 환상, 픽션 등이 '실재'의 구성에 참여하게 된다. 마페졸리에게 이러한 요소들은 앞서도 언급하였던 '이중성'을 가능하게 함으로써, 장기적으로 대중의 '영속성'을 보장한다.

이 측면의 좋은 예로서 마페졸리는 다시금, 모랭이 분석하는 바대로의 영화의 예를 든다. 모랭이 분석하는 바대로의 그것의 구조는 그림자의 게임, 매혹 그리고 수동성 등 사회적 삶을 구성하는 요소들을 가능하게 한다. 영화는 현실에 대해 매우 자세하고 완벽한 이미지를 제공하는데, 이 경우 픽션이, 민중적 표현에 따르면, "현실보다 더욱 진실한" 것이 된다. 그러나 동시에 이러한 하이퍼리얼리즘은 게으르고 수동적인 몽상을 가능하게 한다. 그리고 몽상은 배우들과 혹은 상황들과의 동일시를 통하여, 인격을 이중화한다. 그런데 다소간 의식적인 이러한 이중성에 의하여 표면적으로 사회질서에 통합되어 있는 개인들은, 이 질서의 다양한 부과들로부터 생존하게끔 하는 하나의 '오불관(吾不關)의 태도(quant-à-soi)'를 간직한다. 이것이 없이는 보잘것없는 일상생활의 항구성을 이해하기 힘들다고 마페졸리는 강조한다. 보드리야르가 "대중은 답하지 않는다."라고 말했지만, 마페졸리는 이 점에서, 대중은 참여하고, 노동하고, 투표하는 인상을 주면서 대답하지 않는다고 지적한다. 일종의 환상 없는 회의주의라는 것이다.

마페졸리는, 모랭이 분석하는 영화적인 마술에 고유한 부재하는 현존이 사회적 이중성의 특수한 지표로서 이해되어야 한다고 지적한다. 이 점에서 그는 자신에게 귀중한 개념화 중의 하나인 '이중성'을 강조하게 된다. 영화의 스펙터클 안에서 흔히 발견되는, 이 '마술적 이중성(dédoublement magique)'(모랭)은, 우리로 하여금 이것 혹은 저것, 노동자, 남자, 여자 등이 되게끔 하는 정체성의 부과를 비껴가고 그것을 속일 수 있게 하고, 동시에 우리의 존재론적이고 사회적인 산책이 갖고 있는 혼란되고, 우연적이고, 예견되지 않는 모든 것을 이해하게끔 한다고 마페졸리는 강조한다.

> 공식적인 정치적이고 경제적인 관리가 조직하려고 하는 단선적이고 보장된 방향 옆에, 열정과 만남들과 제약들, 매일매일의 작은 죽음들의 리듬으로 나아가는, 무기력함과 열정으로 이루어진 우연적 과정이 있다. 이 과정에 있어서 '왜'는 없는 것이고, 인과론은 거의 효과가 없다.(CP, p. 92)

결국 환상적인 것과 픽션의 의미는 생동감 있는 공간을 마련하고, 일상을 받아들일 수 있게 한다는 것이다.

'전원주택(résidence secondaire)'에 대한 최근의 연구(P. sansot et al., 『공간과 그 이중 *Espace et son double*』 참조)는, 이차성(secondarité)의 메커니즘은 시골에 빌라를 짓는 것, 마을 집들의 수선, 바닷가 아파트의 구입에 국한되는 것이 아니라는 점을 보여준다. 즉 일상생활의 모든 행위 안에 이중성, 이차성이 있는 셈인데, 이는 곧 매일매일의 관습 안에서의 존재론적 유동성의 표현이라는 것이다. 분명히 정체성의 부과를 거부하는 방식일 터인데, 그 거부는 정면으로 이루어지는 것이 아니라 부드러운 방식으로 이루어진다. 결국, 일상생활 안에서 픽션을 도입하는 것은 해방의 '행동주의적' 문제 제기를 벗어나는 저항의 표명인 것이다. 속임수, 허풍 그리고 위선은 다른 야심이 있는 것이 아니다. 그것은, 그것이 없으면 단조롭게 일차원적이 될, 이중의 존재를 구조화한다고 마페졸리는 강조한다. "사회적인 그리고 개인적인 생존은 이 대가를 치르고서이다. 가면을 쓰고서라야만 진전할 수 있는 것이다." (CP, p. 96) 따라서 다시 요약 반복하자면, 단선적이고 계획되고, 의미로 가득하고 합리적인 존재의 관리와 대면하여, '이중'은 불연속, 무의미 그리고 현재에의 강조를 도입한다.

이제 앞서 파악한 바에 의하면, 결국 우리의 일상은 실천과 환상의 긴밀한 혼합이라는 점을 알 수 있다. 이 혼합은 보다 발작적이고, 보다 병리학적인 상황에서만 지각될 수 있는 것이 아니라, 삶의 모든 자잘한 행위들을 통하여 보여진다. 식사하기, 옷 입기, 공간의 전유(專有)는 꿈과 미학주의, 산문주의 그리고 마술로 구성되어 있다. 바로 그런 의미에서 모랭은 말한다. "일상과 환상은 두 얼굴을 가진 동일한 것이다."(E. Morin, *Le cinéma ou l'homme imaginaire*, Éd. de Minuit, 1966, p. 159; CP, p. 100에서 재인용)

이 경우 역시 영화는 이 '환상적 혼합'에 대하여 잘 보여준다. 일상생활의 가장 간단한 행위들, 매일의 환경을 구성하는 가장 사소한 오브제들, 가장 진부한 상황들, 이 모든 것은 카메라의 시선 밑에서 그 풍성하고 다채로운 측면들을 되찾는다. 그리고 이 점이 바로 영화가 관객들에게 행사하는 매혹에서 중요하다. 그러나 이러한 영화적 결정화는 우리가 매일의 삶 속에서 재발견하는 특징을 강조해줄 뿐이다. '보잘것없는' 삶, 그 반복되는 작업들은 그것들에 끊임없이 자양분을 제공하는 마술적이고 시적인 힘이 있기에 체험될 수 있을 것이다. 다시 요약한다면, 일상적 삶의 시학과 그 세세하고 감지되지 않는 창조들이 결국 사회성의 항구성을 보장하는 것이다.

> 상상의 기능(fonction imaginale)은 〔……〕 진부함과 환각의, 일상과 픽션의 유기적 얽힘이 가장 잘 드러나는 그러한 기능이다. 이러한 유기성은 〔……〕 저장고, 일종의 비밀스러운 금고로서, 사회적이고 자연적인 제약들과 마주한 지루함과 치명성이 우리 존재의 전개에 있어서 결코 완전히 승리할 수 없다는 것을 이해하게 한다. 더 나아가서, 그 다양한 표명 속에서의 사회성은, 다소간 잘 인지되고 수락된 이러한 유기성에 근거하고 있다고까지 말할 수 있다.(CP, pp. 102~103)

마페졸리는 이제 이상과 같은 일상의 기본 '형식'들을 바탕으로 일상을 구성하는 '의례'를 분석한다.

2. 의례의 근거와 형식들

반복과 비극

시간의 부정

사회적 의례의 지평으로서 마페졸리는 '반복'과 '비극'을 강조한다. 이 두 주제는 그 후 지속적으로, 반복적으로 마페졸리가 되돌아오는 핵심 주제들 중의 하나가 된다.

우선, 우리가 보기에 '의례'에 대한 마페졸리의 아이디어를 압축하고 있는 다음의 진술을 살펴보자.

> 삶은 그것에 대해 부여할 수 있는 설명을 항상 앞서 간다. 분석이 가능한 것은 항상 그다음이고, 나아가서 이 간극을 우리가 사는 것이라고까지 말할 수 있다. 〔……〕 실제로 사회적 두께가 구성되는 것은, 죽음이 그에 대한 패러다임인 영속적인 간극(그림자의 부분), 설명되지 않은 것 안에서이다. 그리고 의례라고 불리는 것이 끼어드는 것은 아마 이 간극 안에서일 것이다. 의례에 있어서 단선적 과정의 귀결로서의 진실은 의미가 없고, 반대로 진실은 항상 삶의 연기인 앞으로의 도주에 대항하여 보호된다.(CP, p. 109)

마페졸리가 자주 강조하듯이 '설명'이라고 하는 것이, 흔히 설명하고자 하는 대상의 두께를, 다차원성을 단차원으로 '환원(*ex-plicare*)'하는 것이라면, 이 환원으로부터 벗어나는 것이 바로 '현재'와 그것을 구성하는 '의례'인 것이다. 바로 그 환원으로부터 벗어나기에, 현재와 의례는 '그림자의 부분', 즉 환원되지 않는 부분들을 '아직' 그대로 간직하고 있는 것이다. '그림자의 부분'의 패러다임은 죽음이다. 따라서 '현재'는 설명을 통해서 환원되기 이전의, 삶과 죽음이 유기적으로 얽혀 있는 상태를 지칭하는 것에 다름 아니다. 결국, 마페졸리에게 있어서 의례의 문제 틀은 삶과 죽음의 유기성에 대한 강조와 그를 위한 방법론적 탐색이라고 할 수 있다.

'의례'는 그 어원상 '반복'의 의미를 갖고 있으므로, 우선 '반복'의 의미를 살펴보자. 첫째, 반복은 '흘러가는 시간의 부정'으로서, 그 일상적인 변주에서는 '현재와 그 삶의 의지(vouloir-vivre)'를 강조한다고 마페졸리는 분석한다. '흘러가는 시간'은 그 논리적 귀결인 죽음을 피할 수 없는 인간의 존재론적 조건을 이야기하는 동시에, 어떤 경우에는 "단선적이고 진보적 과정의 획일화와 전체주의"(CP, p. 115)를, 진보라는 공식적 대신화(grand mythe)(CP, p. 113)를 나타내기도 한다.

둘째, 반복의 또 다른 기능은, 마페졸리에 의하면, "역의 일치를 허락하는, 열정들과 역할들의 하나의 건축학 안에서의 사회적 조화의 대조된 유지"이다.(CP, p. 110) 수도원, 공장, 교육 기관들 안에서의 '반복'이 그 예가 될 터인데, 수도원의 경우 성(聖)적인 긴 훈련은 일상생활의 작은 행위들 안에서의 동일한 것의 재인도(reconduction du même)의 의례적 게임에 근거하고 있다.(CP, p. 110)

마페졸리에 의하면, 종교 의례, 신화에서의 반복의 기능도 또한 이와 유사하다. 그것을 마페졸리는 '정렬하는 기능(fonction ordonnatrice)', 즉 "우주적 '대시간' 안에 사회적인 것을 포함"시키기 위한 것이라고 설명한다.(CP, p. 111) 즉 기원 신화를 재연하면서, 동시에 원형적 다신주의를 유지하고 후자의 역사적 순간들을 하나의 집중된 순간 안에 모으는, 사회적 다원성의 유지의 기능이 있다는 것이다.(CP, p. 112)

또한, 반복을 그 바탕으로 하는 순환적 시간은, 단선적 역사가 후자를 대체한다고 이야기되어질 때에도, 사회적 지혜의 토대(substrat de la sagesse sociale) 안에 숨어 있다고 마페졸리는 강조한다. 왜냐하면 공식적 이념들의 치명적 부과들에 대항하여 지하의, 끈질긴 저항을 이해하게 하는 것은 바로 민중들의 이러한 '순환적 상대주의' 때문이라는 것이다.(CP, p. 113) 이 문제 제기는 마페졸리에게 이후 반복하여 중요한 주제가 되는 대중의 '이중성'과 '오불관의 태도'에 연결된다.(CP, pp. 113~114) 즉 공식적인 가치들에 대한 표면적인 동의를 넘어서서 대중은, 삶의 의지를 표명하는 이단적인 몸짓과 아노미적 실천들을 유지하는데, 이것이 바로 어떻게 사회생활이 존속할 수 있는가를 이해하게 한다는 것이다. 이 점은 차후에 다시 돌아오도록 하겠다.

결국 '반복'의 의미를 다시 요약하자면, 각 사물, 각 대상, 각 개인이 끝없는 교환성 안으로 들어가는, 일반화된 무차별성과 등가성과 마주하여, 반복의 대조된 차이(différence contrastée de la répétition)는 이 요소들 각각에 질과 체(體)를 부여한다. 미르체아 엘리아데(Mircea Eliade)가 강조하는 것과 같이, 반복은 '보호'이면서, 원형을 초대하거나 반복함으로써 하나의 대상이나 행위가 실재가 되게 하는 긍정적 기능을 행사한다는 것이다.(CP, p. 114) 그리고 이를 통해 사회성의 지속(perdurance)을 이해할 수 있다고 마페졸리는 분석한다. 즉 그것이 어떻게 시간의 단선성으로부터 벗어나는지, 그리고 어떻게 그것의 다원주의가 일신교로 환원되는 것을 피할 수 있는지를 잘 보여준다는 것이다. 바로 이 점에서 마페졸리는 엔트로피와 '블랙홀'의 비유를 든다. 엔트로피에 저항하는, '전도된 시간'의 비유, 즉 사회적인 것 안에서의 '블랙홀'로서의 반복의 역할이 있기에 의례는 "하나의 저장고"로서 바로 일상생활의 미세한 창조들을 가능하게 한다는 것이다.(CP, pp. 115~116)

마페졸리는 다음과 같이 요약한다.

[……] 동일한 장식들과 동일한 배우들을 가진, 손으로 만질 수 없는 이 연극인 세계, 각본과 역들은 동일하지만, 단지 사람들

만 바뀌는 이 연극. 〔……〕 사회적인 것의 이 연극화는 〔……〕 운명과의 대면에서 하나의 중요한 요소인 반복의 덕분으로서만 이해될 수 있다. ‘운명의 역능’은 바로 그것이 그 자체로 의미 있는 파사드일 뿐이라는 데에 있다. 〔……〕(CP, p. 116)

비극적 삶

의례와 관련, 반복이 그 조건인 ‘형식’과 ‘외양’을 출발점으로 하여 마페졸리는 ‘한계’의 문제 틀을 발전시킨다. ‘한계’ ‘한정’ ‘경계 획정’은, 곧 존재를 가능하게 하는 것이다.(CP, p. 117)

마페졸리에 의하면, ‘한계의 수락’은 우리의 일상생활에서 여러 모습을 띠고 나타난다. ‘해방의 주제’가 외부 제약의 소외의 측면을 강조한다면, ‘한계’의 문제 틀은, 외부 제약을 경멸하거나 아니면 그것을 속이려고 하는 내부 자유에 대한 긍정이라는 것이다. 그것은 낭만적이지는 않지만, 장엄함과 동시에 그 비극성이 중요하다고 마페졸리는 강조한다. “어떻든 와야 하는 것을 긍정하는” 태도라고 할 수 있는데, 중요한 가치들은 어떤 것도 부정되지 않지만, 일상생활에서의 미세한 비합법주의들은 대중의 생명력을 보증해준다는 것이다.(CP, p. 118)

‘한계의 수락’은 또한, 마페졸리에 의하면, “사회적인 것을 형성하는 삶과 죽음의 유기성(organicité de la vie et de la mort)”을 재번역해준다.(CP, p. 118) 이때, ‘죽음’은 여러 방식으로 해석될 수 있다는 것이다. 그것은 현재 속에 소진되는 비

극적 삶을 의미하기도 하고, 그 모든 우연성 속에서의 삶을 뜻
하기도 하며, 세속적 소여의 불완전성을 말하기도 한다.(CP,
pp. 118~119)

이런 의미에서 '한계의 수락'은 독일철학에서의 현존재
(*Dasein*)와 관계된다고 마페졸리는 분석한다. 즉 그 불완전성
과 한계 속에서의 세속적 존재는 이제 그 자체로 모든 경이의
원천이 된다. 이 "한계들의 지혜"는 일상생활 안에서 그 표명
을 찾을 수 있고, 또한 창조적일 수 있는데, 그 창조성은 '행
동성(activité)'이라기보다는 오히려 풍요로운 수동성(passivité
féconde)이다.

이 한계의 지혜는, 마페졸리에 의하면, 집단적 몸짓 속에
심층적으로 뿌리박혀 있다. 속담, 격언 속에 들어 있는 '양식
(bon sens)'이 이를 잘 보여주는데, 후자는 개인적 작은 이야
기들이 연속적인 침전에 의하여 대중 무의식에 쌓임으로써
이루어진다. 그리고 우리가 사회적 의례를 더 잘 이해할 수
있는 것은 이러한 지혜를 바탕으로 해서이다.(CP, p. 121) 결
론적으로, 사회 의례는 "삶과 죽음의 유기성을 균형 잡히게
하는 다신교적 콤플렉스"와 관련이 있고, 그런 의미에서 사회
적 의례의 '자연적 지평'으로서의 비극적 한계를 논할 수 있
다는 것이다.(CP, p. 123)

차이의 질서, 잔혹한 조화

시간의 차원과 관련하여 의례를 분석한 후 마페졸리는, 전반부의 분석 논리와 마찬가지로 '집단적인 것'의 차원을 검토한다.

마페졸리에 의하면, '집단적인 것'의 구성 요소들 간의 '차이'는 '위계'라고 하는 넓은 질문으로 우리를 인도한다. 마페졸리는, 오스발트 슈펭글러(Oswald Spengler)를 따라 사회적 정렬(ordonnancement social)이란 우주적 질서의 한 작은 부분에 지나지 않음을 상기시킨다.(CP, p. 133)

위계와 관련, 인도의 카스트제도가 그 대표적인 예일 터인데, 여기서 무엇보다 중요한 것은, 각 특수한 구성 요소들이 자리를 부여받게 되는 것은 전체를 출발점으로 해서라는 점이다. 그러나 마페졸리에 의하면, 위계는 그 차이가 법적으로 인정되면서, 폭력의 경우와 마찬가지로 완화될 수 있고, 그것과 타협에 이를 수 있다. 그것은 집단적으로 체험된 긴장의 장소일 수 있고, 그럼으로써 존재에 그 모든 강렬함과 질을 부여하게 된다.(CP, p. 134) 반대로, 인정되지 않았을 때 그것은 "사회적 계층화, 즉 부끄러운 혹은 비의식적이고 억압된 위계"(뒤몽)가 된다는 것이다.(CP, p. 135)

마페졸리에 의하면, 차이에 근거한 위계는 사회적 역동성의 문제와 연결된다. 보다 자세히는 관계들의 배치의 문제와 관련된다. 예를 들어, 인간의 질서(*ordo hominum*) 안에서 남성성과 여성성은, 항상 그리고 새로이 위협받는 '긴장된 결합(union ten-sionnelle)' 안에서 체험된다. 따라서 마페졸리에 의하면, 위계 안에서 대립시키는 것은 잇는다(ce qui oppose, lie). 멸균되고 완전히 보잘것없는 관계 대신, 그리고 사회성의 해체를 생성하는 우울함 대신, 미분화를 벗어나는 풍요롭고, 갈등적이고 역동적인 관계와 관련이 있다. 따라서 이제 차이들과 그것들의 게임을 부정하는 대신, 어떻게 자발적으로 그것들이 인간의 질서(*ordo hominum*)라는 이 복잡한 전체 속에 정렬되는지를, 그리고 동시에 사물의 질서(*ordo rerum*)와 인간의 질서(*ordo hominum*) 간의 관계는 어떻게 설정되는지를 보아야 한다고 마페졸리는 강조한다.(CP, pp. 136~137)

외양으로부터 냉소주의로

이 부분에서 마페졸리는, 사회적인 것의 질서를 사물들의 표면에, 이미지들의 지배에 연결시키는 모든 것에 대하여 분석한다. '이미지'들은 서구 역사에 있어서 그리 귀한 대접을 받지 못하였다. 그런데 일상생활에서의 외양의 중요성은, 마페졸리에 의하면, 덧없음의 감정, 사이클의 반복성 그리고 운명의 비극에 직접 연결되어 있다. 이러한 관점에 따르자면, 그 자체로 진실한 것은 존재하지 않고, 각 사물에 대하여 상황들과 환경에 크게 의존하는, 그것의 외양과 관계가 중요해진다. 또한, 외양을 일상적 의례의 요소로서 분석하는 것은, 후자에 대하여 '상상계의 인류학적 구조'(뒤랑)를 구체화하는 것이다.(CP, p. 142)

매일의 '거품들'에 대해, 그리고 외양, 외부, 스펙터클 그리고 이마지날에 대하여 이야기한 것은, 일상생활의 미세한 태도들이 보이는 것에 대한 염려에 의하여 관통되고 있기 때문인데, 그런 것들은 존재의 현재화 외에 다른 것이 아니라는 것이다.(CP, p. 149)

스펙터클과 재현, 민중적 이미지들, 콩트, 문장들이 사물들, 재화들 그리고 힘들의 비일관성과 일시성을, 즉 그것들이 덧없고 제한되어 있다는 것을 드러내준다.(CP, pp. 142~143) 요한 호이징가(Johan Huizinga)가 '중세의 가을'에서 서술하고 있는 장 드 몽테귀(Jean de Montaigu)의 경우를 통해서, 마페졸리는 호이징가와 더불어, 스펙터클과 재현은 사물들의 비항구성을, 아무것도 멈출 수 없는 운명의 바퀴 운동을 예시하는 데에 쓰인다는 가정을 제시한다. "민중들의 고통이 아무리 크다고 할지라도, 운명의 바퀴가 도는 것을 보는 만족감을 막을 수는 없다."(CP, p. 142)

이 점에서 마페졸리는 외양과 비극을 연결시킨다. 중세의 기사들이 보여주는 강렬하고, 무질서하고, 모험적인 삶들은 따라서, 그들의 삶에 활기를 주는 비극의 감정이 없이는 설명

불가능하다. 마페졸리는 비극을 다음과 같이 요약한다. 모든 상황들, 모든 태도들은 그것들이 실현되는 순간 소진된다는 것. 이런 의미에서 보았을 때, 모든 행위들은 "동일한 힘과 동일한 무게들"을 갖는다. 또한 그것들은 과거나 미래에의 준거 없이 그 현재 안에서 체험된다. 이런 의미에서 비극은 외양과 스펙터클적인 것에 긴밀히 연결되어 있다. 즉 모든 것은 그것의 나타남 안에서 소진되며, 시공간 안에서의 지속성을 근거시킬 저장물(réserve)은 없다는 것이다. 왜냐하면 "거기에 있다."라는 사실은 그 자체로 매우 결정적인 것이기 때문에, 거기에 그의 모든 에너지가 소진된다는 것이다. 마페졸리에 의하면, 중세적 사유의 다음과 같은 표현이 앞의 논의를 잘 요약해준다. "하나의 사물이 더 완벽할수록, 더 존재한다."(CP, p. 143)

비극과 사이클의 감정은 인민 대중들의 재현들과 미세한 태도, 실천들 안에 심층적으로 뿌리내리고 있는데, 이 두 개념의 논리를 끝까지 밀고 나감으로써 '외양'의 중요성을 확인할 수 있다고 마페졸리는 강조한다. 마페졸리에 따르면, 출발점은 인간의 불안이라고 할 수 있다. 후자가 바로 개인과 사회체를 괴롭히기 때문에, 가면을 쓰고 나타나는 것(paraître masqué)이 필요한 것이고, 외양의 감정의 기원은 바로 여기에 있다.

마페졸리는 또한, 준거의 결여를 의미하는 클레망 로세

(Clément Rosset)의 ‘인위주의’가 여기서 이야기하는 바를 밝
혀준다고 강조한다. 말하자면, 마스크와 시뮬라크르의 게임
을 넘어서 삶은 준거 없이 전개된다. 그럼에도 불구하고 각
행위, 각 태도, 각 상황은, 형식적 틀—원형, 스테레오타입
—안에서 흐르고, 이것들이 우리가 파악할 수 있는 유일한
것이라는 것이다. 예를 들어, 그 자체로 단순하고 ‘자연적인’
현상인 사랑의 행위는, 복잡하고 세밀한 의례들—마음에 들
려고 애쓰기, 유혹 등—을 빌리지 않고서는 실현될 수 없다
고 마페졸리는 강조한다. 그리고 이때 분석이 가능한 것은 단
지 후자인 것이고, 이것이 바로 ‘자연’과 ‘인위’의 놀이라는
것이다. 다시 요약하자면, 외양의 코미디 없이는 욕망은 전혀
실현될 수 없다. ‘외양(*phainomenon*)’과 ‘카이로스’의 중요성
을 마페졸리는 다시금 강조한다.(CP, p. 144)

그리고 이 ‘비극’을 염두에 두었을 때 우리는 ‘민중적 관대
함’이라고 부르는 것을 이해하게 될 수 있다는 것이다. 마페
졸리는 리처드 호가트(Richard Hoggart)의 분석을 예로 든다.
번쩍거리는 골동품, 지나치게 꾸민 가구들, 기이하게 꾸민 나
들이 옷 등의 키치 취미는 사물들의 심층적인 덧없음의 비장
한 표현이라는 것이다.

이러한 기이한 외양과 악취미 등은 빠르게 살아야 하고, 그 행
위 자체 안에서 소진되는 ‘좋은 순간’을 매개 없고 여과 없이 잘

파악한다. 노동의 시간, 공장의 힘든 삶, 단조로운 가족생활은 그만한 수의 '작은 죽음들'로서 그런대로 살아내야 하고, 난폭하게 살 기회가 주어졌을 때 억제될 수 없는 하나의 폭발인 것이다. 그 자체로 소진되고 그밖에 아무것과도 관련 없는 이 민중적 관대함은, 세부의 사치, 형식들의 기괴함 그리고 지나치게 꾸미는 취향 등에 의하여 특징지어지는 로코코의 충만한 표명으로 나타난다.(CP, pp. 146~147)

마페졸리에 따르면, 오페라나 희가극은 아마도 이 가식 없는 관대함을 가장 잘 파악하는 음악 형식이다. 인위적인 것들은 가시적이 되고, 승화된 것과 그로테스크한 것이 주저 없이 번쩍거리는 표명 안에서 조화를 이룬다. 다른 예술 형식들이 어떤 것을 암시하거나 혹은 지적한다면, 여기에서는 모든 것이 다 말해지고, 그렇게 하면서 완전히 제한된 이 외양 안에서 소진된다는 것이다.

마페졸리는 이를 '외양의 쓰라린 위대함'이라고 명명한다. 외양, 스펙터클, 바로크와 악취미들은 일시적인 것 속의 부동의 것을, 한순간에 하나의 제스처 안에 표현하고자 한다. 이 의미에서 우리는 또한 비극을 말할 수 있다는 것이다. 왜냐하면 형식과 외양이 안정된 요소라면, 삶은 움직임과 유동성으로 되어 있고, 그것은 다원적이고 잡아내기 힘들다. 그렇지만 이 점이 바로 제스처, 외부, 외양에 그의 모든 의미를 부여하

는 것이고, 그것들은 세속적 존재의 모든 모순을 잘 요약한
다. 즉 하나의 형식(하나의 제스처) 안에 일시적이라고 아는
것, 느끼는 것을 그리는 것, 이것이 바로 말의 가장 강한 의미
에서 역설이라는 것이다. 즉 한계 지어진 것과 무한, 형식과
움직이는 것이 서로 교차하는 절점인 셈인데, 이러한 모순은
사상가들이나 시인들의 전유물이 아니라 일상 세계의 공통의
몫이라는 것이다.(CP, pp. 147~148)

마페졸리에 따르면, 생산주의, 프로메테우스 신화에 의하여
지배되는 시기에는, '피상적인 것'의 질서에 대하여 이야기하
기가 미묘하다. 왜냐하면 프로메테우스 신화는 미래에 대한
충동, 진보의 단선적 대법칙 등, 즉 즐김의 유예, 놀이의 부정
위에 기능하는 모든 것에 근거하고 있기 때문이다. 그런데 행
복의 이데올로기와 혼동해서는 안 될 즐거움과 놀이 등은 그
것들의 행위 안에서 소진되고, 모두 외재적이다(en
extériorité). 그런데 이 외재성은 일상생활을 지속적으로 관통
해오고 있다. 더 나아가서 그것은, 마페졸리에 의하면, 실재라
고 불리는 이 규범을 구성하는, 진지한 이들의 다양한 부과들
에 대한 저항의 극을 구성한다. 일종의 사회적 '댄디즘'의 가
정이라고 할 수 있는데, 댄디즘의 외양은 속 좁은 생산주의의
공격에 대항한 일종의 갑옷으로 쓰일 수 있다는 것이다. 이제,
"외양은 〔……〕 삶이고 행동 자체"(니체)가 된다.(CP, p. 149)

기 드보르(Guy Debord)에 따르면, "스펙터클은 철학적 프

로젝트의 모든 약함의 계승자이다." 그러나 마페졸리가 보기에 그 상속은, 철학적 프로젝트의 논리적 연속인 기술적 합리성에 대한 저항 그 자체이다. 물론, 그것이 생산주의의 일반화된 지배를 허락하지 않는다는 의미에서 스펙터클은 '약함' 자체라고 할 수도 있다. 그러나 마페졸리에 따르면, 그것은 단선적 과정 안에 무질서를 터뜨리는 비합리적 발설(*hiatus irrationlis*)이다. 그것은 다원적이고, 다양한 면들을 갖고 있는 것이다. 따라서 그것을 제거하고, 그것을 극복하려고 하는 것은, 근본적으로 비일관된 소여 안에 완벽하고 폐쇄된 완수를 원하는 것이 된다.(CP, p. 152)

이는 곧, 마페졸리에 의하면, 한계 혹은 부과로부터 '이중의 게임'을 창조하는 것과 관련된다. 이 '거리 두기'의 주제, '내부의 적'의 주제는 모든 사회구조화가 자연스레 퍼뜨리는 치명적 무게들에 대항하는 저항의 영구적인 태도를 구성하는 것으로 마페졸리에게 있어서 중요한 주제를 구성한다.(CP, p. 157) 결국, 존재는 '1차성(primaire)'으로 환원될 수 없다는 것을 마페졸리는 강조하고 있는 것이다. 상소 등이 잘 분석한 바 있는 '전원주택'의 아이디어가 이를 잘 드러내 준다. 즉 보통 사람들의 창조적 충동이 가장 잘 표시되는 곳은 이러한 존재의 부차화(secondarisation) 안에서인 것이다. 이를 통해 각 개인은 자신의 고유한 삶에 대한 주권을 보장한다.(CP, p. 158)

마페졸리에 따르면, 이러한 속임수와 '저항'은 수동적이고,

우회적이고, 이중적이다. 즉 이를 통해 해방의 주제의 한계를 보여주며, 보수적 사유의 합의적 낙관주의도 상대화한다는 것이다. 이러한 태도를 잘 이해하게 하는 것은 다음과 같은, '가능한 것'과 '바람직한 것' 사이의 구분일 것이다.

> 민중적 지혜가 "더 잘하려다간 일을 망친다(Le mieux est l' ennemi du bien)."라고 할 때, 그리고 로마의 교리문답이 모든 이가 실천할 만한 행동 규칙과 몇몇 엘리트의 영혼에 국한된 '복음의 충고'를 구분할 때, 우리는 한계들의 의미를 내재화한 혹은 비극적인 것을 강하게 사는, 그리고 그럼으로써 그 자신에 대한 투명성의 청소년적 탐구 속에 혹은 순수하고 어떤 불완전도 없는 사회 형식의 추구 안에 그의 모든 에너지를 소진하지 않는 그러한 미묘한 사회적 이중성을 재발견한다.(CP, p. 160)

가면, 이중의 게임은 이타성이 그 패러다임인 죽음의 불안과 대면하여, 그 모든 형식하의 사회적 제약이 그 통상적 표명인 소외의 불안과 마주하여, 아주 확실한 피신처를 제공하고 존재를 가능하도록 한다.

가면, 예의, 관습, 순응주의는 거의 의도적인 속임수의 그만큼의 변주들이다. 삶에 유기적으로 연결된 속임수. 존재 자체를 말하자면 변명하는 속임수. 삶 자체는 하나의 도발(provocation)이고, 하나의 과잉이다. 마스크는 이 과잉을 감추고, 이로써 상환한다(rachète). 은유적으로, 벗은 몸은 도발하고, 그것은 지나치게 삶의 강도와 확장을 상기하고, 의복은 감추고 상환한다고 말할 수 있다. 상환의 문제가 모든 신화적 구성의 기초에 있는 것이 공연히 그런 것이 아니고, 삶은 단순하고 '자연적인' 하나의 소여가 아니다. 그리고 모든 종교적 의례는, 모든 세속적 의례와 마찬가지로, 변명할 수 없는 존재를 변명하는 기능 외에 다른 것이 없다.(CP, p. 163)

이중성은 따라서, 존재를 가능하게 하는 것 자체다. 말하자면, 존재는 마스크를 하고서라야만 진전할 수 있다.

바로 이 점에서 또한, 냉소주의와 그리스 프롤레타리아의 철학을 이해할 수 있다고 마페졸리는 요약한다. 그의 현재에서만 부유한 이, 그 미래는 재화 속에 있는 것이 전혀 아니고, '일시적' 가치인 자식들 속에 있는 이. 이는 미래에 욕망의 실현을 투사하는 환상들에 대한 일정한 경멸이며, 동시에 일상적 연대의 무수한 행위들로 구성된 사회성과 심층적인 인간적 연대를 상실함이 없이 한계의 필요성을 수용하는 사회적 건강과 관련이 있다는 것이다. 냉소주의는 운명의 힘에의 집단적 대면으로 요약된다. 민중주의적 냉소주의는 또한, 하나의 동일한 시간에 삶이 공급한 모든 가능성들을 사는 것과 관련이 있다.(CP, p. 166)

일상생활의 연극화

앞서 우리는 마페졸리가 사회구조화에 있어서 그 중요성을 인정해야 하는 외양, 시뮐라크르, 이중성 등을 강조하는 것을 살펴보았다. 그런데 마페졸리에 의하면, 이러한 것들이 그들의 가장 완결된 표현을 발견하는 것은 바로 '연극성(théâtralité)' 안에서이다. 그리고 이 점을 아주 가까이에서 밝힘으로써 우리는 점점 더 사회 의례의 구체적 형식들에 접근할 수 있다는 것이다.(CP, p. 170)

"모든 신화는 의례라고 하는 이 사용법에 연결되어 있다." 라고 카프카가 밝혔듯이, 의례는 사회적 그리고 개인적 존재의 나타남(apparaître)과 연극화의 양식이고, 의무화된 이행이며, 바로 이 점에서 '현상'은 존재의 가능성의 조건이라고 마페졸리는 강조한다.

잘 알려져 있는, 『감시와 처벌』에서 푸코가 보여주는 처형 의례를 마페졸리는 그 예로 들고 있다. 이 예에서 푸코는, 범죄에 의하여 상처 입은 '사회적 주권'을 구성하는 기능, 그것을 분명하게 하는 기능을, 처형 의례가 행하고 있음을 우리에게 잘 보여준다는 것이다. 이 예는 또한 성서 전통 안에서 희생양을 무대에 올리는 것과도 동일한 논리 안에서 살펴볼 수 있다는 것이다. 처형에서 모든 것은 스펙터클의 영역에 속하게 됨으로써, 외양과 연극성이 사회의 본질 자체라는 것을 강조해준다. 왜냐하면 범죄와 고문의 잔인하고 야만적인 놀이 안에서 스펙터클은 필요 불가결하기 때문이고, 이때 죄와 벌은 창건의 우주 발생론적 신화들이 표명되는 특권적 순간들이 된다. 푸코는 바타유가 서술하는 질 드 레(Gilles de Rais)의 처형의 경우를 든다. 매혹시키고 동시에 거부감을 주는 그의 범죄가 대낮에 벌어지고 규모가 컸기에, 그 되갚음도 동일한 방식으로 이루어졌는데, 이는 "죄지은 자의 처형 안에서 범죄의 거의 연극적 재생"(푸코)인 셈이라는 것이다. 이 점에서 마페졸리는 '인류학적 소여로서의 연극성'을 강조한다.(CP, pp. 173~174)

우리는 죄, 벌, 희생 등의 한계상황에서도 연극성이 기능한다는 점을 마페졸리와 함께 살펴본 셈이다. 이제 상징적인 것의 질서 안에 새겨지면서 범죄, 벌 등은 무대에 올려지고, 성(聖)의 질서에 속하게 된다. 그런데 희생 제의가 신성과 공동체의 통일성을 '표명해주고', 연극화하고, 벌이 주권의 재구성을 명백히 한다면, 일상적 의례는 그 가장 관례적이고 가장 미세한 형태들 안에서조차, 용어의 강한 의미에서 사회조직을 구성하는 교환들을 외재화시키는(extérioriser) 하나의 방식이라고 마페졸리는 강조한다.

이 의미에서, 우리가 신적인 것이 사회적인 것의 자가 긍정이라는 점을 이해하는 순간부터 관례적인 것, 순응주의는 성스러운 것(sacré)(종교의식의 엄숙함이 그것에 대한 증거)의 변주들에 지나지 않는다. 진부한 '인사'로부터 가장 완성된 학문적 토론에 이르기까지, 매일 우리의 행동에 구두점을 찍는 보잘것없는 문장들로부터, 존재의 모든 질을 만드는 정서적 교환(echanges affectifs)에 이르기까지, 연극적 의례(에티켓)가 만들어지는 것이며, 그것은 소통을 가능하게 하고, 교환을 가능하게 하고, 따라서 사회적 존재를 가능하게 한다.(CP, p. 175)

그런데 이 점을 통해서 강조해야 할 것은, 성스러운 것과 연극적인 것의 관계라고 마페졸리는 설명한다. 그리고 그것이 허락하는 신성과의 결합은 모든 사회관계의 패러다임이 된다. 또한, 신성한 연극성은 모든 세속적 스펙터클의 모델이 된다. 이 점에서 '긍정적' 의례(rite 'positif')를 분석하는 뒤르케임은 마페졸리가 보기에 매우 적절한 설명을 가한다. "결국 진정한 독신 죄를 구성하지 않는 긍정적 의례는 없다. 왜냐하면 인간은 그를, 통상 성적 존재로부터 분리하는 경계를 넘지 않고서는 성스러운 존재들과 교역할 수 없다. 중요한 모든 것은 독신 죄가 주의를 요하면서 행해진다는 것이다." 뒤르케임은 여기서 의례의 인류학적 필요성을 매우 잘 강조하고 있다. 이렇게 보았을 때, 의식의 연극적 형식들은, 신적인 것과의 교환의 변주들이고, 따라서 사회적 교환의 모델로서 쓰일 수 있는 것이다. 그리고 그것은 일상생활의 모든 미시 의례의 기

초를 이루게 된다.(CP, pp. 175~176)

이 의미에서 연극성, 스펙터클은 다소간 부차적인 요소들이 아니라, 사회 전체가 하나의 모순적이지만 정렬된 전체이게 하는 토대라고 마페졸리는 강조한다. 진정한 연극은 이제 일상성의 연극이다. '자연적' 표현에 비해서 분리된 실체로서의 예술은 최근의 창조일 뿐이다. 연극은 특수한 건조물이 되기 전, 우선 거리의 연극이었다.

'연출법'과 관련된 모든 것은 우선, 일상적 실재였다. 〔······〕 그들의 상호적 현전을 타협하는 이질적 요소들 간의 상호작용으로서의 사회는, 그 속에서 '역할들'이 서로 교환되고, 계승되고, 대립되고, 서로 제거하는 하나의 광활하고 복잡한 '상연'에 지나지 않는다.(CP, pp. 178~179)

모든 사회적이고 개인적인 행위가 이제 연극적인 것의 영역에 속한다. 만남, 이웃, 관계 그리고 매우 강도 높은 비극적 복합체인 가족, 이 모든 것은 다소간 의식적인 '무대에 올리기'라는 것이다. 그 안에서는 그로테스크, 비희극, 파테티크 그리고 에픽이 하나의 파열된 혼합 안에서 섞인다. 마페졸리에 의하면, 사회 존재와 연극성의 이와 같은 밀접한 연결은, 진실이나 과학성에 근거하려고 하는 사회의 모든 조직을 헛되고, 때 지난 것으로 만든다. 단지 외양만이 '실재적'이라면,

'진실'의 질서와 '거짓'의 질서 사이에 엄격한 구분은 미묘해지고, 나아가서는 불가능해진다는 것이다.(CP, p. 179)

마페졸리에 의하면, 이제 순응주의와 스테레오타입은 역동적인 어떤 것이 될 수 있다. 왜냐하면 그것은 필요성과 적대성과 속임수를 쓰기 때문이며, 정면공격보다는 조심스러움의 전략과 관련이 있기 때문이라는 것이다. 악과 선 분별 위에서 기능할 해방의 문제 틀을 이 태도들은 또한 약화시킨다는 것이다. 이제 지배자/피지배자 관계는 단일적이지 않고, 가역적이게 된다. 그리고 종속으로부터 완벽한 해방으로서의 역사의 소위 의미의 설명적 대범주를 벗어난다면, 사회관계의 분석은 복잡해진다는 것이다.

일상생활의 무대 올리기가 가르치는 것은, 다시 마페졸리에 의하면, 유동적이고 순간적인 상황들의 겹침은 지성적 구축보다는, 모순적인 동시에 매우 외양적인 '상상적' 형상화(figuration 'imaginale')를 따른다는 점이다. 이렇게 하여, 상투형과 순응주의의 뒤에서 흔히 마스크를 쓰고 있는 형식들의 역동주의를 이해할 수 있다. 마페졸리에 의하면, 사회생활은 연극성과 모순들로 이루어져 있다. 모순이 있기 때문에 연극성이 있는 것이고, 만일 결합(union)의 힘들의 외양이 없다면, 모순의 원심적 힘들은 직접 죽음으로 향할 것이라는 것이다. 이 의미에서 연극성은, 마페졸리에 의하면, 사회적 항구성을 보장하는 하나의 속임수이다.(CP, pp. 180~181)

문화의 자연화,
자연의 문화화

우리는 또한 '우리'의, 민중의, 대중의 기초에 있는 이 유사성의 원칙이 어떻게 자연 세계와 사회 세계 사이의 매개인지를 본다. 우주와 사회적인 것 사이에 그리고 모든 사회적인 것 내부에 더 이상의 분리는 없다. 반대로 우리는 자연의 문화화, 문화의 자연화라고 부를 수 있는 것 앞에 있다.

부족의 시대

『부족의 시대』 제3판 서문에서 마페졸리는, 본인의 이름을 널리 알린 이 책이 출간된 지 12년 후, 이 책의 취지와 주장을 다음과 같이 정리한다.

그는 우선 여기서 '부족(tribu)'이라는 표현은 "사회관계의 변형을 확인하기 위한 〔……〕 메타포"이고 (TT, 제3판 서문, III), 이 '변형'은 이제 아주 시초 단계에 있을 따름이지만, 다가오는 몇 십 년간 지배적인 가치가 될 것이라는 점을 강조―책이 마페졸리 교수 자신의 세 딸들에게 바쳐져 있다는 점을 상기하자― 한다. 마페졸리는 이 '부족주의'의 '기본 특성들(caractères essentiels)'(뒤르케임)을 드러내기 위해 태어나는 상태에 있는 것을 말하기에 "가장 덜 나쁜 방법들"인 메타포, 유비, 이미지 등 '모든 모호한 것들(toutes choses vaporeuses)'을 사용하기를 제안한다.(윗글, IV~V)

마페졸리는 '부족주의'를 다음의 두 가지 기본 축을 중심으로 정리한다. 첫째, 부족주의의 '고풍적'이면서 동시에 '청년적'인 측면들을 강조하는 축, 둘째, 그것의 공동체적 차원과 개인의 개념의 포화를 강조하는 축. 마페졸리에게 이들은 포스트 모던 부족주의의 '뿌리(racines)'를 이루고 있고, 따라서 그 불어 어원이 일러주듯이 '급진적 사유(pensée radicale)'가 참작해야만 하는 것이다.

우리도 일단 이 두 축을 따라가면서 책의 내용에 접근해보자.

우선, 첫 번째 측면인 '고풍주의(archaïsme)의 격앙된 회귀'(윗글, VII)에 대하여 살펴보자. 마페졸리의 연구 방법의 하나인 '직관' 즉 "한 개인, 한 상황 혹은 한 주어진 사회 전체에 고유한 에너지를 가장 가까이에서 보는 '내적 비전(vision interne)'"에 의하면, 그의 모든 분석에서 작동하는 것은 '사회적 역능'의 직관이라는 것이다. 마페졸리는 이를 '사회성' 혹은 '지하의 중심성'으로 부르기도 한다.

그런데 마페졸리에 의하면, 현재의 '신부족주의(néo-tribalisme)'에서 효력을 발휘하는 것은 바로 이 '힘(force)'이다. 이와 더불어 중요한 것은 '원시적 삶(vie primitive)' '천연의 삶(vie native)'이다. 이런 점에서 그것은 그 근본적이고, 구조적이고, 최초의 면에서의 '고풍주의'라고 할 수 있다. 비록 보편주의적이거나 혹은 합리주의적인 가치들과는 매우 거리가 있지만, 이 '천연의 가치들'은 판타지의, 다양한 형태의 비등들의 그리고 현대의 많은 대중 현상들이 보여주는 감각들의 발현의 기원에 있다. 이런 점에서 "고풍스러운 가치의 나선형적 회귀"라고 할 수 있는데, 포스트 모던 시기에 특징적인 것은 그것이 기술 발전과 결합된다는 점이다.(윗글, pp. 6~7)

이제 마페졸리는 천연적인 것(le natif), 야만적인 것 그리고 부족적인 것의 의미를 다음과 같이 요약한다.

> 그것들은 기원을 말하고 또다시 말한다. 이를 통해 경직화되고, 부르주아화되고, 제도화되려는 경향이 있었던 것에 다시 삶을 부여한다. 이런 의미에서 현대의 많은 현상 안에서의 고풍스러운 것으로의 회귀는 대개의 경우, 생명력의 강한 압력을 표명한다.(윗글, p. 8)

마페졸리에 의하면, 이 생기주의는 음악적 비등 속에서, 광고의 창조성 속에서, 성적 아노미 속에서, 자연으로의 회귀 속에서, 생태주의 속에서 그리고 '털' '피부' '기분' '냄새'의 격앙 속에서, 즉 인간 속의 동물적인 것을 상기시키는 모든 것 안에서 발견할 수 있다는 것이다. 일종의 '삶의 야만화(en-sauvagement de la vie)'인데, 이는 기원·원천·원시·야만적인 것이 전면에 나오게 되는, 포스트 모던적인 또 하나의 역설이 된다. "이렇게 하여, 항상 의식적인 방식은 아니라고 하더라도, 어느 정도 늙어가는 사회체에 다시금 역동성을 부여하면서, 원천에의 충실은 미래를 보장"(윗글, p. 8)하게 된다. 이런 면에서 부족주의는, 또한 '역동적 뿌리내림'이라고 할 수 있다.

마페졸리는 고풍주의와 생기주의의 이 연결을 '영원한 아이(*puer aeternus*)'의 신화와 관련짓는다. '영원한 아이'는 특정한 나이 층이나 세대와 관련이 있는 것이 아니라, 일종의 '청소년주의(jeunisme)'라고 부를 수 있는 것과 관련된다고 마페졸리는 강조한다. 젊게 말하고, 입고, 몸을 가꾸고, 또한 여러 형태의 사회적 열광을 우리가 목도할 수 있는 것은, 바로 우리가 '영원한 아이'의 신화적 형상에 의하여 전염되었기 때문이라는 것이다. 이렇게 본다면, 가부장적이고 수직적인 구조가, 수평적이고 우애로운 구조로 대체되는 것이 아닌가 하고 가정해볼 수 있다는 것이다. 그러나 이것은 또한 비행동적인 생명력(vitalité non active)인 것이고, 어느 정도 유희적이고, 어느 정도 아노미적인 생명력이다. 물론 '어린 시절로의 거슬러 올라감'은 전혀 개인주의적인 것이 아니라, 집단적이고, 바로 그런 의미에서 그것은 '문화'를 만드는 것이라고 마페졸리는 강조한다. 이 '늙은 아이(vieil enfançon)'는 또한 부정할 수 없는 관대함을 보여준다.

이 '늙은 아이'에게서는 모든 부류의 신념들, 기획들을 넘어서서, 다소간 부과된 목적들을 넘어서서, 삶 그리고 그것의 소진될 수 없는 풍요로움, 목적성과 용도 없는 삶, 삶 그 자체(la vie tout court)가 있다는 것을 체화된 지식으로 '아는' 인류의 이 태고의 기억 안에서 그들의 힘을 길어내는, 부정할 수 없는 관용과 너그러움이 있다.(윗글, X)

이것이 또한 바로 '야만적인 것의 회귀'를 통해서 우리가 목도하는 것이다.

이제 부족주의를 통한 사회관계의 변형을 나타내줄 수 있는 단어들의 두 번째 축을 살펴보자. 마페졸리는 그것을 '공동체적 이상' 혹은 '사회성의 공동체적 차원'으로 요약한다. 이를 통해 그는 '개인'과 '개인주의'의 문제 틀로서 작금의 사회·문화 변동을 파악하고자 하는 모든 시도에 제동을 건다. 반대로 마페졸리가 보기에, '부족적인 과정(processus tribal)'은 대학, 언론, 정치, 노조, 행정, 클럽, 경영자들, 교회 등 모든 영역을 가로질러 사회적 제도의 전체에 전염되었다. 그것은 영향력의 네트워크, 친구 집단, 그 외 여러 형태의 상호부조를 통하여 나타나며, 마페졸리는 이를, 이 책에서 '네트워크들의 네트워크(Réseau des réseaux)'라고 칭한다. 그것은 또한 여러 형태하의 정서, 감정, 감흥 들의 기본 역할과 그것들

을 바탕으로 한 '소속감(sentiment d'appartenance)'을 강조하
는 것이기도 하다.

　　그러면 마페졸리가 도표의 형태로 요약하여 제시하고 있는
(TT, p. 17), 문제의 사회 변화를 살펴보기로 하자.

사회적인 것(le social)　　　　　　　사회성(la socialité)

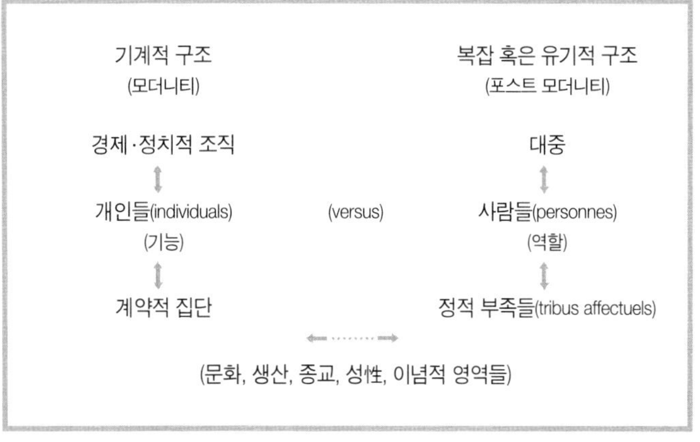

　　이 표의 '사회관계의 변형'을 마페졸리는 여러 방식으로 설
명한다. 그것은 '로고스의 원칙'의 지배, 기계적이고 예측할
수 있는 이성의 지배, 도구적이고 효용적인 이성의 지배 후의
'에로스의 원칙'의 지배로, 따라서 아폴론과 디오니소스의
영원한 투쟁으로 그려지기도 한다.(TT, 제3판 서문, VI) 유대·

기독교 모델, 이어서 '현대적' 모델에 고유한 '영웅적' 문화가 적극적이고, '자신의 주인'이고, 자신을 지배하고 자연을 지배하는 그러한 개인의 관점에 근거를 두고 있다면, 따라서 그러한 '영웅주의'의 완성된 표현이 현대적 성인이라면(윗글, IX) ─ 뒤랑에 의하면 영웅주의는 '서구를 구성하는 문화적 영웅' ─ 그리고 이 개인은 계약적 전체들 안에서 그의 기능을 행사하고 안정된 정체성을 갖고 있다면, '사람(personne)' ─ 그 불어 어원인 '페르소나'는 가면을 나타냄 ─ 은 정서적 부족 안에서 그의 다양한 역할을 수행한다는 것이다.(윗글, XVII) 달리 요약한다면 제도화된 권력(pouvoir institué) 대(對) 제도화하는 역능(puissance instituante)으로도 대비시킬 수 있을 것이다.(TT, 제3판 서문, I)

도표에서는 또한, 합리적으로 사유되고 조직된 '사회적인 것'과 대비하여 '사회성'을 보여주는데, 사회성은 "서로 간 그런대로(tant bien que mal) 적응되고, 동화되고, 또한 합성되는 작은 부족들의 집중"에 지나지 않는다는 것이다. 이러한 조직 방식을 마페졸리는 여러 표현들로써 드러내고자 한다. 이질화, 가치들의 다신주의, 홀로그램 구조, '콩트라딕토리엘'의 논리, 프락탈 조직 등. 표현이 그 무엇이든 이것들은, 사회생활이 이루어지는 것은 도표의 왼쪽이 보여주는 바대로 사회계약을 통해서거나, 아니면 시민성이나 혹은 대리 민주주의의 기초인 강력하고 고독한 개인을 출발점으로 해서가 아니라는 점을 보여준다고 마페졸리는 강조한다. 사회생활은 이제 무엇보다도 정감적이고, 혼융적(fusionnelle)이며, 군집적 성격을 띠게 된다는 점을 도표의 오른쪽 항들이 강조하고 있다는 것이다. 이런 점에서 또한 도표는 패러다임의 근본적 변화를 보여준다는 것이다.

이러한 진단을 바탕으로 하여 마페졸리는 보다 야심적으로, '모든' 서구 이론 체계의 근본 요소들이 '포화' 상태에 있고, '부족의 시대'는 그러한 포화의 누설자(révélateur)임을 주장한다. 이것이 또한 포스트 모던 '고풍주의'가 보여주는 것이기도 하다. '공동체적 열정'은 '우리를 타인에게 떠미는' 경향, 우리로 하여금 타인을 모방하게 하는 경향에 나타난다. 이것을 마페졸리는 '세계의 유행화(devenir mode du monde)' 라고 이름 붙인다.

내가 사유한다고 믿는 곳에서 나는 사유되어지고, 내가 영향을 끼친다고 믿는 것에서 나는 영향을 받는다.(윗글, XVI)

이를 또한 마페졸리는 칸트의 윤리적, 적극적 그리고 합리적 정언명법에 대비되는 '분위기적 정언명법(impératif atmo-sphérique)' 혹은 그 안에서 초개인적, 집단적 그리고 더 나아가서는 우주적 차원이 중요해지는 '미학적 분위기'라고 특징 짓는다. 미학적 분위기에서 핵심적인 것은 개인들이 일종의 '전 개인적인(pré-individuel) 것'에 참여한다는 것이다. 이제 세계와 개인들은 더 이상 '하나로의 환원(reductio ad unum)'

(콩트)을 출발점으로 하여 사유될 수 없고, 대신 그것들은 마술적 '참여(participation)'와 관계된다는 것이다. 즉 타인들에의 참여(부족주의), 세계에의 참여(마술), 자연에의 참여(생태학). 다시 반복한다면, 이제 더 이상 그의 정신의 성벽 안의, 자신의 다칠 수 없는 정체성(성性, 이념, 직업) 안에 갇히는 것이 더 이상 문제가 아니라 반대로 개방성, 역동성, 이타성 그리고 무한에의 목마름에 강조점을 두는, 자아의 상실, 소모, 그 외의 소실이 문제가 된다.

마페졸리는 보다 심층적으로 '존재론(ontologie)'과 '존재 생성(ontogenèse)'을 대비시킨다. 우선 존재론은, 서구를 특징지은 실체주의적 도식—모든 분석의 근거로서의 존재, 신, 국가, 제도들, 개인 등의 실체—의 출발점이 된다. 이때, 단지 지속적이고 안정적이고 견고한 것만이 주의를 끈다. 그리고 그 마지막 변신은 개인이다. 그는, 마페졸리에 의하면, "현대적 신(Dieu)이고, 정체성(Identité)은 그의 표현 양식"이다.

반면 우리가 요즈음 종교적 혹은 철학적 제설혼합주의, 입는 방식, 먹는 방식, 육체의 기술 등을 통하여 목도할 수 있는, 그리고 우리의 일상생활을 전염시키고 있는 확산된 동양화(orientalisation)는 '존재 생성'의 범주에 속한다.

아마도 이것이 바로 '영원한 아이'의 회귀이고, 아마도 이것이 현재의 중요성에 가해진 강조일 것이다. 사람들과 사물들의 무상함에 근거를 두고 있는 지속(durée)의 한 형식, 변전의 역동주의, 상황들의 우세함.(윗글, XVII)

혹은 마페졸리는 이 차이를 다시 다음과 같이 표현하기도 한다. "우세한 것은 더 이상 뇌의 수직성이 아니라, 그 온전성(entièreté) 안에서의 사람(personne)의 깨어남이다." 깨어남은 또한 감각, 열정, 공동 감정 등을 참작해야 한다는 의미에서 '복부의 사유(pensée du ventre)'와 관계된다는 것이다.

그리고 이 관점에는, '자연'(자연적 자연, 인간적 자연, 사회적 자연) 안에 뿌리내리고 있는 기쁨, 즐거움 그리고 고통의 원형적 토대가 있다는 것이다. 카를 구스타프 융(Carl Gustav Jung)이 '수목의 영혼(âme de brousse)'이라고 부른 것이 바로 그것인데, 그것은 돌의 정글인 도시에서 테크노 부족이 그들의 '레이브(raves)' 동안, 숲 속의 빈터에서 발작적인 방식으로 망아경(忘我境)을 맞이하여, "우리 인간을 구성하고 있는 부식토"를 다지고 있을 때, 다시 힘을 얻게 된다는 것이다. 마페졸리는 이 점이 또한 바로 포스트 모던 부족의 근본적 특징이라고 강조한다. 즉 인간적인 것(humain) 안에서 '부식토(*humus*)'에 가까운 것에 근원적인 방식으로 동일시하기.

'공동체적 이상'은 달리 말한다면 '우주적 나르시시즘(narcissisme)'을 말하는 것이기도 하고, 어떻든, 그것을 구성하는 개인들을 훨씬 넘어서는 그 무엇, 감정의 전염과 인플레이션에 근거하는 그 무엇, 그리고 특수한 뿌리내림을 출발점으로 하여 우주적 연결(reliance cosmique) 안에 통합되는 그 무엇이라는 것이다.

> 현대 철학에 고유한 보편주의와는 반대로 부족주의는 마술적 참여, 다수의 상호 작용, 사람과 사물에의 조화로 이루어진 복잡한 과정을 이용한다. 이 부글거림이 바로 시대를 이렇게 매우 매력 있게 한다.(윗글, XX)

그리고 이 시대를 파악하기 위해서는 마페졸리가 보기에 무엇보다도 '관대함'이 필요하다.

1. 책의 구성: 생기론적 형상주의

앞서 우리는 '생기론'과 '공동체적 이상'을 '부족주의'의 두 축으로 설정하였는데, 이는 이 책의 구성을 살펴볼 때 보다 분명히 드러난다.

물론 생기론적 원칙에 입각한 사유 및 글쓰기는 그의 모든 저작을 관통하여 발견할 수 있는 이론적이고 방법론적인 입장이다. 그런데 우리가 보기에 이 책 『부족의 시대』는 마페졸리가 즐겨 사용하는 이 방법을 전형적으로 살펴볼 수 있는 기회이기 때문에, 보다 자세히 이 책의 전개를 들여다보기로 하겠다.

이 방법론적 원칙은 뒤랑이 밝히고 있듯이, '생기론적 형상주의(formisme vitaliste)'라고 이름 붙일 수 있을 것이다. 이와 같은, 한편으로는 '힘' 혹은 '삶의 힘'과 다른 한편으로는 '형식'에 대한 고려는 여러 생기주의의 저자들 중에서 예를 들어 짐멜의 글에서 잘 드러난다. 짐멜은 예를 들어 그의 「문화의 개념과 비극」에서 이 둘 사이의 관계를 잘 밝힌 바 있다. 마찬가지로 마페졸리는 '생기론'의 관점에서 무정형의 '삶'이 어떻게 점진적으로 형태를 얻어가는지, 그러나 동시에 그 속의 역동성은 어떻게 약화되어가는지를 잘 보여준다.

그러면 우선, 전체의 큰 주제를 이루고 있는 각 장들을 살펴본 후, 각 장들을 이루고 있는 세부 소주제들이 어떤 방식으로 연관을 이루고 있는지를 살펴보도록 할 것이다. 우선 각 장들을 이루고 있는 큰 주제들을 살펴보자.

— 서론을 대신하여

— 1장 감정 공동체: 연구의 요지

— 2장 지하의 역능

— 3장 사회성 대(對) 사회적인 것

— 4장 부족주의

— 5장 다문화주의

— 6장 근접성에 대하여

　1장의 '감정 공동체'는 책의 전체 요지, 저술의 동기에 대한 설명으로 이루어져 있고, 6장은 이 책의 결론에 해당하는 부분이다. 나머지 2장에서 5장에 이르는 부분은 '생기론적 형상주의'를 따르고 있다. 즉 앞서 우리가 언급했듯이 어떻게 '역능' 혹은 '힘'이 점차 형태를 얻어가는지를 그리고 있는데, 동시에 주의할 점은 그 과정은 역능이 '지하'로부터 올라와서 점차 '밖으로' 그 모습을 드러내는 과정과 일치한다는 점이다. 말하자면, 짐멜이 '비밀'의 기능에 대하여 분석하면서 언급하였듯이, '역능'은 표면으로 떠오르면서 기존의 경직화되어가는 사유나 제도 혹은 삶 일반에 충격을 가하는 동시에 생기를 불어넣을 수 있기까지는, 지하에 머물러 있게 된다. 마페졸리는 이를 '지하의 역능'(2장) 혹은 '지하의 중심성'이라고 이름 붙인다. 역능은 서서히 '표면'으로 떠오르면서 기존의 제도화된 그러나 경직화되어가는 부분과 만나게 되는데, 이것이 바로 모더니티의 '사회적인 것'과 대립하게 되는 '사회성'(3장)이라고 할 수 있다. 그 후 '사회성'으로 모습을 갖추기 시작한 역능은 '사회적인 것'과의 '싸움'에서 '승리'한 후, 이제 점점 더 분명해지는 하나의 '경향'으로서, '부족주의'(4장)로 나타나게 된다. 이 점에서 마페졸리는 생기론적 전통에 있으면서 사회변동을 통하여 드러나는, '태동 중(*in statu nascendi*)'인 사회 형식을 잡아내는 데에 놀라운 능력을 보여주었던 짐멜의 뒤를 충실히 잇고 있다고 할 수 있다. '다문화주의'(5장)는 다양하고 이질적인 '생활양식'을 자기 것으로 하고 있는 다수의 부족들이, 어떻게 '공존'에 이를 수 있는가를 살펴본다면, 그 후 6장은 일종의 결론으로서, 서론에서 문제 제기하였던, 개인주의의 대안으로서의 '감정 공동체'가 도달하게 되는 '근접성'의 문제 틀을 제시한다.

그리고 이와 같은 '생기론적 형상주의'의 관점은, 각 주제를 구성하는 소주제들의 내용과 배열에도 그대로 적용된다고 할 수 있다. 바로 이런 점에서 책 전체의 구성은 마페졸리 자신도 강조하고 있듯이, 일종의 '홀로그램'의 원칙을 보여주고 있다고 할 수 있다.

다른 한편 우리가 주목해야 할 점은 '생기론적 관점'을 유지하기 위하여 마페졸리가 어떤 개념들을 사용하고 있는가, 혹은 그의 표현대로 "기계적인 사회질서"로부터 "유기적인 특성을 가진 복잡한 구조"로의 이행(TT, p. 14)을 잡아내기 위하여 그가 어떤 '말(mot)'들을 제안하고 있는가이다.

예를 들어 그것들은 '분위기(ambiance)', '용도 없는' 모둠살이(être-ensemble sans emploi), 집단적 상상계, '선택적 사회성(socialité élective)', 비밀 그리고 네트워크 등이다. 이 모든 개념들에 있어 중요한 것은 무엇보다도 순전히 합리주의적인 관점을 넘어서려는 것일 것이다. 이것이 예를 들어 분위기, 공감(sentir en commun) 혹은 감수성(sensibilité) 등의 개념들이 보여주려고 하는 것들일 것이다. 즉 객관성과 주관성의 혼합처럼 간주되어야 할 개념들 혹은 우리로 하여금 집단의 '자연적' 근거를 상기시키는 개념들이라고 할 수 있을 것이다. 예를 들어 '용도 없는' 모둠 살이를 환기한다면 그것은 모임을 통해 추구하는 특정 목적보다는 "단지 모이고자 하는 충동"을 강조하기 위해서이고, 만일 네트워크에 대하여 논한다면 그것은 네트워크가 '인력과 척력'이라는, 보다 '자연적'인 과정에 근거하고 있다는 것을 보여주기 위해서이다. 그리고 만일 '비밀'에 대하여 논한다면 그것은 우리가 그것을 집단의 "삶의 보존 본능"의 표현으로 간주하기 때문일 것이다. 이 모두는 마페졸리가 자신의 분석에 '자연'의 관점을 도입하게 하는 개념들이라고 할 수 있다. 마페졸리 자신이 모둠 살이의 '생기론적 자발성'에 방법론적으로 자리를 부여하고 있다고 밝히고 있다.(TT, p. 104) 혹은 자신의 작업은 "사회적 수준에 '자연(*phusis*)'의 모든 역동성을 번역해내는 것"이라고 밝히고 있다.

바로 이 관점에서 결국 『부족의 시대』와 짝을 이루는 저서인 『외양의 공동에서』에서의 결론 부분이 '문화의 자연화(naturalisation de la culture)'인 점은 놀라울 바가 없다. 또한 마페졸리가 보기에, '자연'이 "근접적 현실의 완성된 형태"이기에(TT, p. 53), 『부족의 시대』의 마지막 장이 '근접성'에 할애된 것은 당연한 귀결이라고 할 수 있다.

이는 말하자면 '자연'과 '사회'를 결합적으로 사고하고자 하는 관점이라고 할 수 있다. 이 점에서 이 관점은, 모랭이 "인식적 차원에서 연결하려고 하는 사유"인 복잡성의 이론과 만나게 된다.(Jean-Yves Barreyre, "Entretien avec Edgar Morin" in *Sociétés*, Dunod, 1993, no. 42, p. 341) 즉 모랭이 이야기하듯 이 "데카르트적 분리의 패러다임과 기계적 환원주의적이고, 결정론적인 고전 과학의 패러다임"을 능가하고자 하는 것이 문제인 것이다.

2. 감싸는 토대로서의 '분위기'

'연구의 요점'들을 제시하고 있는 1장 '감정 공동체'에서 마페졸리는 그것을 다시 세 개의 소주제로 나누고, 많은 논자 들이 주장하는 '개인주의의 회귀'와는 달리, 그와 반대된다고 할 수 있는 '미학적 아우라(aura esthétique)'(1장 1절)가 어떻 게 중요해지는지, 그리고 어떻게 미학적 아우라 속에서 마페 졸리가 '윤리적 경험(expérience éthique)'(1장 2절)이라고 이 름 붙이는 것이 이루어지며, 또한 그 속에서 점진적으로 '관 습(coutiume)'(1장 3절)이 어떻게 그 형태를 드러내는가를 살 피는 것이 본인의 관심사라는 점을 밝히고 있다. 이와 같은 구성, 즉 '전체'(아우라, 분위기)로부터 출발하는 것, 그리고 보다 불명확하고, 정형화되지 않은 '아우라'로부터 출발하여 점점 더 정형화되어가는 '윤리' '관습' 등으로 논의를 전개시켜 가는 것도 전형적으로 마페졸리다운 방식이다.

그런데 이 장에서 우리가 보기에 중요한 것은 '아우라' 혹은 '분위기'의 개념이다. '분위기'는 뒤에서 우리가 살펴볼 다른 개념들과 함께 점점 복잡해져 가는 현실을 잡기 위한 '유기적 사유(pensée organique)'의 일환으로, 그리고 그것이 결국은 마페졸리가 이야기하는 '일상적 지식(connaissance ordinaire)'의 일환이 됨을 살펴보도록 할 것이다.

우선 '분위기'부터 살펴보도록 하자. '분위기'를 '시대정신(Zeitgeist)'과 비교하면서 마페졸리는 다음과 같은 두 가지 논점을 강조한다.(TP, 3장 1절) 그것은 한편으로는 일상생활의 미세한 행위들로부터 자연환경을 거쳐 사회의 거시적 구조들에 이르기까지의 수많은 요소들의 결합, 작용 반작용으로 이루어져 있다. 그러나 다른 한편, 이렇게 창조된 분위기는 "그것들을 구성하는 부분들 이상의 어떤 것이다."(TP, p. 140) 이것이 바로 그것에 각자의 삶의 양식과 사유 양식을 포함하고, 그것들에 대하여 결정하는 측면을 부여한다. 이 의미에서 마페졸리는 분위기와 '아비투스(habitus)' 사이에 근접점을 설정한다. 왜냐하면 둘 모두 제약적인 측면을 간직하고 있지만, 그것들은 동시에 자명성의 범주에 속하는 특수성을 갖고 있기 때문이다.

이로부터 마페졸리는 다음과 같은 인식론적 결과들을 끄집어낸다.(TP, p. 142 이하) 첫째, 우리가 앞에서 존재 양식에 대한 분위기의 결정하는 힘에 대하여 말했듯, 이 용어의 사용은 전체의 그것을 구성하는 부분에 대한 우선성을 의미한다. 이것은 또한 우리로 하여금 '함(faire)'에 과도한 강조를 두게 되는 생산주의와 상관적인 존재 양식들과 가치들을 상대화시킬 것을 요구한다. 왜냐하면 마페졸리가 지적하고 있듯이, 이와 같이 이해된 '분위기'는, "'만들어질' 수 없고, 받아들여야 하기(se subir) 〔……〕 때문이다."(TP, p. 139)

두 번째 결과는 분위기가 그것을 구성하는 다양한 요소들의 '결합' '지속적인 작용 반작용'으로부터 결과한다는 사실로부터 유래한다. 즉 마페졸리가 지적하듯 분위기를 창조하는 다양한 요소들 사이에 위계가 있을 수는 있지만, 원칙상 그중 특정한 어떤 요소를 우선시하는 것이 가능하지 않기 때문이다. 이 의미에서 또한 이 관점은, 보다 야심적인 측면을 감추고 있다는 것이다. 왜냐하면 그것은 분리하거나 혹은 나누는 태도에 기초를 두고 있는, 상이한 유형들의 다소 일면적인 환원주의와 인과론을 넘어서고자 하기 때문이다. 예를 들어 주체/객체, 자연/문화, 육체/정신, 정신/물질 등의 상이한 실체들 사이에 통상적으로 확립된 이분법은 더 이상 존중되지 않을 것이기 때문이다. 반면 다양한 실체들 사이의 결합이 중요해진다.

이 관점에서 보았을 때, 피에르 앙사르(Pierre Ansart)가 이야기하는 '정치적 감수성'은 우리가 보기에 의미 있는 예이다. 정치적 감수성을 정치의 항구적인 차원으로 제시하면서 앙사르는 '감수성'을, "내면화된다는 그리고 객관적인 동시에 주관적이 된다는 특수성을 가진 집단 현상"이라고 지칭한다.(Pierre Ansart, *La getion des passions politiques*, Lausanne, âge d'homme, 1983, p. 23) 우리는 여기서 두 가지 측면에 주목할 수 있을 것이다. '감수성'이라는 용어를 사용함으로써 앙사르는 우리로 하여금, 한편으로는 익숙하고 일상적인 현상들, 그리고 다른 한편으로는 격렬한 감수성들이 보다 분명히 떠오르는 예외적인 상황들 사이에 존재할 수 있는 지속성에 대하여 숙고하게 한다. 즉 후자를 더욱 잘 파악하기 위하여서는 전자에 주의를 기울일 것이 요구된다는 것이다.

두 번째로 할 수 있는 지적은, 앙사르가 "한 국면의 지배적 감정들"을 언급하고 있듯이, 한 주어진 시기에 있어서의 하나의 감수성의 주입을 드러내는 것이 가능하다면, 그것의 소진과 변화 또한 파악해야 한다는 것이다. 이와 관련하여 앙사르는 보다 일반적으로 문화에 따라서, 정치 체계에 따라서 그리고 역사적 단계에 따라서 주목되는 상이한 '정서적 형태들(configurations affectives)'에 대하여 이야기한다.

3. 지하의 역능

앞서 우리가 강조하였듯이 마페졸리는 이제, 그 미래에 투사하는 기능(fonction projective) 안에서의 '권력'의 문제, 그리고 기존 '정치'의 형태가 일단 '포화' 상태에 이르렀기 때문에, 이와는 대조적으로 '역능'의 부상을 목도하게 되었다고 강조한다. 여기서도 그는 출발점으로 권력/역능의 '갈등적 조화' '역설적 긴장'을 분석의 출발점으로 삼고 있다. 이는 다른 책 속에서 "삶이 그 자신에게로 돌아왔다."(ACA)라고 가정하든가, 아니면 최근의 저서들에서는 다양한 형태의 권력들과 그것들의 '환원주의'와 대비시킨 '삶'의 '온전성'을 강조하는 태도와 일맥상통한다. 이렇게 보았을 때 마페졸리에게 있어서 '삶'은 모든 유의 환원주의에 대한 반성을 통하여 되돌아가야 할 어떤 '전체' 그리고 그것을 출발점으로 하여 삶의 형식들이 다시금 추출되어가는 그러한 토대이다. 그리고 그를 통하여 그간 다양한 환원주의와 구분, 배제의 논리를 통하여 참작되지 못하였던 요소들을 통합적으로 사고하고자 하는 마페졸리의 끈질기고 지속적인 의지를 볼 수 있다. 그 대표적인 방법이, 그 다양한 변주 아래에서의 '자연'의 요소를 통합하는 것일 것이다. '자연'은 다양한 '그림자의 부분'들로, '저주받은 부분'들인 '죽음' '폭력' '열정' '감정' 들의 요소로 나타날 것이다.

어쨌든, 마페졸리에 의하면, '역능'에 대한 강조는 자연히 '생기론의 측면들'(3장 1절)에 주의를 기울일 것을 우리에게 요구한다. 생기론, "즉 무(無)보다는 오히려 삶이 있다는 사실." (TT, p. 48) 이제 '구분' '소외' 그리고 그것들의 표현인 비판적 태도보다는 삶의 '긍정'을 분석하는 것이 더욱 중요해진다.

마페졸리 저작의 여러 부분들에서 반복 강조되지만, '역능' 의 존속과 움직임은 다양한 방식을 통해서 나타난다. 어떤 때 는 그것이 공공연히 밖으로 드러나기도 하고, 또 다른 경우들 에는 보다 비밀스럽거나 혹은 보다 신중한 방식으로 존재한 다. 첫 번째 경우의 예는 다양한 형태의 폭동과 축제, 소요 그리고 그 외의 인간 역사의 격렬한 순간들이 될 것이다. 반면, 그 역능의 행동이 여러 유형의 종파나 혹은 아방가르드들의 '비밀' 속으로 집중되기도 하고—이 경우 '과도한(hyper)' 형태로 나타난다고 할 수 있고—공동체, 네트워크 등 그 자체 로 체험되는, 즉 어떤 목적성을 기준으로 하여 체험되는 것이 아닌 그러한 일상생활의 미세한 사실들을 통하여—'모자란 (hypo)' 형태로 나타남—나타나기도 한다.(TT, p. 48)

그러나 이 역능은 "설명하기 매우 어려운 힘"임에는 틀림없 는데, 우리는 그 효과를 다음과 같은 사회성의 다양한 표명들 안에서 확인할 수 있다는 것이다. 즉 그것은 '속임수(ruse)' '오불관의 태도' '아이러니' 그리고 위기라고 알려진 세계 안 에서의 비극적 즐거움 등을 통하여 나타난다는 것이다. 이 점은 뒤에서 우리가 '역능'과 '정치'와의 관련을 살펴볼 때 보다 자세히 살펴보도록 하겠다.

반복하자면, 이제 그동안의 '사회적인 것'의 일정한 형태가 종말을 구한다는 가정을 해본다면, 혹은 우리에게 모더니티 동안 익숙해 있던 형태의 '정치'의 종말을 가정한다면, '생기론적 본능'에, 그리고 '자연적 토대(matric naturelle)'에 우리의 주의를 집중해야 한다는 것이다.(TT, p. 50).

그런데 이 역능을 담지하는 것은, 마페졸리에 의하면, '민중(peuple)'이다. 그럼으로써 민중은 '사회적 지속(perdurance sociétale)'을 가능하게 하고, 또한 그럼으로써 민중은 그들의 저항의 능력을 보여준다. 이 능력은 일종의 체화된 그것으로서, 여러 정치적 변전에도 살아남는다.

> 나는 다음과 같이 이야기해보련다. 민중에게는 '확실한 원천의 지식', 하이데거식으로 말하면 '안정된 방향'이 있다. 이 '안정된 방향'은 민중이 그 다양한 역사적 혹은 사회적 변주들을 능가하는 하나의 자연적 실체(une entité naturelle)가 되게끔 한다. 얼마간 비극적인 관점이지만, 그것만이 학살과 전쟁, 이민, 소멸, 번영과 쇠락을 통하여 이 인간적 동물이 지속적으로 번영하는 것을 설명하게끔 한다.(TT, p. 51)

그런데 이제 이와 같은 '역능'은 스스로 보존되기 위해서는 어떤 방법을 필요로 할까? 마페졸리에 의하면, 다양한 형태의 '공동(空洞)'(뒤랑)이 그 역할을 한다. '공동'은 인류학적 근거(동굴, 벽감, 피난처) 혹은 심리학적 근거(어머니 품, 자궁, 소화기관) 등 오래된 기원을 갖고 있고, 짐멜이 탁월하게 분석하고 있는 "집단의 외부에 대한 '비밀스러운' 행동"도 동일한 범주에 넣을 수 있을 것이다.(TT, p. 54)

그런데 마페졸리에 의하면, 보통의 삶의 역능을 이해하기 위한 가능성의 조건이 '생기론'이라면, 이것들을 제대로 파악하기 위해서는 규범적 태도를 벗어나야 한다. 이런 점에서, 예를 들어 정치적인 측면에서의 '대중의 변덕'은 그 자체로 비판하기보다는 프로인트가 제안하듯이 일종의 '결성(缺性)을 나타내는' 범주로 받아들여야 한다는 것이다. 즉 대중은 그 자체로 긍정적이지도, 부정적이지도 않다. 그것은 "사회주의적인 동시에 민족주의적"이다. 마페졸리는 이를 "대중은 비어 있다(la foule est en creux)."라고 표현한다. 그럼으로써 그것은 '역능'의 보존에 있어서 가장 근본적인 장소가 된다.

[……] 대중은 비어 있음 자체이고, 역능이 있게 되는 곳은 바로 여기이다. 민중을 프롤레타리아(역사의 '주체' 'sujet' de l' Histoire)로 변형시키는 동일성의 논리를 거부하면서, 군중 (foule)은 연속적으로 혹은 동시에 무관심하고 냉소적인 군중 혹은 폭동을 일으키는 군중, 인종차별적인 군중 혹은 관대함으

로 충만한 군중, 환상에 빠진 군중 혹은 교활한 군중이 될 수 있다. 철학적으로 그것은, 그 자체로 미래가 풍부한 불완전성(incomplétude)과 관련이 있다. 단지 불완전성만이 삶의 표시이고, 완전성 그것은 죽음의 동의어이다. 민중적 생기론(vitalisme populaire)이 우리의 관심을 끄는 것은, 그 잡색(雜色) 안에서, 그 비등 안에서, 그 혼란하고 우발적인 측면 안에서, 그 감동적인 순진함 안에서인 것이다. 그것이 바로 모든 것에 근거를 제공하는 무(無, rien)이기에, 상대적인 방식으로, 그 안에서 쇠퇴에 대한 대안을 볼 수 있다. 그러나 그것은 동시에 조종(弔鍾)을 울린다. 모더니티의 조종을.(TT, pp. 55~56)

이제 '역능'의 저장고로서의 '민중'은 어떻게 그 역능을 보존하고 재생시킬까? 이는, 뒤르케임이 '사회적 신성(le divin social)'(3장 2절)이라는 표현을 통해서 강조하고자 하였던, '집합적 힘(force agrégative)'을 통해서이다. 마페졸리는 이를 '내재적 초월성(transcendance immanente)'이라고 이름 붙인다. 즉 어떤 집단이든 그것이 형성되면 개인의 단순한 합으로 환원시킬 수 없는 '초월적' 차원이 생성되는데, 그 초월성은 외부로부터 부여되는 것이 아니라 내부로부터 나온다는 것이다.

그런데 이와 같은 '사회적 신성'에 그 모든 의미를 부여하게 하는 것은, 마페졸리에 의하면, '근접성'이다. 즉 우리가 이미 살펴보았듯이 추상화 현상, 보편적 가치들, 경제적·이념적 대체계들의 포화는, '손닿는 범위' 안의 목표들에로의, 실질적으로 공유된 감정들에로의, 즉 관습, 의례 등 있는 그대로 받아들여진 세계를 구성하는 모든 것들에로의 재집중을 가능하게 하였다. 바로 이와 같은, '감정의 공유' '열정의 공유'는 바로 '사회적 신성'의 원인이자 결과인 것이다.(TT, pp. 61~62)

이러한 '사회적 신성'은 대도시적 삶의 실제적인 비인간화에 대항하여 열정을 공유할 수 있는 특수한 모임들을 만들게 함으로써, 적응의 기능을 '단조(短調)로(en mineur)' 수행한다면, '장조로는(en majeur)', 폭동의 폭발 안에서 수행한다. 바로 이런 의미에서 '사회적 신성'은 '영속성의 비밀'이다.

> 확실하고 고집스럽게, 아마도 약간 동물적인 방식으로, 즉 비판기능보다는 생명 본능을 표현하면서 집단들, 소공동체들, 인척이나 혹은 이웃 네트워크들은 가까운 사회관계에 그리고 자연환경에 전념한다. 이렇게 하여 비록 먼 정치·경제적 질서에 의하여 소외된 것 같다고 할지라도, 각자는 그의 가까운 존재에 대한 주권을 보장한다.(TT, p. 63)

그런데 마페졸리에 의하면, 이러한 영속성을 보장해줄 수 있는 것이 대중의 '인류학적 구조'라고 할 수 있는 '오불관의 태도'이다.(3장 3절) '오불관의 태도'는 우선 외부 혹은 외부 권력에 대한 집단의 '비밀스러운' 태도로 나타날 수 있고, '이중성'(TT, p. 69)이라는 보다 일반적인 범주에 의하여 설명될 수 있다. '이중성'은 우선 "이것인 동시에 저것인 것" 혹은 "참여하면서 거리 두기" 혹은 "-하는 척"하는 행동 등으로 설명될 수 있다.(TT, p. 53)

또한 이러한 '이중성'은 대중들로 하여금 짧은 기간 동안에 모순되는 행동들을 취하게 하는 '대중의 변덕'을 통하여 나타날 수도 있다. 예를 들어 선거 기간 동안 각 정당에 대한 지지의 비율이 시시각각 의미심장하게 변화할 수 있고, 한 선거에서 다른 선거에 이르는 기간 동안 이 숫자는 또다시 변한다는 사실에서 우리는 이 점을 확인할 수 있다고 마페졸리는 주장한다. "대중은 너무 많이 행동하거나 너무 적게 행동 한다. 때때로 10만 개의 팔을 가지고 모든 것을 전복시킨다. 어떤 때는 10만 개의 발을 가지고 곤충처럼 기어만 다닌다."(몽테스키외) 이렇게 본다면 대중은 능동적이면서 수동적인 셈인데, 이는 많은 논리적인 추론을 벗어나는 방식인 것이다. 따라서 마페졸리에 의하면, 순전히 합리적인 관점에서는 대중에 신뢰를 보낼 수 없게 된다.(TT, p. 70) 마페졸리는 나아가서 이러한 대중의 변덕을, 이탈리아의 풀치넬라(Pulcinella)가 "나의 운명은 하나의 바람개비인 것이다. 종속되면서 저항하고, 바보이면서 천재적이고, 용기 있으면서 비겁하다."라고 보여주는 '대립적인 것의 단일성(unité des contraires)'과 연결시킨다.

대중의 권력에 대한 '이중성'은 직접 대결과 충돌보다는 아이러니, 풍자, 비웃음, 유머 혹은 기권 등 여러 형태의 "정치적 무관심"의 형태로 나타날 수 있다. 그런데 이러한 대중의 '이중성'은, 마페졸리에 의하면, '권력욕(*libido dominandi*)'에 의해서 움직이는 모든 이들에 대한 대중의 거리 두기, 결국 대중들의 뿌리 깊은 '상대주의'를 나타낸다. 대중들은 이를 통하여 힘으로 대항할 수 없는 권력에 대하여 복종하는 듯한 일종의 '속임수'를 씀으로서 상대적으로나마 자신의 삶을 자기 것으로 할 수 있다.(TP, pp. 102~103)

웃음과 아이러니는 삶의 폭발이며, 비록 그리고 특히 그것이 착취당하고 지배당했을 때 그러하다. 조롱은 가장 어려운 조건에 서일지라도 존재에 대하여 책임을 져야 하는 사람들에 대항하여 혹은 그들의 곁에서, 존재를 재전유하고 상대적으로 그것을 즐기려 할 수 있다는 점을 강조한다. 세계를 변화시키기보다는 그것에 적응하고 그것을 꾸며나가고자 하는, 그야말로 비극적인 관점인 것이다. 따라서 우리는 죽음(소외의 발작적 형식)을 변화시키지 않고, 그것에 적응하고 그것에 속임수를 쓰고, 그것을 완화시킨다.(TT, p. 72)

풍자와 유머는 축제의 차원으로 우리를 이끄는데, 거기에서도 '비극'이 중요한 역할을 한다. 이 점에서 '소모'(바타유)

는 민중의 자연적 생기론과 동시에 권력의 웃음거리밖에 안 되는 측면을 요약한다(전도의 메커니즘, 바보제 등). 그런데 마페졸리에 의하면, 소모는 풍자, 웃음 혹은 유머를 표현하는 거의 제도화된 방식이지만, 하나의 발작적인 방식에 지나지 않는다. 동시에 그것은 권력의 게임 안에서 소진되지 않는 사회적 에너지의 원인이자 결과라는 것이다.

동일한 관점에서 다양한 스펙터클, 스포츠 그리고 TV 방송들을 해석할 수 있다고 마페졸리는 분석한다. 즉 그것들은 일정한 소외의 표현인 동시에, 일정한 저항의 표시로 해석할 수 있다는 것이다. 이는 사회 존재의 다의성(polysémie)을 환원하는 것이 불가능하다는 사실로부터 온다. 그리고 일반적으로 '역능'은, 이것인 동시에 저것인 인간존재의 구조적 양가성(ambivalence structurelle)으로부터 유래한다고 마페졸리는 강조한다. 사회 존재는 진부한 것과 예외적인 것, 우울함과 흥분, 비등과 이완의 혼합이다. 마찬가지로 '놀이'도 '상업화된' 동시에 존재의 재전유라는 실제적 집단 감정의 장소가 된다.

(이 현상은) 민중의 기본 특징들 중의 하나인 것 같다. 다소간 자명한 특징일 터인데, 그러나 그것은 유대·기독교로부터 유래하는 분리(선/악, 신/악마, 진실/거짓)를 넘어서서 사물들의 유기성이 존재한다는 사실, 분화된 방식으로 모든 것이 그 일체성(unicité)에 기여한다는 사실을 나타낸다.(TT, p. 73)

4. 사회성 대(對) 사회적인 것

바로 위에서 우리는, '에너지'의 저장고로서의 민중에 대하여 이야기했었는데, 앞서 우리가 분석했듯이, 이제 이 에너지는 점점 더 '형태'를 갖추게 되고, '사회성'의 모습을 갖춤으로써 자리 잡고 있는 '사회적인 것'과 대결하게 된다. '사회성'은 이제 본격적으로 '부족주의'의 형태를 띠기에 앞서 '대중' 혹은 '민중' 그리고 '가족주의' 혹은 '기초 공동체'의 모습을 띤다.

그러면 먼저 '민중'이나 '대중(mass)'의 의미를 살펴보도록 하자. 앞서 우리가 마페졸리에게 있어서의 '민중'의 의미를 살펴보았는데, 그것은 하나의 '공동'으로 묘사되기도 하고, 혹은 대립적인 것이 그 안에서 통일체를 이루는 하나의 '전체'로 묘사되기도 하였다. 또 그것은 그 안에 모든 것이 다 들어 있기에 그 요소들은 상황에 따라서 끊임없이 변하는, 끊임없이 살아 움직이는 어떤 것으로 묘사된다.

마페졸리는 이를 다시 대중의 '괴물성'이라는 문제 제기를 통하여 발전시킨다.

한편으로 민중은 파렴치하게도, 즉 위선이나 정당화에 대한 염려 없이 그의 삶의 물질성에, 이상이나 혹은 즐김의 연기에 대립하여 가까운 모든 것에 전념하기 때문이다. 다른 한편으로 숫

자의, 측정의 큰 환상 그리고 오래전부터 이론적 과정의 환상인
개념의 큰 환상을 벗어난다.(TT, p. 75)

바로 그렇기에 '민중'은 지식인들의 경멸의 대상이고, 이와
같은 경멸감은 사제들의 집단 기억에도 새겨져 있다.

이러한 '괴물성'에 대한 지식인들의 경멸은, 마페졸리에 의
하면, 이질적인 차원의 모든 것, 복잡성의 모든 것이 지식의,
더 나아가 권력의 관리자들에게 거부감을 주는 것과 같은 이
치인 것이다. 그리고 우리가 '지식'과 '권력' 사이의 오래된
은밀한 관련을 생각한다면, '민중'은 정치의 차원을 넘어서는
것이라는 것이다.(TT, p. 76) 그런 면에서 마페졸리는 '대중'
과 '정치' 사이의 모순된 관계를 지적한다.(TT, p. 85) 하기야
이 구분은 이미 마페졸리에게 있어서 '권력'과 '사회성' 혹은
'역능' 사이의 구분과 함께 간다고 할 수 있다.

그런데 '민중'의 '애매함'과 '괴물성' 그리고 그것이 보여주
는 '역설적 긴장'에 근거한 '콩트라딕토리엘의 혼합'은 그것
이 바로 살아 있음을 나타내는 것이라는 것이다. 그것은 모든
것을 '기획(*pro-jectum*)'의 잣대로 재는 정치적 지식인에 의하
여 재어질 수 없지만, 민중이 가진 단 하나의 '기획'이 있다
면, 그것은 "존재 안에 지속하는 것"이다.

바로 이 점에서 '민중'을 바라봐야 하는 것은, 마페졸리에
의하면, 정치적 관점으로부터가 아니라 '신비·종교적 관점'

으로부터이다. 그리고 마페졸리에 의하면, 역사의 균형 취하기 안에서 신비·종교적 관점의 강조는 정치적 관점의 상대화와 함께 간다. 신비·종교적 관점이 무엇보다 모둠 살이를 용이하게 한다면, 정치적 관점은 행동과 이 행동의 목적화를 우선시한다.(TT, p. 78) 왜냐하면 종교의 어원 중 하나(*religare*, 연결하다)가 '신비적(mystique)'의 어원—입문자들 사이를 연결해주는 것—이라는 점이 드러내주듯이, '신비·종교적 관점'에서 중요한 것은 모둠 살이의 목적이나 내용을 넘어서는 '모둠 살이 그 자체'의 강화이기 때문이다. 바로 이 측면에서 이 관점은 또한 '개인'의 '구원'을 중시하는 공식적 기독교 전통과는 구분되고, 사회성의 표현인 민중적 종교성과 관련된다는 것이다.(TT, p. 79) 이 관점은 또한 정치 질서에 대한 대안적인 실천과 표상 일체를 '민중'으로 지칭하며, 근세기의 러시아 '민중주의' 전통과 만나게 된다. 즉 '권위적' 전통(마르크스주의, 레닌주의, 스탈린주의)에 낯선 '비권위적' 전통(무정부주의, 연방주의)과 만난다.

이와 같은 정치와 민중 혹은 대중과의 관계를 마페졸리는 다음과 같은 '법칙(loi)'의 형태로 제시한다. "권력은 삶의 관리에 전념할 수 있고 또 그래야 한다. 역능, 그것은 생존을 책임진다."(TT, p. 84) 왜냐하면 민중의 근본적인 책임은, 매일의 죽음에 대하여 승리하는 것이기 때문이다. 그것은, 마페졸리에 의하면, 지속적인 노력과 많은 에너지의 절약을 요구하는 것이고, 바로 그 자체가 '대중의 귀족성'을 근거시키는 것이다.

앞서 우리는, 마페졸리에게 있어서 정치와 대중이 이율배반적인 관계를 이루고 있다는 점을 살펴보았다. 왜냐하면 마페졸리가 보기에, 특히 모더니티에 있어서 '정치'와 '개인'은 밀접한 관련을 맺고 있다. 이는 부르주아주의와 함께 시작하는 모든 정치·경제 조직과 기술·구조적 조직은 '개인주의의 원칙(*principium individuationis*)'에 의하여 결정되기 때문이다. 즉 국가는 정치 질서의 최고의 표현으로서, 공동체에 대항하여 개인을 보호한다는 것이다. 따라서 마페졸리가 보기에, 프랑스의 논쟁에서 정치의 종언과 개인으로의 후퇴 혹은 나르시시즘의 회귀 사이의 연관을 설정하는 것은 옳지 않다.

마페졸리의 이 설명에 따른다면, '대중'은 정치적 기획이 잊거나 혹은 부정하는 요소들을 용이하게 하는 경향이 있다. '대중'과 관련이 있는 것은 반대로 우리가 앞서 살펴보았듯이, 창건의 순간들에서 발견되는 가능성의 다원주의, 상황들의 비등, 경험과 가치의 다양성 등 인간과 사회의 '젊음'을 특징짓는 모든 것들이라는 것이다. 이렇게 본다면 '대중'은 독일 전통에서의 '문화'와 '문명'의 구분 중에서 전자의 순간이다. 즉 질서가 잡히고, 목적화되기—즉 '문명'—전의 진정한 '문화'의 '부글거림'의 상태에서는 각 사물과 그 반대의 것이 공존한다. 그러므로 우리가 앞서 언급했던, 대중의 '괴물성'을 다시 강조할 수 있다. 또한 그 상태는 다양한 정서와 경험들의 소용돌이이기에, 주체 소멸의 원인이자 결과라고 할 수 있다고 마페졸리는 강조한다. 바로 그런 의미에서 대중은 또한, 마페졸리에 의하면, 디오니소스적이고, 혼융적(confusionnelle)이다.(TT, p. 86)

그런데 이와 같은 의미에서의 '대중'이, 위에서 이야기했듯이 '개인'적 소멸과 관련이 있다면, 이는 또한 '사람(personne)'을 재전유하는 기회이기도 한다. 이 구분은 마르셀 모스(Marcel Mauss) 이래로, 프랑스의 루이 뒤몽(Louis Dumont) 그리고 브라질의 로베르토 다 마타(Roberto Da Matta)에 의해서 잘 발전된 주제이기도 한데, '개인'이 '법률상' 자유롭고, 평등한 관계에서 계약을 맺고 그 안에 들어간다면, 반대로 '사람'은 타인들에 종속되고, 사회적 소여를 수락하며, 하나의 유기적 전체 안으로 들어간다. '개인'이 하나의 기능을 갖고 있다면, '사람'은 하나의 역할을 갖고 있다. 마페졸리에 의하면, 개인이 갖고 있는 기능이 정치와 관련이 있다면, 사람이 갖고 있는 역할은 '사회성' 그리고 '대중'과 관련이 있다.

'대중'과 관련하여 또 강조하여야 할 점은, 마페졸리에 의하면, 대중의 '괴물성'은 대중의 자연과의, 자연적인 것과의 관계를 잘 드러낸다는 점이다. 앞서 언급한 문화의 '부글거림', 비등과 파열 등 혼돈이나 질서 잡히지 않은 상태에 대하여 이야기했는데, 이 모든 것들은 문명이 항상 부정하려고 하는 자연적인 요소들을 다시 강조하는 것이라는 것이다. 그리고 이것은 또한 '유사성의 원칙'과 관련이 있다는 점을 마페졸리는 강조한다.

> 벤야민의 작은 교훈담은 어떻게 유사성을 인지하는 자질이 "타인들과 유사하게 되려고 하는 옛 강제의" 유산인가를 지적한다. 타인과 함께 그러나 또한 가구, 의복, 집과 함께 이루어질 수 있는 유사성. 우리는 또한 '우리'의, 민중의, 대중의 기초에 있는 이 유사성의 원칙이 어떻게 자연 세계와 사회 세계 사이의 매개인지를 본다. 우주와 사회적인 것 사이에 그리고 모든 사회적인 것 내부에 더 이상의 분리는 없다. 반대로 우리는 자연의 문화화, 문화의 자연화라고 부를 수 있는 것 앞에 있다.(TT, p. 87)

바로 이 점에서 민중적 대중의 기본 특징이라고 할 수 있는 모방, 순응주의, 생기론 그리고 '상응'에 대하여 이야기할 수 있다는 것이다.

이제, 앞의 '개인'과 '사람'의 구분을 좀 더 살펴보자. 마페졸리에 의하면, '개인'이 통합된 어떤 것이라면, '사람'은 다양한 역할이 가능한 이질적인 어떤 것이다.

이 사람(personne)은 항구적인 불균형 안에 있는 하나의 응축

(condensation)에 불과하다고 생각할 수 있다. 그것은 그 자신이 단지 하나의 요소에 지나지 않는 하나의 '문(門, *phylum*)' 안에 새겨진다.(TT, p. 88)

　인용문은 '사람의 다원성'과 함께 "우리가 집단에 연결되어 있는 한에서 우리가 가치가 있다는 점"을 잘 보여준다. 이는 마치, 마페졸리에 의하면, 마르셀 프루스트(Marcel Proust)가 그의 할머니의 죽음 후에 할머니의 특징들이 어머니에게 옮겨지는 것을 보는 것과 같은데, 이때 어머니는 할머니의 이미지를 다시 자기 것으로 하면서, 그녀와 동일시하면서 지속되어야 하는 유형을 세대를 거쳐서 담당한다는 것이다. 모리스 알박스(Maurice Halbwachs)의 '집단 기억'의 문제 틀 또한 이와 유사한 아이디어를 많이 담고 있다고 마페졸리는 강조한다. "실제 우리는 결코 혼자가 아닌데…… 왜냐하면 우리는 항상 우리 안에 많은 사람(personne)들을 느끼기 때문이다."(알박스) 이것이 바로, 삶이 퇴적되어 있는 한 동네, 한 도시 그리고 장소들을 살 만한 장소들로 만들어주는 집단 기억 혹은 추억들인 것이다. 이것이 바로 집단과 '사람' 간의 유기적 피드백이라는 것이다. 이와 같은 장소, 집단 그리고 '사람' 간의 관계는 결국, 마페졸리에 의하면, "우리는 단지 체(体, corps)로서만 존재할 뿐"이라는 점을 강조하여 보여준다.
　결국 모든 집단은 말 그대로, 개인의 초월성에 근거하고 있다고 마페졸리는 강조한다. 이것이 바로 그가 강조하는, 개인들을 초월하는 동시에 집단의 지속성으로부터 솟아나는 내재적 초월성인 것이다. 일종의 신비주의적 관점인 셈이다.

이와 같은 방식의 문제 제기는, 마페졸리에 의하면, 사회과학의 필수적 문제 제기인 개인과 사회의 관계라는 고전적 문제—역사를 결정짓는 것은 개인인가 아니면 분화된 집단인가—를 극복하고 일종의 가운데 길을 제시한다.

> 우리는, 행동 양식이나 말의 양식이 개인적 행위나 혹은 부과된 구조와는 다른 것이게끔 하는 중간의 길(voie médiane), 특유한 하나의 '사회 형식(forme sociale)'을 상상할 수 있다. '집단기억'(알박스)과 아비투스(모스)는 원형들과 동시에 이 원형들에 적응할 수 있게 하고, 이 원형들을, 말하자면 살 수 있게 하는 다양한 지향성들이 종합 속에 들어가는 그러한 형식일 수 있다. 이것이 바로, 그 시너지나 혹은 병치가 시대정신(Esprit du temps)을 생산하는 집단정신, 종족 정신이다.(TT, p. 90)

이것이 또한 마페졸리로 하여금, '대중'의 연장선상에서, 그리고 '부족주의'의 기초로서의 '확대가족'—본의적 혹은 비유적 의미에서—에 대하여 강조하게 하는 것이다. 즉 열정과 갈등의 타협이 가까이서 이루어지는 그러한 구조 말이다.

5. 부족주의

　생기론적 관점에서의 '지하의 역능'에 대한 고찰 후, 그리고 그것이 보다 '표면'에 가까워지면서 '형태'를 갖추어가는 모습인 '민중'이나 '대중' 혹은 '자연적 가족주의(familialisme naturel)'에 대한 분석 후, 마페졸리는 이제 본격적으로 '부족주의'에 대하여 논한다. 여기서도 마찬가지로, 어떻게 하나의 '정서적 성운(nébuleuse affectuelle)'으로서의 '부족주의'가 보다 비정형화된 상태로부터 점차 '형태'를 얻어가는지, 그리고 그 결과는 어떤 것인지를 '점진적인' 방식으로 그려내고 있다.
　또한 중요한 점은, '부족주의'를 그리기 위하여 '유비'로서의 '종교'가 중요한 역할을 한다는 점이다. 왜냐하면 마페졸리가 반복하여 강조하듯이, '종교'에서는 그 어원들 중 하나인 'religare'가 보여주는 것처럼, '연결 짓기(reliance, Bolle de Balle)'가 중요하기 때문이다. 즉 마페졸리에게 있어서 위의 의미에서 파악한 '종교'는 "그 속에서 자연, 사회, 집단들 그리고 대중이 상호 작용하는 그러한 유기적 연결"(TT, p. 100)을 잘 보여준다.

　'부족주의'를 특징짓기 위하여 마페졸리는 우선 부족이 태동하기 위한 토대 혹은 '전체'로서의 '감정적 성운'(4장 1절)을 강조한다. 즉 아직 그 윤곽은 분명하지 않지만, 전체적으

로 감싸는 무언가를 지칭하기 위하여 '성운'이라는 표현을 쓰
는 것이다.

이 '성운'을 또한 마페졸리는 '사회성'이라고 이름 붙이기
도 하는데(TT, p. 94), '사회성'의 특징에 대해서는 이미 우리
가 살펴본 바 있다(TT, p. 100 참조). 이 '감정적 성운'에서 특
히 중요한 것은 마페졸리가 보기에, '융합 혹은 혼융'의 논리
이다.

> 공동체의 융합은 완전히 비개인주의화하는 것일 수 있다. 그것
> 은 타인에게의 전적인 현전을 함축하는 것(이는 정치와 관련
> 된다)은 아닌, 오히려 공동(空洞)의 관계, 내가 촉감적 관계
> (rapport tactile)라고 이름 붙인 것을 확립하는, 점선으로 이루
> 어진 결합을 창조한다. 즉 대중 안에서 서로는 교차하고, 스치
> 고, 접촉하고, 상호 작용들이 확립되고, 결정화들이 이루어지
> 며, 집단들이 형성된다.(TT, p. 94)

이러한 '감정적 성운'은, 마페졸리에 의하면, 오늘날 사회성
이 취하는 특수한 형식인 대중 부족들(masse-tribus)의 오고 감
을 이해하게 해준다. 그런데 이것이 1970년대에 지배적이었
던 캘리포니아식의 반문화와 유럽 학생들의 코뮌과 다른 점
은, 그것이 하나의 집단, 가족, 공동체에 가입하는 문제라기보
다는 한 집단에서 다른 집단으로 급회전하는 것과 관계된다는

것이다. 마페졸리에 의하면, 이것이 바로 원자화의 인상을 줄
수 있고, 그릇되게 나르시시즘에 대하여 논하게 한다는 것이
다. 어떻든 '고전적인 부족주의'가 유도하는 안정성과는 반대
로, '신부족주의'는 유동성, 순간적인 모임들 그리고 분산에
의하여 특징지어진다.(TT, p. 98) 예를 들어 대도시의 스펙터
클들, 조깅 동호회원들, 펑크·복고풍·공공장소의 여흥을 주
도하는 이들 등이 우리로 하여금 끊임없이 이동하게 한다는
것이다. 바로 이런 것들이 연속적인 퇴적에 의하여 '미학적 분
위기'를 만들어낸다. 그리고 바로 이것이 또한 개인주의 원칙
의 초월에 대하여 말하게 하는 것이기도 한 것이다.

　어떻든 앞의 인용문에서 이야기한 '촉각적 관계'는 이제 연
속적인 퇴적에 의하여 특유한 분위기를 창조해내는데, 이를
마페졸리는 위에서 언급했듯이 점선의 결합(union en
pointillié)이라고 부른다. 그리고 이에 대한 이해를 돕기 위하
여 피터 브라운(Peter Brown)의 '고대 말기(late antiquity)'에
대한 분석을 역사적 유비의 자료로서 사용한다. 즉 태동기의
기독교적 세계는 로마제국 전역에 점재하는 작은 실체들의
'성운'이었다. 그것이 유도하는 우글거림은 '성인의 융합
(communion des saints)'이라는 아름다운 이론을 만들어내게
하였다. 즉 유연하면서도 동시에 견고한 연결이 교회체의 견
고성을 보장했다는 것이다. 그리고 바로 이 집단적 비등과 그
특유한 에토스가 우리가 아는 바대로의 기독교 문명을 태동하

게 하였다는 것이다. 마페졸리는 오늘날 우리가 마찬가지로 '성인의 융합'이라는 '형식'과 다시 마주하고 있는 것이 아닌지 질문한다. 컴퓨터 메시지들, 성(性)적인 네트워크, 다양한 연대 실천들, 스포츠와 음악의 모임 등의 모든 것이, 형성 중인 에토스의 징조들이라고 마페졸리는 가정한다. 그리고 이것들이 또한 사회성이라고 부를 수 있는 시대정신을 규정한다는 것이다.

이러한 현상들에 대한 사회학적 고찰들로서 마페졸리가 소개하는 예들을 살펴보자. 먼저 쉬츠가 '함께 음악 하기'에서 밝히는 '동조성(同調性)의 관계(relation de syntonie)'가 이를 잘 보여준다는 것이다. 이 '동조성의 관계'에 의하면 상호 작용 중인 개인들은 "매우 강하게 현전하는 우리" 안에서 현현된다는 것인데, 바로 이 관계에서는 그것이 시선에 의해서건 아니면 접촉 혹은 지각에 의해서건, '감각적인 것(le sensible)'이 언제나 타인의 인지와 경험에 토대가 된다는 것이다. 그리고 이것을 출발점으로 하여, 그 말의 강한 의미에서의 '이해'를 명명하는 방식인 '정신의 관계'가 확립된다는 것이다. 마페졸리는, 이와 같이 모둠 살이의 구체성(maté-rialité)에 근거를 두는 것이야말로 사회학적 절차의 독창성이라고 강조한다.

마페졸리에 의하면, 이것이 또한 막스 셸러(Max Scheler)의 공감(sympathie)의 윤리 안에서 발견할 수 있는 것이기도 하

다. 마페졸리에 의하면, 셸러에게 있어서 '공감'은 꼭 근본적
으로, 배타적으로 사회적인 것이라기보다 일종의 감싸는 형
식이고, 일종의 토대가 되는 형식이다. 그것은 또한 정서적
기능, 동일시와 그것의 결과인 참여의 메커니즘을 우선시한
다는 것이다. 이것이 마페졸리가 보기에 이미지와 스펙터클
이 중요해지는 요즈음, 스포츠의 군중, 여행의 대중 그리고
또 부질없이 구경하기를 좋아하는 군중들이 중요해지는 요즈
음의 경향 분석에 적합하다는 것이다. 바로 이 점에서 마페졸
리는 '개인주의의 원칙'의 초월 혹은 감정적 '성운' 혹은 주신
제적 혹은 디오니소스적 경향을 이야기한다.

　집단의 '유기적' 관점(TT, p. 105)의 입장에서 보았을 때,
하나의 감싸는 분위기 즉 부분들을 낳는 하나의 전체로서의
'감정적 성운'만큼이나 중요한 것은, '기본 소여(donnée de
base)'로서의 '용도 없는' 모둠 살이(4장 2절)이다. '용도 없
는' 모둠 살이는 짐멜이 분석하는 바대로의 '사회성의 충동',
즉 모임의 목적이나 이익을 넘어서서 '모인다는 사실 자체'가
주는 고유의 감정이나 만족감과 관련이 있다. 즉 집단 외부에
서 주어지는 목적성이 일단 상대화된다는 가정과 함께 마페
졸리에게 있어서 중요해 보이는 것은, 집단의 토대를 구성하
는 것으로의 관심의 재집중인 것이다. 이것이 바로 '용도 없
는' 모둠 살이의 문제 틀이다. 달리 말한다면 전 합리적이고,
전 개인주의적인 합의(consensus pré-rationnel et pré-indi-

viduel)를 찾는 것이 이제 중요해진다는 것이다. 그리고 이것은 또한, 마페졸리에 의하면, 사회관계의 감성적이고, 감정적인 부분을 밝히는 것이기도 하다. 달리 말한다면, 이와 같은 것들의 중요성을 강조하는 것은 위에서도 밝혔듯이, 이제껏 '목적성'이나 '효용성'의 기준에서 무시되거나 간과되었던 요소들이 오히려 집단을 근거시키는 토대 자체라는 점을 보여준다는 점에서, 마페졸리가 자신이 강조하는 '유기적 관점'(TT, p. 102)에 분명히 선다고 할 수 있는 것이다. 이는 또한 유기적 공동체에 고유한 통합주의적 관점(perspective holistique)(TT, p. 102)이라고 할 수도 있다는 것이다.

혹은 앞서 '자연적 가족주의'에 대해 언급한 것과 마찬가지로, 다시 역설적 표현을 써서 마페졸리는, 이것이 '자연적 사회성(socialité naturelle)'과 관계된다고 지적한다.(TT, p. 103)

이렇게 하여 모둠 살이는 내가 느끼기에 하나의 기초적 소여이다. 다른 모든 결정이나 혹은 지칭 이전에 그것은, 하나의 문화(culture)에게 그의 특유한 힘과 견고함을 보장하는 생명의 자발성(spontanéité vitale)이다. 이후 이 자발성은 인위적이 될 수 있다. 즉 그것은 문명화되고(se civiliser), 괄목할 만한 작품들(정치적·경제적·예술적)을 생산할 수 있다. 그러나 설혹 그것의 새로운 방향들을 평가하기 위해서일 뿐일지라도, 순수 형식인 '용도 없는' 모둠 살이로 다시 돌아오는 것이 항상 필요하다.(TT, pp. 104~105)

일단 이와 같이 감싸는 '전체'로서의 '감정적 성운'과 집단의 기초로서의 '용도 없는' 모둠 살이를 살핀 후 마페졸리는, 이제 태동 중인 새로운 사회형식으로서의 '부족주의'를 이해하기 위하여 **종교적** 모델'(4장 3절)을 이용할 것을 제시한다.

마페졸리에게 있어서 '종교적 모델'은 그 어원 중의 하나(*re-ligare*)가 밝혀주듯이 사회관계를 이해하기 위한 혹은 '사회적 인력(attraction sociale)'을 이해하기 위한 하나의 방편이다.(TT, p. 105) 이런 의미에서 '종교적 모델'은 또한 '사회 집합의 형식' '순수 미학적 형식'이기도 하다.

부족주의와 관련하여 중요한 것은 '감정 종교 집단'이라고 할 수 있는데, 이 집단의 수가 배가되는 것은, 마페졸리에 의하면, 가치관의 전반적인 변화가 일어나는 사회 변환기인 것이다. 그 자체, 하나의 '전체(totalité)'로서 체험되고 그리고 하나의 '전체'의 관점에서 움직이는 이러한 종교 소집단들은, 뒤르케임이 이미 밝힌 바와 같이 '비등(effervescence)'의 시기의 원인이자 결과라는 것이다.

마페졸리는 이 대표적인 예로서 디오니소스 숭배 집단인 '티아즈(*thiases*)'를 들고 있다. 이 '티아즈(*thiases*)'는 한 시대를 마감하고 새로운 시대를 연다는 의미에서 "창건하는 이타성의 패러다임"이다. '티아즈(*thiases*)'는 또한 기존의 사회적, 인종적 그리고 성적 구분과 차별을 거부하면서, 이 구분들을 '관통하면서' 도시국가의 종교에 합류한다. 그러나 이와 같은 '가로지름'은 새로운 집단들, 일차집단들을 모으면서 동시에 경직화되어가던 옛 질서에 새로운 활기를 불어넣는 역할을 한다. 이것이 바로 마페졸리가 보기에는, 모든 창건의 순간에서 살필 수 있는 것이다.(TT, p. 106) 그리고 이 소집단들과 그것들의 효율성은 바로 그것들의 조건인 '근접성'이 심층적인 관계들을 가능하게 하고, 이는 또한 구성원들 각자의 신념의 진정한 시너지 효과를 가능하게 한다는 것이다.

'부족주의'의 모델로 삼고자 하는 이와 같은 종교 소집단들에 대한 이해를 돕기 위하여 마페졸리는, 종교사회학자 에른스트 트뢸치(Ernst Troeltsch)가 구분하는 '종파 유형(type secte)'과 '교회 유형(type Eglise)'을 참조한다. 종교 소집단들은 물론 '종파 유형'과 관계될 터인데, 이들은 특히 '제도를 창건하는' 측면(aspect instituant)을 보여준다. 즉 그것은 모둠살이의 항상 갱신하는 힘을 보여준다는 데에, 그리고 '미래'를 상대화시키면서 '현재'에 강조점을 둔다는 데에 그 특징이 있다는 것이다. 이와 같은 관점의 조직 측면에서의 결과는, 종파가 무엇보다도 '지역공동체'라는 점이다. 즉 이 소집단들은 '근접성'에 기반하여 기능하고, 보다 넓은 전체 속에는 단지 '점선으로만' 새겨진다는 것이다. 이 점이 또한 종파로 하여금 관료제를 상대화하게 하는 측면이기도 하다. 교회 유형에 비하여 종파 유형은 유기적이고 가역성에 기반 한다고 볼수 있다는 것인데, 또한 그것은 구성원 각자를 모두에 대하여, 또한 각자에 대하여 '책임'지도록 한다는 것이다. 그리고그로부터 집단에 대한 순응성, 순응주의가 유래한다.

　이제까지의 '종파 유형'에 대한 특징화를 종합해본다면, 그것은 '현재' '근접성' '전체에의 참여의 감정' 그리고 '책임'인셈이다. 이제 이런 특징들을 가지고 이 소집단들은 '대중'으로 구성되게 되는데, 그 구조는 '네트워크'인 것이다. 즉 지역주의를 바탕으로 한 소집단들은 적응과 공존을 통하여 일종의 '연방'으로 구성된다.(TT, pp. 107~108) 또한 강조해야 할점은 종파 유형이 보여주는 '민중적 기초'이다. 즉 그것이 보여주는 근접성의 이념과 무정부주의적 논리는 중앙 집중화된권력에 대한 거부감이나 혹은 무관심을 보여준다는 것이다.이것이 또한, 마페졸리에 의하면, 현대 기독교에서의 기초 공동체의 재부상, 친화 집단의 재부상에서 살필 수 있는 것이기도 하다. 마페졸리는 그 의의를 다음과 같이 요약한다.

우리가 '섹트 유형'이라고 불렀던 것은 제도의 순수한 합리적관리에 대한 하나의 대안으로서 이해될 수 있다. 이 대안은 주기적으로 반복하여 중요성을 획득하면서 사회생활 안에서의 감정의 역할을 강조한다. 그것은 태동 중에 있는 것의 근접성과열렬한 측면을 용이하게 하는 것이다.(TT, p. 109)

바로 이런 측면에서 모든 중심성과 어떤 때에는 합리성도 벗어나는 네트워크 현상을 이해하는 데에 종교적 모델이 유익하다고 마페졸리는 강조한다. 왜냐하면 작금의 생활양식은 더 이상 하나의 통합된 극을 출발점으로 하여 구조화되지 않기 때문이다. 그것들은 어느 정도 우발적으로 다양한 기회, 경험 그리고 상황들에 종속되기 때문이라는 것이다. 어떻든 마페졸리가 보기에, 여기에서 중요한 것은 "어떻게 대중적 감각(sensation collective)이 체험되고 표명되는가"를 파악하기 위한 '순수 미학 형식(forme esthétique pure)'의 문제인 것이다.

이제 '종교적 모델'을 통하여 소집단의 특성들을 살핀 후, 마페졸리는 그것들이 어떻게 '네트워크'를 이루게 되는지를 '선택적 사회성'(4장 4절)이라는 표현을 통하여 분석하고자 한다. 이 개념은 괴테의 '선택적 친화성'이나 혹은 '사회학의 콜레주'[2]에서 쓰였던 '선택적 공동체(communauté élective)'의 표현을 연상시킨다.

마페졸리는 "선택적 사회성"을 다음과 같이 설명한다. "집단 구성원들의 집결은 그 각 인원들에 고유한 원자가(原子價,

---

2) 카유아, 바타유, 레리 등이 중심이 되어 1930년대 후반, 2년간 지속된 세미나이다. 이 당시 발표된 글들의 모음은 Hollier, Denis, *Le Collège de Sociologie*(Paris, Gallimard 1979)로 출간되었다.

valence)에 따라서 이루어진다."(TT, p. 112) 혹은 "서로 끌어당김(attraction)과 밀침(répulsion)의 과정들은 선택에 의해서 이루어진다."(TT, p. 110) 마페졸리는 '원자가'라는 메타포를 쓰거나, 아니면 끌어당김(인력)/밀침(척력)의 표현을 쓰고 있지만, 우리식으로 풀어보자면 '끼리끼리 모인다.'나 혹은 '유유상종'이 될 것이다.

앞의 문제 틀들과 마찬가지로 '선택적 사회성'을 통하여 마페졸리가 강조하고자 하는 것은 '관계주의'이다. 즉 연결된 구성 요소들보다 중요한 것은 연결(reliance) 자체라는 것이다. 혹은 보다 우세하게 여겨지는 것은 도달하고자 하는 목적보다 함께한다는 사실 자체이다. 이는 또한 마페졸리의 의미에서의 형식사회학(sociologie formiste)을 필요로 한다. 즉 "그것들을 비판하거나 판단함이 없이 존재하는 형식들과 윤곽들을 확인하는 사유."(TT, p. 110)

마페졸리에 의하면, 네트워크로 말해지는 친밀한 사회성은 사회성의 창건적 순간에 특히 관찰 가능하다. 이런 점에서 특히, 관계를 밀접히 하거나 혹은 모두에게 공통적인 것을 상기하는 '식사'는 매우 훌륭한 상징적 기술이면서, 동시에 비등의 시기에 작은 서클들 내부에서 창조되는 '장소들'의 메타포이기도 하다는 것이다.

이제 이와 같이 네트워크를 통하여 그 모습을 점차 잡아가는 '사회성'은 또한 그의 존재 안에서 지속성을 유지하기 위

하여 '비밀'이라는 사회 형식(4장 5절, '비밀의 법칙')을 필요로
한다. 이점에 대해서는 우리가 정치와 사회성의 관계, 이중성
이라는 인류학적 구조 등을 통하여 여러 차례 살펴보았었다.

우선 이미 우리가 지적하였듯이 부족주의에서 외양과 연극
성이 강조되는 경향을 염두에 둔다면, '비밀'을 강조하는 것
은 역설적으로 여겨질 수 있다. 그러나 마페졸리는 강조하기
를, 보여주기와 감추기 사이에 미묘한 변증법이 있다는 것이
다.(TT, p. 116)

어떻든 사물들의 질서와 공동체를 시작하고, 복원하고, 교
정하려고 할 때, 비밀에 근거하게 되는데, 이때 비밀의 역할
은 기초 연대를 강화하는 것이다. 즉 가까운 것으로의 재집중
그리고 그것이 유도하는 입문적 공유는 취약함을 나타내기보
다는, 오히려 창건 행위의 가장 확실한 지표라는 것이다.

그리고 이때에는 항상 외부의 시선에 노출되는 것에 대한
거부감이 존재한다. 이와 같은 자아 보존의 태도는 '집단 이
기주의'의 모습으로 외부에 비칠 수도 있다. 그러나 바로 집
단 이기주의 덕택에 집단은 보다 더 넓은 전체 안에서 자율적
인 방식으로 자신을 발전시킬 수 있게 된다. 그러나 이러한
'자율성'은, 마페졸리에 의하면, 정치적 논리와는 반대로 '위
하여(*pro*)'나 혹은 '반대하여(*contra*)' 행해지는 것이 아니라
고의적으로 곁에(*à côté*) 위치한다. 이것은 젊은 세대의 정치
에 대한 일반적인 태도에서 볼 수 있는 것처럼, 마주침을 거

부함에 의하여, 행동주의의 포화 상태에 의하여, 그리고 투사적 태도에 대한 거리 두기에 의하여 나타난다는 것이다. 이제 문제가 되는 것은 '피하기에 의한(par évitement)' 생활양식 안에서 작동하는 생명력이다.

마페졸리에 의하면, 비밀은 우리가 앞에서도 살폈듯이 민중적 오불관의 태도의 발작적 형식이다. 하나의 사회 '형식'으로서 '비밀'은, 따라서 '저항'을 가능하게 한다.(TT, p. 118)

> 권력이 중앙 집중화, 전문화, 보편적인 사회와 지식의 구성으로 향한다면, 비밀결사는 항상 주변에 위치하고 단호히 비종교적이며, 탈집중화되어 있고, 교조적이고 침범할 수 없는 교리들의 일체를 가질 수 없다.(TT, p. 118)

이제 마페졸리는 비밀, 민중적인 것 그리고 저항 사이의 관련을 상기시키고 그 결합의 조직 형태가 네트워크임을 강조한다. 그리고 이로부터 지하의 중심성의 가정(hypothèse de la centralité souterraine)을 제시한다.

> 가끔 비밀은 제한된 집단의 범위 안에서 이타성과의 접촉을 확립하는 수단이 될 수 있다. 동시에 그것은 그것이 무엇이든 외부에 대한 집단의 태도를 조건 짓는다.(TT, p. 118)

이 가정은 또한, 마페졸리에 의하면, '사회성'의 가정이기도 한데 그 표명이 다양하다면 그 논리는 동일하다는 것이다. "하나의 습관, 하나의 이념, 하나의 이상을 나눈다는 사실은 모둠 살이를 결정하고, 이 모둠 살이가 그것이 어디로부터 오든 부과에 대한 하나의 보호가 되도록 한다."(TT, p. 118)

비밀이 외부에 대한 '보호'를 가능하게 한다면, 그 내부적으로는 구성원들 간에 '신뢰'가 이루어짐을 우리는 살펴보았다. 그런데 신뢰는 집단 구성원들 간의 의례와 특유한 인지의 기호들에 의하여 이루어진다. 결국 메커니즘은 항상 동일하다. 즉 감정의 동일한 분배는 근접한 관계를 강화하면서 획일화의 시도들에 저항하도록 한다.(TT, p. 119) 그리고 "의례에 대한 준거는, 집단들과 대중의 저항의 근본적인 질은, 공격적이기보다는 속임수를 더 쓰는 것"이라고 마페졸리는 강조한다. 이렇게 본다면 그것은 소외되었거나 혹은 소외시킨다고 알려진 실천들을 통하여 표명될 수 있다는 것이다. "부인할 수 없는 힘의 마스크가 될 수 있는 약함의 영원한 애매성", 따라서 마페졸리에 의하면, 속임수, 침묵, 기권 그리고 사회적인 것의 '물렁한 복부(ventre mou)'는 조심해야 할, 가공할 무기이다. 가장 견고한 억압을 장기에 걸쳐서 불안정하게 하는 아이러니와 웃음도 마찬가지이다.

직접적인 싸움의 요구에 비하여 저항은 〔……〕 그것을 실천하는 이들 간의 공모를 용이하게 하는 이점이 있는데, 그것이 근본적이다. 싸움은 〔……〕 항상 도달해야 할 목적을 갖고 있다. 반대로 침묵의 실천들(pratique du silence)은 무엇보다도 유기적이다. 즉 적보다는 침묵의 실천들이 퍼뜨리는 사회관계가 더욱 중요하다.(TT, p. 119)

비밀과 그 효과에 대한 고찰로부터 마페졸리는 다음의 두 가지 '역설적' 결론을 도출한다. 첫째, 그것은 개인화의 원칙의 포화와 관련된다는 점이고, 둘째, 의사소통의 발전을 목도한다는 점이다.

또한 유기적 대중 안에서처럼 부족적 근접성 안에서도, 이제 점점 더 '마스크'에 도움을 청한다. "마스크를 쓰고 더욱 전진할수록, 공동체적 관계를 더욱 강화한다." 즉 순환적 과정 안에서 서로 인지하기 위해서는 상징, 즉 이중성이 필요하고, 상징은 인지를 낳는다는 것이다. 이렇게 하여, 마페졸리에 의하면, 요즈음의 그 다양한 변주하에서의 상징주의의 발전을 설명할 수 있다는 것이다.

사회적인 것이 분명한 정체성과 자율적 존재를 가진 개인들의 합리적 연합에 기대고 있다면, 사회성 그것은 상징적 구조화의 근본적 애매성에 근거를 두고 있다.(TT, p. 121)

마페졸리에 의하면, 다소간 은밀한 방식으로 사회체를 관통하는 사회적 역동성(dynamisme sociétal)은 소집단들이 스스로를 창조하는 역량과 관련이 있다. 그런데 이것은 그야말로 최고의 창조이며, 순수한 창조라는 것이다. 즉 마페졸리에 의하면, '부족'이 하나의 목표, 목적을 가질 수는 있지만, 그것이 근본적인 것은 아니다. 보다 중요한 것은 그 자체로의 집단의 구성에 소모된 에너지이다. 이렇게 하여 새로운 삶의 양식들(4장 6절)의 확립에 우리가 주의를 기울여야 한다고 마페졸리는 강조한다.

새로운 공동체 형식의 창조에 집중되는 생명력 그리고 새로운 삶의 양식들의 배가에서 현재 공통적으로 발견할 수 있는 것은, 마페졸리에 의하면, 한편으로는 기존에 공통적으로 받아들여진 것과 거리를 두고자 하는 경향이고, 다른 한편으로는 사회 집단의 유기적 성격을 강조하는 것이다(TT, p. 124). 그러나 또한 마페졸리는 다음과 같이 진단한다. 부족이 연대를 보장해줄 수 있다면, 그것은 또한 통제의 가능성이고, 인종차별주의의 원천이 될 수도 있다는 것이다.

어떻든 마페졸리가 강조하는, 이 부족 패러다임에서 중요한 것은 개인이 사실상 혹은 법적으로 중요한 그러한 조직과는 반대로, 집단은 전체 안에서만 이해 가능하다는 것이다. 이와 같은, 근본적으로 관계주의적(relationniste) 관점에서는 유기성, 즉 대중과 그것의 균형이 이제 중요한 문제가 된다.

이러한 경향을 또한 마페졸리는, 현대 생산주의와 부르주아
주의를 특징짓는 진지함의 정신, 개인주의 그리고 '분리'에
대립하는 모든 것이라고 특징짓고, 이는 아마도 "남쪽의 가치
들의 북쪽의 그것들에 대한 보복"이 아닌가 자문한다.(TT, p.
126) 이 '남쪽의 가치'에 대한 반복적 강조는 그의 후기 저작
에서 계속된다.

6. 다문화주의

　현대 대도시에서 친화적 소집단들이 배가된다는 마페졸리
의 가정은 그것들 간의 다소간 갈등적 관계의 문제를 제기한
다. 이는 우선, 마페졸리에 의하면, 두 가지 문제를 제기한다.
첫째, 신부족주의는 합의(consensus, *cum-sensualis*)라는 것이
단지 합리적인 것만은 아니라는 점, 즉 '공유된 정서(sentiment
partagé)'가 중요하다는 점을 강조해준다. 둘째, 이 공유된 정
서는 사회구조화 안에서의 '제3(Tiers)', 즉 복수(pluriel)의 역
할을 강조한다는 것이다.
　이제 마페졸리는, 신부족들의 갈등적 공존의 문제를 '제3'
의 역할에 부여된 중요성, 그것의 역사 안에서의 역할 그리고
그것이 인도하는 '가치의 다신교' 혹은 '민중적 다신교', 그리
고 그것의 결과로서 가정할 수 있는 '유기적 균형'에 대하여

논한다.

　우선 '이방인(étranger)'에 대한 짐멜의 고전적 논의로부터 마페졸리는 출발한다. 짐멜에게 있어서 이방인은 무엇보다도 근접성과 거리의 종합의 상징이다. 즉 이방인은 하나의 주어진 사회집단 내부에 고정되어 있지만, "그의 위치는 특히 그가 그곳에 미리부터 소속되어 있지는 않다는 사실, 그곳으로부터 유래하지 않고, 또 유래할 수 없는 자질들을 수입한다는 사실에 의하여 결정된다." 한마디로 말한다면, 이방인은 외재성, 즉 다양한 형태의 이타성과의 조우를 가능하게 하는 중개의 역할을 행한다.(G. Simmel, *Sociologie*, Paris, PUF, 1999, p. 663)
　이와 같이 '근접성'과 '거리'를 종합하고 있는 이방인은, '대립되는 것의 유기성(organicité des contraires)' 혹은 유명한 '역의 일치'를 나타내는 숫자 '3'을 의미하게 된다.

　제3주의(triadisme)의 메타포는 역설, 파열, 균열, 행동 증인 콩트라딕토리엘, 한마디로 이야기해서 현 신부족주의를 구성하는 다원성을 드러내주도록 한다.(TT, p. 130)

　'제3'은 따라서 '단일성(unité)'의 꿈과 대비하여 다양한 요소들의 적응을 나타내는 '일체성(unicité)'을 우리에게 보여준다는 것이다. '제3'은 또한 차이의 창건적 측면을 보여주고,

이를 통해 유도된 다양성(multipicité)은 이제 삶의 원칙이 된다. 일원론적이거나 이원론적인 체계의 주창자들에 반하여, 제3이 초래하는 비등과 불완전은 동시에 항상 생동감과 역동주의의 기원임을 상기해야 한다고 마페졸리는 강조한다. 이렇게 하여 3과 함께 무한이 시작되는 것이고, 복수와 함께 이제 생명체(vivant)가 사회학적 분석 안에 통합된다.

'제3'이 초래하는 다문화주의는 물론 위험을 내포하고 있다. 그러나 마페졸리에 의하면, 모든 비등의 시기에 있어서와 마찬가지로 이 효력을 발생하고 있는 이질화는 다가올 가치의 토대 구실을 한다.

그런데 지금 우리가 살펴본 바대로 '성운'의 형태로 자리 잡아가고 있는 '사회성'은 소통, 현재의 즐김, 열정적 비일관성의 많은 부분들을 통합하고 있다. 그리고 이 사회성은 조우와 동시에 거부를 초래한다고 마페졸리는 강조한다. 바로 이 양가성을 파악하는 것이 중요한데, 지금 발전하고 있는 기술의 도움을 받아서 점점 더 확장되어가고 있는 네트워크(현 신부족주의)가 바로 정적인 통합과 동시에 거부에 근거하고 있다는 것이다. 바로 이 역설을 이해하는 것이 이제 중요해진다.

그런데 우리가 앞서 살핀 '문화'와 '문명'의 이분법을 다시 사용한다면, 이 '제3' 혹은 '이방인'의 통합은 특히 '문화'와 관련이 있다. 즉 '문화'는 그 창건의 역동주의 안에서 특히 '이방인'을 결코 두려워하지 않는다.(TT, p. 132) 오히려 외부로 오는 것으로부터 자신을 갱신하기 위한 힘을 얻게 되지만, 동시에 자기 자신에 여전히 머물러 있을 수 있다는 것이다. 반복하자면, 이제 경직되어가고 따라서 힘을 잃어가는 모든 사회집단은 자신을 갱신하기 위하여 '이방인'을 필요로 한다. 이것을 마페졸리는 "창건의 역할을 하는 이방인(l'étrangeté fondatrice)의 문화적 중요성"이라고 일컫는다.

역사적으로 보았을 때, 고대의 아테네, 르네상스의 피렌체, 17~18세기의 프랑스 그리고 오늘날의 뉴욕이 그 예들이 될 터인데, 그 어떤 예이든지 여기서 중요한 것은 어떤 문화이든 지 자신이 있을 때 '이방인'을 받아들일 수 있고, 또 그를 받아들이면서 자신을 풍요롭게 한다는 사실이다. 일종의 '역동적 뿌리내림'이라고 할 수 있는 것인데, 이와 같은 교배(metis-sage), 섞임(brassage) 그리고 이로부터 연유하는 불균형과 불안은 정학과 동학의 시너지로부터 오는 고유한 창조물들을 낳게 한다는 것이다. 우선 스피노자, 마르크스, 프로이트, 카프카 등이 그 예가 될 것이다. 이들 사유의 힘은 바로 그들의 '통합된' 동시에 '거리를 둔' 삶으로부터 온다. 그러나 이 예들이 보다 '장조'로 두 극이 공존하는 상태를 보여주고 있다면, 민중들의 삶은 '단조'로 이를 잘 보여준다고 마페졸리는 강조한다. 즉 민중들은 "인종차별주의자나 민족주의자가 되기 이전에 〔……〕 체화된 지식으로, 아주 멀고 다소간 부과된 큰 이상들 너머로, 그의 일상적 삶은 타자—이 '타자'가 이방인이건 아니면 기이한 풍습의 규범을 벗어난 자이건 간에—
와의 혼합, 차이 그리고 적응에 의하여 구성되어 있다는 것을
'안다.'라는 것이다.

이 점에서 마페졸리는 첫째, 대중과 그 창건적 순간의 문화
를 연결시킨다. 어떤 시대, 어떤 국가, 어떤 나라가 시작되거
나 꽃피우게 될 때 그것은 민중적 역능을 바탕으로 해서라는
것이다. 둘째, 이 결합에, 흡수의 역량과 함께 전파의 역량을
인정해야 한다는 것이다. 앞서도 이야기했듯이 자신에 가득
찬 집단은 통합하고 빛난다. 이는 마치 건강 상태가 좋은 몸
이 유연한 것과 같다. 경직성도 조심성도 결코 없고, 사소한
주의나 졸렬함도 없다는 것이다.(TT, p. 133)

마페졸리는 이 예를 탄생하고 있는 기독교에 있어서 어려
운 순간이었던 도나티즘(donatisme)과 성 아우구스티누스 사
이의 논쟁 그리고 디오니소스 숭배의 예를 통하여 보여준다.
성 아우구스티누스는 세속과 절연하면서 '순수한 이들'의 교
회를 주장하였던 도나투스 신봉자들에 반대한다. 성 아우구
스티누스에게 문제가 되는 것은 '타자'를 동화시키기 위하여
충분히 강해져야 하는 것, 그리고 세계를 장악할 수 있을 만
큼 유연해지는 것이었다. 왜냐하면 그는 성서의 메시지의 타
당성과 보편성, 그리고 무엇보다도 그것의 미래를 전망하게
해주는 측면에 대해 확신하고 있었기 때문이다. 따라서 그는
이교 세계의 문학적·철학적 유산으로부터 성서의 메시지를

끌어들이는 것을 주저하지 않는다. 말하자면 하나의 새로운 세계가 시작되려고 하는 순간, 그는 자신에게로 폐쇄된 종파의 평온한 보장보다 다양한 지평으로부터 오는 흐름들과 사람들의 비등으로 확장되고, 그것에 개방된 교회주의(*ecclesiam*)를 선호하는 것이다. 그는 새로운 문화의 창건자의 천재성을 가지고 있었던 셈이다.

앞서 우리는 마페졸리가 민중과 문화 사이의 연결을 강조하는 것을 살펴보았다. 이 연결에서 또한, 그 자신으로 남아 있으면서(혹은 이방인에 의하여 자신을 풍요롭게 하면서) 이방인을 받아들이는 것이 가능하다는 것을 살펴보았다. 이 점에서 우리는 하나의 비유로서의 다신주의를 살펴볼 수 있다. 이는 동시에, 마페졸리에 의하면, 민중적인 '비인종주의(non racisme)'의 분명한 지표이기도 하다. 합리적이고, 목적화되어 있고, 생산주의적이고, 경제주의적인 설명과 절차들이 설득력을 상실한 시기에는, 대중들은 사회적 삶의 '자연적 근거(substrat naturel)'로 혹은 '생태학적' 근거로 그들의 관심을 돌리게 된다는 것이다. 그리고 이때 대중은 자연의 변화(variété)와 신성의 다양성(multiplicité) 사이의 오고 감을 다시 발견한다는 것이다.

그것은 어떤 잔혹함을 동반하기도 하는데, 왜냐하면 다신주의를 말하는 이는 적대 관계를 말하기 때문이다. 자연과 관련되는 것은 또한 그중의 하나가 폭력과 죽음인 그 가혹한 법칙과 관련되기 때문이다. 그러나 신들 서로 간의 투쟁, 집단들 서로 간의 투쟁은 어떻든 이방인의 부정보다는 낫다. 싸움에서 이방인은 인간의 얼굴을 갖는다. 그는 존재한다.(TT, p. 139)

다문화주의에 대한 고찰, 차이의 공존에 대한 고찰에서 빼어놓을 수 없는 것이 '위계'에 대한 숙고라고 마페졸리는 강조한다. 셀레스탱 부글레(Célestin Bouglé)가 이미 인도에 대하여, 인도에서 잘 받아들여지고 있는 범신주의, 그 실제적 다신주의는 그 카스트제도와 긴밀히 연결되어 있다는 점을 밝혔다. 이것은 물론 하나의 발작적 상황이라고 할 수 있지만, 어떻게 한 사회가 차이들의 공존 위에 그 균형을 확립할 수 있는가를 잘 보여준다는 것이다.

마페졸리에 의하면, 위계가 설혹 모더니티의 평등주의적 합리화에 의하여 부정되긴 하였지만, 그것은 우리 각자가 확인할 수 있는 바라는 것이다. 따라서 그것을 인정하고 그 가장 나쁜 효과를 교정하는 편이 오히려 낫지 않겠느냐는 것이다. 더군다나 '근접성'이 점점 더 중요해지는 사회구조화에서는, 즉 관련되는 집단에게 균형의 형태들을 찾는 수고를 맡기게 되는 그러한 상황에서는 이 교정이 더욱 효과적일 것이라는 것이다.

왜냐하면 이 경우, 모든 사회생활의 상호 의존성에 의하여 각자는 언젠가는 타인이 필요하다는 것을 안다는 것이다. 여기에는 가역성이 있다는 것이다. 예를 들어 내가 어떤 이의 특혜를 반박하지 않는다면, 후에 혹은 다른 형태로 나는 그 덕을 보게 될 것이라고 가정하는 경우를 생각할 수 있다. 이러한 특혜는 기계적 관점에서는 이해 불가능하지만, 그 안에서 모든 사물들이 지탱되는 그러한 유기적 관점 안에서 그것은 자신의 자리를 찾는다. 물론 이때, 개인이 모든 사회적인 것의 시작이자 끝이 아니고, 우세해지는 것은 그 전체 안에서의 집단, 공동체이다. 달리 말한다면, 위계와 차이에 대한 참작 그리고 그것이 유도하는 가역성의 모델은 '자발적 조절'로 이끈다는 것이다. 즉 이 집단들은 시도와 실수를 통하여, 그리고 우발적인 절차들을 통하여, 상이한 그들의 목적과 존재 양식들 사이에 적응을 발견할 줄 안다는 것이다. 따라서 역설적으로 '제3'은, 사회 존재의 위계적 차원을 사전적으로 부정하지 않는 사회 유형 안에서 보다 용이하게 그의 자리를 발견할 수 있게 된다.(TT, p. 145)

미학의 윤리

『부족의 시대』에서 마페졸리가 포스트 모던 사회에 있어서 새로이 태동 중인 사회조직의 형식들(formes)을 드러내려고 하였다면, 이 책과 하나의 쌍을 이루는『외양의 공동에서』에서는 태동 중인 '윤리'의 모습을 그리려고 시도한다. 이 태동 중인 윤리를 마페졸리는 '미학의 윤리(éthique de l'esthétique)'라고 이름 붙이며, 그 가정으로는 '신부족주의'의 가정에서 그랬듯이 '생기론'을 그 공통 배경으로 삼는다. 먼저 '미학의 윤리'를 살펴본 후, 이를 '생기론'의 가정과 연결시켜보자.

1. '미학의 윤리'

첫째, '미학'은 마페졸리에게 있어서, 그 어원— 'aisthésis'
—에 충실하게 '공통감(*Cum-sensualis*)'을 의미한다. 이 의미
에서 '미학'이 중요해지는 것은, 마페졸리에 의하면, 정치, 기
업 활동, 의사소통, 광고, 소비 그리고 일상생활 등 모든 영역
에서의 폭발적인 미학화 그리고 그것에 동반한 '집단적 감각
주의(sensualisme collectif)'의 부상 때문이다.

> 결정적으로 '미학(*aisthésis*)', 공통감(sentir commun)이 우리
> 눈앞에서 만들어지고 있는 '합의', 배분된 감정의 합의, 격양된
> 감각의 '합의'인 공통감(*Cum-sensualis*) 을 지칭하는 가장 훌륭
> 한 수단인 것 같다.(ACA, pp. 14~15)

이렇게 본다면, 마페졸리에게 있어서 '미학'은, 포스트 모
더니티와 더불어 태동하는 사회 연대의 형식은 더 이상 합리
적으로, 즉 '계약적으로' 정의되지 않는다는 점을 강조하기
위함이다. 그것은 반대로, '인력'과 '척력', 감정과 열정으로
구성되어 있는 하나의 복잡한 과정으로부터 만들어진다는 것
이다.(ACA, p. 16) 따라서 그것은 사회적인 차원으로 이전시
켜본 괴테의 '선택적 친화성'의 미묘한 연금술이라고 할 수
있다는 것이다.

이 논의가 다소 추상적이지만, 마페졸리는 다음과 같은 예들을 통하여 정서적이고 감정적인 아우라의 중요성을 강조한다. 여러 자선 활동들, 상호부조, 일의 배분, 이웃 단위의 소규모 사교성 혹은 손닿는 범위 안에서의 책임 떠맡기, 그리고 이와 마찬가지로 선택적 소공동체, 기업 문화, 그 외의 여타 형태들의 가족 정신들, 맹신적이고 전투적이기도 한 대규모 종교 집회 등.

둘째, 다시 마페졸리의 가정에 따르면, '미학'은 이제 '윤리'—즉 모둠 살이를 근거 짓거나 혹은 가능하게 하는 것—의 토대가 된다. 마페졸리는, 우리가 앞서 살펴보았듯이, 이 '윤리'를 '도덕'과 구분 짓는다. '도덕'이 보편적이고 모든 시간과 장소에 적용 가능한 반면, '윤리'는 특수하고, 다소 일시적이며, 공동체를 근거시키고, 그것이 실제적이건 아니면 상징적이건 하나의 영토를 출발점으로 하여 만들어진다는 것이다.(ACA, p. 17) 또한 도덕이 엄격하고, 위로부터 덮어씌우는 듯한 범주의 형식을 취하고, 그럼으로써 프로젝트, 생산성 그리고 청교도주의, 한마디로 당위의 논리를 우선시한다면, 윤리는 감각적인 것, 소통, 집단 감정을 강조하고, 보다 상대적이며, 그것이 구조화하는 집단에 종속되며, 따라서 밑으로부터의 에토스라고 할 수 있다는 것이다.(ACA, p. 25)

따라서 마페졸리에 의하면, '윤리적 비도덕주의'가 존재할 수 있고, 이것이 바로 사회관계의 새로운 형식인 것이다. 왜냐하면 여기저기에서 태동하고 있는 특수한 윤리들은 마페졸리가 보기에, 단지 특별히 과도한 경우들에서만 비도덕적이고, 대부분의 경우 도덕과는 관련이 없거나(amoral), 상대적이다.(ACA, p. 17) 또한 작금의 상황과 관련 마페졸리는, 한편으로는 보편적 도덕의 종말 그리고 다른 한편으로는 윤리적 상대주의, 대안적 삶의 양식들의 개화를 목도할 수 있다면, 그것은 특유한 코드가 없다는 것을 의미하는 것이 아니고, 오히려 생산성의 시기에 주변화되어 있던 것이 다수의 중심적 주변성들(marginalités centrales)로 회절된 것이라고 가정한다. (ACA, p. 26)

'생기론'

이러한 '미학화'의 가정은 마페졸리의 전 저작을 관통하는 '생기론'의 관점을 그 배경으로 하고 있다. 즉 '미학의 윤리'가 가능한 것은, 마페졸리에 의하면, '존재', 즉 '삶'이 '그 자신에게로 돌려졌기' 때문이다.

만일 진보주의적 역사가 더 이상 범주적 정언명법으로 간주될 수 없다면, 그리고 그것을 낳은 신적 근거인 구원의 역사가 이제 그 실체를 잃었다면, 이제 사회 존재는 자신에게로 돌려졌다 (l'existence sociale est rendue à elle-même).(ACA, p. 27)

바로 이와 같은 상황에서는 존재의 '유기성', 즉 "반대의, 나아가서는 대립되는 요소들을 함께 유지시키는 것"(ACA, p. 15)이 중요해진다. 즉 감각의 기쁨, 형식들의 놀이, 자연의 강력한 회귀, 무용한 것의 틈입 등의 모든 것들이 사회를 복잡화시키는 것들인데, 이것들은 '감각적 이성'을 필요로 한다는 것이다. 이것은 또한 우리 사회의 폭발적인 이질화가 던지는 도전이기도 하다는 것이다. 그간 간과되거나 무시되어왔던, 개인적 몸이나 사회체에 있어서의 감각이나 외양(혹은 가상)의 몫, 그리고 자연, 공간, 오브제 등에 대한 인간의 관계가 사회관계에 차지하는 몫 등이 중요해진다. 그리고 이 요소들이 이제 '미학의 윤리'를 구성하는 벡터들이 되며, 이 책은 이 요소들을 참작하여 이 윤리가 어떻게 구성되는지를 그의 익숙한 방식인 '점진적' 진행으로 보여준다. 우선 그간 지식인들로부터 무시되어왔던 감각의 기쁨(3장)에 그 온전한 자리를 부여한 후, 그 감각들이 외부로 표출되게 됨에 따라 중요해지게 되는 '외양(가상)'(4장), 그 결과로서 나타나는 세계의 바로크(5장), 그리고 사회, 세계 혹은 자연과의 상응을 다루게 되는 '문화의 자연화'(6장)를 거친 후, 마지막으로 그것들의 원인이자 결과인, 정체성의 다원화 혹은 혼융의 메커니즘(7장)을 그리고 있다.

그런데 이 모든 소주제들을 관통하고 있는 '인력의 문제틀' 혹은 '연결' '상응', 나아가서는 '융합'의 메커니즘에 대하여 강조하여야 하겠다.

앞서 우리는 사회 존재가 자신에게로 돌아왔다는 표현을 강조했었다. 달리 말한다면, 신성은 이제 더 이상 전형화되고 통합된 하나의 실체가 아니고, '사회적 신성'이 되기 위하여 집단 전체로 용해되려는 경향이 있다는 것이다. 그리고 이와 같이 세계가 자기 자신에게 돌려졌을 때, 그리고 그것 자신이 가치가 있을 때, 바로 이때에는 나를 타자에 연결시키는 것, '연결'이라고 부를 수 있는 것이 강조된다는 것이다. 니체의 "예술로서의 힘의 의지"라는 표현을 이 의미에서 이해할 수 있다고 마페졸리는 지적한다.

> 도덕의 시각 안에서는 단지 신만이 혹은 그 대체물들인 국가, 역사, 진보만이 위대한 예술가이다. 모든 사물들의 창조 혹은 재창조는 그것(혹은 그들)에 의존한다. 이것이 바로 〔……〕 권력의 개념을 근거시킨다. 이것이 사회학적 절차의 최종 이유이다. 그 자신에게로 돌려진 세계는, 그것을 구성하는 내재적 역능에 보다 더 근거를 둔다. 그 다양한 형식하의 창조는 항상 갱신되고, 항상 다원적인 역동성으로부터 솟아나올 것이다. 다양한 사회 상황들, 삶의 양식들, 경험들은 강력한 생기론의 그만큼의 표현들로 간주될 수 있을 것이다. 가치의 다신교를 표현하는 다른 방식.(ACA, p. 27)

이 지적이 바로 미학에 그리고 그것의 윤리적 기능에 토대를 제공할 수 있다는 것이다. 즉 마페졸리는 "공동으로 느낀다는 사실이 하나의 가치를 야기하고, 창조의 벡터가 된다."라는 점을 강조한다. 이 창조가 미세한 것이든 아니면 거시 구조적이든, 그것이 삶의 양식에 관한 것이든, 생산에 관한 것이든, 환경이나 혹은 소통에 관한 것이든 관계없다. 마페졸리에 의하면, 역능은 하나의 예술품을 창조한다. 즉 여기서는 그 전체로서의 그리고 그 다양한 양태 안에서의 사회생활 말이다. 따라서 마페졸리에 의하면, 우리가 공동으로 느끼는 능력으로서의 미학을 이해할 수 있는 것은 바로 이와 같은, 일반화된 예술을 출발점으로 해서라는 것이다.

> 예술을 순수 형식으로 간주하는 것과 마찬가지로, 사회를 단순한 모임의 능력(faculté d'agrégation)으로 간주하는 것이 가능하다. 미학적 감정이 '시멘트'로 쓰일 수 있는 것은 이 의미에서이다. 물론 이 시멘트는 '객관적' 요소들일 수 있다. 즉 노동, 투사적 행동, 집단 축제, 유니폼, 자선 행위 등. 그러나 이 요소들은 타자와의 관계를 정당화하는 변명들에 지나지 않는다.(ACA, pp. 28~29)

이와 관련하여 마페졸리가 들고 있는 예들은 다음과 같다. 지리·정치가 이슬람 혁명을 다 설명할 수 없는 것이고, 경제

위기만으로는 일정한 노동 윤리의 실패를 설명할 수 없고, 여행 마케팅이 여름의 대중의 광란을 다 정당화할 수 없으며, 종파의 발전, 점성술의 성공 등도 단지 '비합리주의의 부상'으로 설명할 수 없다는 것이다. 또한 정치적이거나 혹은 이념적인 제설혼합주의도 단순히 전문가들의 협잡으로 볼 수 없는 것이고, 소통에 대한 갈망 또한 기술 발전으로만 돌릴 수 없다는 것이다.

이 모든 예들은, 마페졸리에 의하면, 진정한 본능적 충동과 관련이 있다. 중요한 것은 결국, 정감적 분위기(ambiance affectuelle)이고 융합이라는 것이다. 이 연결 자체가 한 주어진 시대의 생동성을 특화하고, 사회성의 모든 형태에 기초를 제공한다. 그리고 바로 이 의미에서 미학이 윤리와 연결되는 부분을 갖고 있다는 것이다.

"미학은, 따라서 모양을 잡아가는 새로운 패러다임 안에서의 공감의 형식들의 효율성과 그것들의 사회적 연결(liant)의 역할을 강화하는 기능을 갖게 된다."(ACA, p. 31) 유기적 상응이 중요해지고, 분위기를 구성하는 모든 상황들, 경험들이 중요해지고, 상상계의 몫이 중요해지면, 앞서 이야기한 모둠 살이의 강박적 아이디어에 있어서 '소통 행위'가 중요해진다는 것이다. 소통 행위는 매우 복잡하고, 이 도전에 맞는 도구를 필요로 하는데, '인력의 문제 틀'이 그중 하나라는 것이다.

그리고 마페졸리에 의하면, 인력의 문제 틀은 사회학자들이 흔히 쓰는 '사회체'라는 메타포에 의미를 다시 부여할 수 있게 한다. 인력과 척력에서 관계가 되는 것은 바로 사회체인 것이다. 우선 그의 기분(humeurs)과 감수성, 그의 요구 그리고 그의 제약들을 갖고 있는 개인적 육체, 그리고 다른 육체들과 서로 마주하고 서로 스치는 육체, 마지막으로 흐름, 접촉, 피함 그리고 공유하는 공간이 유도하는 적응들로부터 결과하는 집단적 체 혹은 기독교 전통의 '신비체(corps mystique)'. 이는 소통 이론에 소중한 상호 작용성(interactivité)과 관련이 있다는 것이고, 마페졸리는 여기에 육체의 상호 침투성을 덧붙인다. 즉 인력과 육체성은 함께 간다는 것이다. 결국 이 관점은 존재의 촉감적 측면(aspect tactile de l'existence)을 강조하고 감성적 요소들(éléments sensuels)의 결합을 나타낸다. 외양의 강조, 쾌락주의의 중요성, 축제의 발전 등이 그 예가 될 것인데, 이 모든 것들은 타자의 현전, 타자에의 현전에 의해서만 이해될 수 있다. 이것은 또한 "에로틱에 근거한 인간 지식 체계, 접촉 이론을 완성하게 한다."(유르스나르)라는 것이다. 인력의 문제 틀은 또한 사회체의 아이디어, 즉 각자를 전체의 한 요소가 되게끔 하는 것을 진지하게 여기게 한다는 것이다. 강조점은 이제 우선적으로, 모두가 참여하는 것에, 부분들보다는 그 합에 놓인다고 마페졸리는 강조한다.(ACA, p. 32)

촉각성이 바로, 타자에의 관계의 작금의 형식이다. 여기에서는 객관적 극과 주관적 극은 흐려지려는 경향이 있다. 이것은

또한 생기주의적인 혹은 범신론적인 '비행동성(non-activité)'이
고, 이 '비행동성'은 이제 객관화시켜야 할 자연 안에서 '자기
집'처럼 느끼게 된다는 것이다. 감수성들의 인력은 범신론적이
며 모든 사물들은 신성에 참여한다.

　마페졸리는 이 점에서 일상생활에서 동물적인 것들이 차지
하는 중요성을 지적한다. 그것이 광고이건, 애완동물들 수의
증가이건, 아니면 사랑하는 사이에서 동물의 이름으로 서로를
부르는 경우이건, 모두 자연주의와 관련이 있는데, 이것은 통
합주의적인(holistique) 또 다른 시기들에서 동물적인 것들이
행할 수 있었던 역할들을 상기하는 것이라는 것이다. 공간, 장
소 그리고 뿌리 찾기가 중요해지는 것도 마찬가지의 해석을 할
수 있다. 마페졸리에 의하면, 이것들은 공간의 대지적 차원
(dimension chtonienne)을 보여준다는 것이다. 나를 땅 그리고
땅의 신과 연결시키는 것은 사회성의 벡터가 된다는 것이다. 땅
의 산물과 그것들을 둘러싼 축제들, 이제 자연과 문화 사이에는
지속적인 오고 감이 있게 된다는 것이다.(ACA, pp. 33~34)

　요약하자면 이제 개인은, 더욱 미분화된 전체 안에 흡수된
다. 마페졸리에 의하면, 이것이 바로 미학적 패러다임의 근본
적 교훈이다. 그리고 이 모든 것들이 '감각의 문화'를 근거시
킨다. 그리고 이것이 또한 정체성의 논리로부터 동일시의 논
리로의 미끄러짐을 보여준다는 것이다.(ACA, p. 34)

2. 감각의 기쁨

감각의 고귀함

마페졸리에 의하면, 지식인들은 존재의 감각적 차원(di-
mension sensible)을 파악하기가 힘들다. 왜냐하면 그들은 그
들에게 익숙한 '금욕주의적 관점'에 의하여 감각적인 삶 대
신, 인지 과정을 우선시하기 때문이다("이성적으로 행동하라."
"너의 충동, 육체, 감수성을 조심하고, 절제하라." 등). 그리고 실
증주의자들에게는 단지 합리적인 것만이 현실적인 것이기에
"존재의 감각적 형식들"은 우리의 사고로부터 벗어난다는 것
이다. 따라서 감각적인 것, 존재하는 것들은 거짓, 허영, 부패
의 유혹 등으로 비판받는다.

마페졸리에 의하면, 이와 같은 금욕적 독트린은 단지 강자
의 논리와 감각이 우선시되고, 정신 활동과 추론의 질이 떨어
질 때, 그러나 그것이 거꾸로 헤게모니를 잡고 있을 때 필요하
다. 그러나 상황이 이와 정반대라면, 순화(馴化)된 것(le
domestique)을 보다 잘살기 위하여 삶을 '야만적으로' 만들어
야 하고, 문화를 보다 잘 평가하기 위하여 '자연의 패러다임'
을 생각해야 한다는 것이다.(ACA, pp. 61~63)

자연의 패러다임이 중요해지는 경우, 이제 공동으로 느낀
감각의 기쁨이 중요해진다. 그리고 감각적 삶의 지탱물로서의

육체 또한 중요하게 여겨지게 된다. 이제껏 육체와 관련된 것들은 사적인 영역으로 밀려나거나, 예측 불가능하고, 우발적이며, 완전히 장악하기 곤란한 '불순함'의 영역으로 치부되었었지만, 이제 상황이 뒤바뀐다. 감각적인 것을 사회 분석에 통합해야 하며, '감각적 지식의 논리'가 중요해진다.(ACA, p. 36)

그런데 마페졸리가 보기에, 감각적인 것은 존재론적인 측면에서 그 자체로 충분한 인간적 차원이다. 즉 보이는 것 외에는 다른 것이 없고 혹은 더 나아가서는 감각적으로 사는 것 외에는 다른 것이 없다는 것이다. 그리고 바로 이때 사회는, 엄격한 의미에서 '사회체'를 구성하는 정서, 감정 그리고 감각으로 만들어진 일체의 상호 작용적 관계가 된다. 즉 체화된 하나의 전체가 되며, 따라서 '인력'과 '척력'이 중요해진다. 앞서 살펴보았듯이, '인력'의 주제는, 마페졸리에 의하면, 대규모 음악회, 스포츠의 군중, 정치적 스펙터클, 일, 이웃 등에서 볼 수 있는, 단순한 합리적 인과론을 넘어서는 모둠 살이의 욕망을, 그리고 이 욕망 안에서 보이는 동물적인 부분들을 설명해줄 수 있게 된다.(ACA, p. 65) 이런 의미에서 감각이 '실재의 사회적 구성(construction sociale de la réalité)'의 기본 동력이 된다. 그리고 또한 이 점에서 '미학의 윤리'는 사회관계를, 꿈, 놀이, 상상력, 감각의 즐거움 등의 합리적이지 않은(non rationnel) 변수들로부터 이해하는 것을 의미한다.(ACA, p. 65)

물론 감각에 대한 긴 경멸의 전통은 그것을 양식(bon sens), 편견, 자발적 사유 등으로 낙인찍어 왔다. 그러나 경험적 실재로서의 '감각적인 것' 그리고 철학적 범주로서의 공통감(sens commun)은 이제, 마페졸리에 의하면, 지상의 행복에 대한 취향을 다시 부여하게 되고, 그럼으로써 이교적인 함의를 갖게 되며, 자연과 그 산물들을 찬양하기에 이른다. 이와 같은 육체와 정신의 결합에 대한 강조 그리고 '자연적인 것(le naturel)'에 대한 강조는 그리스적인 조화와 명정함과 만나게 되고, 그리스의 신비주의적 유물론과도 만나게 된다.(ACA, pp. 67~68)

이제 감각들의 메타포로서 육체는 사회체의 하나의 요약이 된다. 이리하여 또한 감각과 사회체의 연결이 이루어지고, 모든 윤리는 감각의 관리와 연결된다는 것이다.(ACA, p. 68)

감각적인 것의 경험

마페졸리에 의하면, 감각주의의 상관물은 '체험(expérience)'이다. 그런데 체험과 감각의 이 우위는, '사유하는' 주체 그 자신의 주인이고, 그 자신에 대해 확신하는 주체, 모더니티의 중추인 그 합리적 주체가 갖는 헤게모니의 환상을 깨뜨린다. 이제 그 '주체'는 반대로 다른 개체성과 함께 일반적인 감각주의(sensualisme général)에 둘러싸이게 되고, 타인들에 의해 '움직여진다'. 일종의 '비행위(non-action)'라고 할 수 있다는 것이다. 즉 타인과의 관계가 자아(ce que je suis)를 결정한다는 것이다.(ACA, p. 78)

이와 같은 감각과 사회와의 관계는 그리스에서 중시되었던 감각과 정신의 균형, 그리고 육체와 사회체의 균형에서 다시금 확인할 수 있다고 마페졸리는 강조한다. 푸코가 '자기에의 배려'와 사회의 조직 사이의 관련을 강조하였다면, 플라톤도 마찬가지로 타인들을 배려할 줄 알거나 혹은 배려할 수 있기 전에 자신을 배려할 것을 다음과 같이 강조하였다. "우리가 이 연습을 함께 충분히 실천한다면, 우리는 이제 정치에 접근할 수 있을 것이다." 즉 감각의 기쁨을 사용하는 것과 절제된 지혜 사이의 연관을 강조하였던 것이다.(ACA, p. 73)

집의 논리

이와 같이 '실재의 사회적 구성'의 기본 동력으로서의 '감각'이 효율적일 수 있는 범위는, 마페졸리에게 있어서 '집'이다. 이는 베버에게서의 '감정 공동체(*Gemeinde*)'에 해당한다고 할 수 있다. 이 '감정 공동체'에서 중요한 것은 '감정적' 구조(structure 'émotionnelle')이다. 여기에서는 공동 감정 그리고 공동 체험이 강조되며, '손 닿는 범위', 근접성의 취향, 내가 가까운 이들과 '조작할' 수 있는 것 등이 중요해진다. 이로부터 마페졸리는 집(domestique), 일상, 생태학, 영토 그리고 동네

등의 중요성을 이끌어낸다. 현대의 많은 사회관계를 특징짓기
위하여 '가족주의'의 표현이 쓰이는 것, 기업 문화, 작업에서
의 친화 그룹 등이 그 좋은 예시가 된다.(ACA, p. 82)

　이 '존재의 감성화' '가까운 체험으로의 재집중'은 물론 정
치적 신념과 관련이 있을 수 있으나, 보다 근본적인 것은 '연
결'을 지속하는 것이다. 즉 마페졸리에 의하면, 정치적 신념
이 우선시된다면 미래의 해석과 관리를 통하여 서로 분리될
수 있는 반면, '가까운 체험으로의 재집중'은 물론 갈등이 수
반되겠지만 타협안에 이를 수 있으며, 이것이 '가족주의'의
기초가 된다. 달리 말한다면, '먼' 신(神)과 그가 약속하는 천
국, 그리고 그 세속화된 차원이라고 할 수 있는 '정치'가 준비
하는 완벽한 사회와 대비되는, 특수한 영토들에 연결된 신들
의 경우를 생각할 수 있다는 것이다. 그리스 만신전의 다신주
의의 경우를 들 수 있는데, 이 '내재적 신들'은, 마페졸리에
의하면, 폴리스, 즉 이 영토에 거주하는 공동체들에 접착제
구실을 한다. 이는 마페졸리가 자주 강조하는 '내재적 초월
성'과 관련된다. 즉 각 개인을 초월하지만 그러나 그 개인들
을 지역적 내재성에 연결되게 하는 것, 그리고 그 개인들을
타인들에게 연결되게 하는 것이다. 각 개인은 이제 그가 타인
들과 나누는 영토의, 문화적 취향의 그리고 성(性)적 이념의
함수가 된다.(ACA, pp. 83~84)

　이와 같이 가까운 체험이 재집중되는 '영토'는, 마페졸리에

의하면, 타인들과 조우하기 위한 발판일 수 있고, 칩거의 영역일 수 있다. 이는 어떻든 모든 시공간에 적용 가능한 보편적 도덕, 정치의 논리와는 대비되는 '집의 논리'이다. '집의 논리'는 이제, '점진적인 절차'에 의하여, 우선은 제한된 집단의 특수한 윤리이던 것이 '인력'과 '척력'의 메커니즘에 의하여 퍼져나간다. 마페졸리는 여기서, 짐멜의 '문과 다리'의 메타포를 우리에게 상기시킨다. '문'이 '닫음'을 의미한다면, '다리'는 이 영토를 다른 것에 '연결'시킨다. 그러나 닫음과 이로부터 유래하는 '경계'는 그다음의 연결을 예감하게 한다. 마페졸리는 이를 짐멜의 '꽃병 손잡이'에 대한 분석과도 연결시킨다. 우선 '손잡이'는 꽃병과 유기적으로 체를 이루면서, 꽃병의 형식 속에 내재적으로 새겨지면서 그것에 고유한 아름다움의 한 요소가 된다. 그러나 그다음 그것은 꽃병을 쓰이게 한다. 즉 그것을 그 고립으로부터 떼어내어 외부와 접촉시키면서, 보다 넓은 효용 속으로 통합시킨다는 것이다. 짐멜과 마찬가지로 마페졸리는 이를 다시 사회적 차원으로 해석한다. 즉 손잡이처럼 일상생활의 무의미한 것들은, 개인들 사이의 중요하고 의미 있는 관계들을 강화하는 데에 쓰일 수 있다는 것이다. 그리고 그 개인들은, 그들이 친화성에 근거한 수많은 일차집단들에 속하기에, 이제 네트워크에 통합되기에 이른다. 그리고 일종의 점선으로 된 일체성(unicité en pointol-lée)이 만들어진다. 그리고 이 과정은 씨앗이 보호되고, 성숙

되고, 부화하여 그 후에 퍼져나가고, 다수의 사회관계들을 만들어나가는 이미지를 그리게 한다.(ACA, p. 85)

마페졸리에 의하면, 그리스의 '오이코스(*oikos*)', 로마 사회의 '도무스'의 아이디어가 '집의 논리'를 잘 설명해준다. 오이코스 혹은 도무스란 일정한 근접성 안에 존재하는 모든 것, 즉 사람, 가축, 경작물, 농토 등을 포함하는 하나의 광활한 전체이다. 여기서 중요한 점은 이 모든 것들이 전부 상응 관계에 들어간다는 것, 이 모든 요소들 간의 유기성이라고 마페졸리는 강조한다. 마페졸리는 푸코의 크세노폰에 대한 분석을 상기시킨다. 여기서 '오이코스'의 개념은 하나의 독특한 '삶의 양식과 윤리적 질서'를 정의해주기에, 이 영역을 잘 관장하는 것이 정치 영역에서의 행동을 가능하게 한다. 즉 제한된 집단으로부터 일종의 동심원들에 의하여 보다 넓은 관계로의 확장을 이 '오이코스'의 개념이 잘 보여주고 있다는 것이다. 왜냐하면 위의 윤리적 질서라고 하는 것은 환대, 관용성 등의 연대의 형식에 대한 숙련이기 때문이다. 따라서 집의 '경제'에 고유한 쾌락의 사용은, 공동체적 삶에의 준비 단계가 된다. 이런 점에서 푸코의 '자기에의 배려'는 보다 넓은 영역에 속하는 문제 틀이 된다. 즉 자신을 다스리기, '집'에 관심을 기울일 줄 알기, 도시국가의 일에 참여하기 등은 인과론적이 아니라 서로 동시대적이고, 영구적인 상호 작용 속에 있다는 것이다.(ACA, p. 86)

이렇게 본다면 '집(maison)'은 이제 '추위를 타는' 개인주의적 친밀성과 관련이 있는 것이 아니라, 반대로 그 전체 속에서의 문명화된 세계의 이미지를 나타내게 된다. 즉 종교, 인류학, 신학 그리고 신비주의에서 이야기하는 '입문'의 장소가 된다는 것이다.(ACA, pp. 88~89) 이와 같은 '구체적 보편성'으로서의 '집'에 대한 문제 틀의 중요성을 보여주는 예들로서 마페졸리는 다음의 것들을 들고 있다. 집, 거주, 브리콜라주, 요리 그리고 도시의 질에 대한 관심들 그리고 사교성, 연회 등에 대한 관심들은 모두 '집'의 재부상을 의미한다는 것이다.(ACA, p. 89)

진부한 경험

이 '집'의 재부상(résurgence)은, 우리로 하여금 '사회성'의 의미를 상기하게 한다. 그리고 사회성은 우리의 분석에 감정, 정서, 상상계, 유희를 포함시켜야 함을 강조한다. 그리고 이 것들을 바탕으로 한 일상의 작은 사실들은 '침전 작용'에 의하여 존재 방식들의 피할 수 없는 근거가 된다.(ACA, p. 90)

마페졸리는 호가트의 유명한 『읽고 쓰는 능력의 사용*The Uses of Literacy*』의 예를 든다. 이 책은 일상생활의 향락주의(épicurisme)에 대하여, 여러 얼굴을 한 '현재주의'에 대하여 이야기하고 있는데, 그것들은 민중들로 하여금 정치, 경제 혹은 종교적인 미래에 투사되는 거대한 표상 체계들을 반박하지 않고 그것들의 '곁에서', 그것들의 '주변에서' 지금 이 순간을 이용하는 데에 만족하게 한다는 점을 마페졸리는 강조한다. 이것은, 마페졸리에 의하면, 삶의 비극적 감정을 체화한 삶의 작은 실천들, 기쁨들이고, '지방(地方)의 사유(pensée vicinale)'이다. 먹기, 마시기, 수다, 사랑, 싸움 등 이 모든 것들은 금방 지나가는 것이고, 따라서 여기서 지금 즐겨야 하는 것들인 것이다. 그러나 이것들이, 마페졸리에 의하면, 실재의 사회적 '구성'인 것이다. 이런 의미에서 '실재'는 '경험적인' 것이고, 우리가 다룰 수 있는 것임을 마페졸리는 강조한다. 이 입장에서는, 이제 우리가 보는 것이 존재하는 것이고, 우리가 장악할 수 있는 것이며, 그 나머지는 존재하지 않는다.(ACA, p. 90)

이런 의미에서 일상적 체험에서의 놀랄 만한 반윤리(amoralisme)를 이해할 수 있다고 마페졸리는 지적한다.

또한 일상생활의 주역인 민중들의 '천재성'은 그들의 '세부' 취향에 있다고 마페졸리는 강조한다. 이제 디테일은 세계의 요약, 하나의 축약된 세계가 된다. 즉 각 요소는 특수한 것인 동시에 전체의 부분인 것으로 지각되며, 일종의 '구체적 보편성(universel concret)'이 된다. 이는 마술적 사유, 상응, 유추, 직관적 사유와 연관되며, "일반적인 것은 특수한 것 안에 결정화된다."라는 입장을 잘 보여준다는 것이다.(ACA, p. 92)

그리고 현재 안에서 체험의 심층을 향하여 에너지가 투입된
다는 면에서 민중의 일상적 체험은 바로크적 감수성과 만나게
된다. 선, 직선, 분명한 목적을 향해 지향되는 고전주의에 대
비되는 무질서한 소용돌이의 디테일을 강조하는, 그리고 축약
을 강조하는 바로크적 감수성에서는, 예술적 혹은 존재론적이
고 창조적인 에너지가 몇몇 단편들로 집중된다는 것이다. 그
리고 단편들은 또한 '상응'에 들어간다.(ACA, pp. 92~93)

이는 또한 지그프리트 크라카우어(Siegfried Kracauer)가 영
화 비평가들에게, '영화에 가는 소점원들'에게 주의를 기울이
기를 요구하는 것처럼, 고급문화들(grandes cultures)로부터
배제된 문화의 형식들에 주의를 기울이는 것에 관계된다고
마페졸리는 강조한다. 이와 같은 '사회학적 경험주의'는 또한
사회생활의 근본적인 특징 중의 하나가 모이게 하고, 타인들
의 동반을 찾게 하고, 혼동을 열망하게 하는 '생의 도약'이라
는 점을 잘 보여준다는 것이다.(ACA, p. 95)

개인적 확신에 따라서 이 현상들을 비판하고 애석해할 수
는 있지만, 이 속에서 '비구분' '융합(communion)'의 욕망과
관련된 하나의 원형을 보아야 한다고 마페졸리는 강조한다.
더 나아가서 그는 다음과 같이 구분한다. 고급문화가 스스로
를 구분하는 수단, 개인 혹은 계급으로서 인지하게 하는 수단
이라면, 반면 문화의 '부차적인' 형식들이라고 생각되었던 것
들은 융합의 욕망을 표현한다는 것이다. 이런 면에서 본다면,

요즈음의 광고, 키치 그리고 비디오 클립의 범람은 한편으로
는 위의 감정적 기능과 관련이 있고, 다른 한편으로는 '문화'
란 이 보잘것없는 삶의 '작은 무(無)'라는 점을 우리에게 상기
시키는 것이다. 예를 들어 경험적으로 보더라도 사회적 소통
은 매우 드물게만 구체적인 '내용'을 갖는다고 마페졸리는 강
조한다. 내용 없는 대화, 제스처, 행동, 옷 입기 등은 모두 소
통의 기초가 되고, 스캔들, 잡보, 스타, '자동차에 치인 개
(chiens écrasés)' 등의 보잘것없는 것들은 사회성의 근거가 된
다. 이 보잘것없는 것들은, 마페졸리에 의하면, 말하자면 자
연언어(lange naturelle)인 셈이고, '문화'란 '아비투스'를 구성
하는 미세한 사물들의 일체가 된다.(ACA, pp. 96~97)

'집', 일상적 경험의 강조는 어떤 인식론적 의미를 갖고 있
을까? 마페졸리는 일상의 장면들로 채워진 중세의 달력, 성
가집, 기도서 등의 예를 든다. 그리고 예술 작품들의 경우, 일
상의 작은 요소들을 통합하려는 경우들을 생각해볼 수 있다
는 것이다. 즉 이 예들은 일상과 종교, 일상과 예술의 통합과
관련한 것인데, 이는 요즈음 목도하는 바와 같은, '세계의 복
잡성'에 대한 회귀를 보여준다고 마페졸리는 분석한다. 그리
고 미시적인 진부함에 대한 강조, 이를 통한 특수와 일반의
통합, 그리고 일과 여가, 진지함과 경박함 등의 모든 극(極)들
의 전염은 결국 '일상적 지식'이란 '반대의 합일'이라는 점을
잘 보여준다고 마페졸리는 강조한다.(ACA, pp. 97~98)

3. 외양의 지배

　마페졸리에게 있어서 외양은 본질을 드러내는 것이다. 본질은 외양, 가상을 통해서만 자신을 현시할 수 있을 따름이라는 것이다. 내용과 형식의 구분도, 따라서 마찬가지로 폐기된다. 외양은 또한 몸이라고 하는 '자연'과 몸들의 만남을 통해서 만들어지는 상징적 차원, 즉 '문화'의 매개 항이기도 한 것이다.

　그러나 외양은 또한 변화하는 것이기도 하다. 뒤랑에게 있어서 '상형적 구조주의'의 아이디어가 보여주듯이 말이다. 이 변화하는 외양은, 마페졸리에게 있어서 '무상함'의 아이디어 그리고 '사회적 비극'의 아이디어와 만나게 된다. 이 부분에서 마페졸리는 하이데거에게 있어서의 '현상'의 의미와 만나게 된다.

　외양, 피상성, '표면의 심층' 등은 사회적 비극을 유도한다고 마페졸리는 강조한다. 이제 마페졸리가 보기에 '보이도록 주어지는 것, 현상 그리고 소여(ce qui se donne à voir, ce qui est donné, phénomène)'가 중요해진다. 가시적 세계는 존재하는 것이고, 이미지는 사회적인 것 안에 편재한다. 이는 정통성의 환상, '보이는 것을 넘어서'와 대비된다는 것이다.(ACA, p. 105)

그러나 마페졸리가 보기에 무엇보다 중요한 것은 '태동하는 문화'는 사물들의 외양에 중요성을 부여한다는 사실이다. 이것은 또한 사후적인 합리화보다는 그것이 정치이건 종교이건 아니면 단순한 사회조직이건, '사물들'이 그 자체인 것(ce que ces 'choses' sont en elle-mêmes)에로 돌아가는 태도와도 만나는 것이다. 이때가 또한 바로, 일상과 '집'이 강조되는 때이기도 하다. 그것은 또한, 마페졸리에 의하면, 경험적인 존재자에게로 우리의 주의를 돌리는 것이기도 한 것이다. 또한 이와 같이 현상에 주의를 기울이는 것은 메타포, 알레고리 그리고 유비를 우리의 지식 행위 안에 집어넣는 것을 의미한다는 것이다. 이와 관련한, 보이는 것들의 메타포로는 유행, 정치적 스펙터클, 광고 그리고 TV를 들 수 있다는 것이다.(ACA, p. 106)

그리고 이때 또한 중요하게 되는 것은, 마페졸리에 의하면, 육체와 육체성(corporèité)이다. 즉 이미지들이 사회체 전체로 퍼지게 됨에 따라서 "사회체는 그의 논리, 즉 육체성의 논리로 보내진다."(ACA, p. 111) 이때 육체는 "가로지르는 관점"의 확립과 관련이 있다는 것이다. 다음의 인용은 육체성이 전반적인 분위기임을 잘 보여준다.

우리는 거의 자연적 그리고 사회적 물리학의 용어로 육체가 거기에 있고, 공간을 차지하고, 보이고, 촉각성을 용이하게 하기 때문에 소통을 낳는다고 말할 수 있을 것 같다. 육체성은 그 안

에서 육체들—그것이 개인적 육체이든지, 은유로서의 육체(제
도들, 집단들)이든지, 자연적 육체 혹은 신비체이든지—이 서
로가 서로와 관계 속에서 자리 잡게 되는 그러한 전반적인 분위
기이다. 외양의 격앙에 배경 구실을 하는 것은, 따라서 소통의
지평이다.(ACA, pp. 111~112)

이와 더불어 '외양'의 효력에 대하여 미페졸리는 뒤르케임
의 분석을 상기시키는 지적을 한다.

외양은 사회생활의 끊임없이 새로 태어나는 측면과 그것의 지
속적인 비등을, 그리고 외양은 그 자체로, 그 자체를 위하여 체
험된다는 점을 가르쳐준다.(ACA, p. 112)

이와 같은 육체성과 그것의 '소통'의 차원을 강조하기 위하
여 마페졸리는 '사회물리학(physique sociale)'의 메타포를 사
용한다. 즉 공통감으로서의 미학은 사회생활에 정기적으로 힘
을 제공하는, 자생적이고 억누를 수 없는 힘, '자연(*phusis*)'의
한 요소라는 것이다. 즉 감정과 물리학은 연결되어 있다는 점
을 마페졸리는 강조한다. '두 사람 사이의 공감'을 나타내는
불어 표현—'atomes croches(갈고리 모양으로 굽은 원자들)'
—은 이와 관련한 민중의 지혜를 잘 보여주는 부분인 것이다.

이제 다시 육체의 예를 들어보자. 경험적 존재는 분명 개체화되어 있지만, 그것은 또한 맥락 속에 있다는 점을 마페졸리는 강조한다. 다음 인용은 그것이 "한 장소에, 타인들과 함께 하나의 장소에, 타인들에 대하여 위치 지어져 있다."라는 점을 보여준다.

> 이러한, 맥락 속에 위치 짓기는 개체성을 구성하는 '심리·생리적 통일체'는 또한 하나의 몸이라는 점을 적절하게 상기시킨다. 육체는 이제, 외부 세계에 둘러싸인 하나의 덮개(une enveloppe enveloppée dans le monde extérieur)이다.(ACA, p. 135)

육체적 실천들, 보디빌딩, 몸의 관리, 다이어트, 화장, 연극성 등의 광활한 상징적 체계, 스펙터클화한 육체는 이제 소통의 원인이자 결과가 된다. 다시 마페졸리는 덧붙인다. "상황 속의 육체의 강조는, 한 주어진 사회 전체의 바로크화의 동의어이다." 바로크는, 마페졸리에 의하면, 자연적인 것과 인위적인 것의 오고 감에 근본적으로 기대고 있다. 즉 한마디로 벗은 것과 마스크 사이의 오고 감에 기대고 있다는 것이다. 마페졸리가 인용하는 에우제니 도르스(Eugeni d'Ors)의 아포리즘은 이를 잘 보여준다. "벗은 몸의 기쁨 안에서 순진함은 비밀스레 자신을 찾는다. 숨김 밑에서는 성실성."(ACA, p. 136) 혹은 치장의 인위는 자연과 문화의 구분을 어떻게 없애는가를 보여주는 보드리야르의 분석을 인용한다. 보드리야르의 분석은 치장이 어떻게 동물성 속에서, 원시사회 속에서, 여성성 속에서 그것들을 의례화하면서 사회를 만드는지를 잘 보여준다는 것이다. 보드리야르는 이를 '동물적 유혹(séduction animale)'이라고 요약한다. 다시 마페졸리는 '덮개'가 사회적 에로틱의 추동적 요소임을 강조한다. 브로니슬라브 카스퍼 말리노프스키(Bronislaw Kasper Malinowski)의 예를 든 다음 마페졸리는 다시 다음과 같이 요약한다. 둘러싸인 덮개로서 외양은, 한 사회가 자신에 대하여 부여하는 전반적 의미 안에 새겨진다.(ACA, p. 137)

이것들은 또한 공동체적 차원, 마페졸리 자신이 소부족주의라고 부른 것들이 중요성을 획득하는 것과 관련된다. 뒤르케임이 강조했듯이, 사회생활은 하나의 거대한 상징주의의 덕택으로만 가능할 뿐이다. 뒤르케임은 이와 관련, "물질적 상징들, 형상화된 표상들"이 매우 중요하고 이것들이 그가 상징주의(emblématisme)라고 불렀던 것을 구성한다고 강조한 바 있다. 상징주의를 통하여 개인의식들은 초월된다. 이로써 상징주의는 한 사회의 자아의식을 보장한다. 이 의식이 지속성을 갖게 되는 방법으로 뒤르케임은 문신의 예를 든다. 즉 그들의 살갗에 그리스도의 이름이나 십자가를 새기게 하는 초기 기독교인들로부터, 그들의 정신 공동체를 표시하는 이탈리아 고등학교 학생들을 거쳐, 동일한 배의 선원들에 이르기까지 그 과정은 동일하다는 것이다. 즉 몸에 이미지를 새기는 사실은 사회체를 상기하고, 하나의 '존재 공동체', 하나의 '의식의 융합'을 상기한다.(ACA, p. 137)

이 분석을 바탕으로 마페졸리는 외양의 성체성사적 역할을 강조한다. 몸에 그리기, 문신하기, 값싼 장신구로 치장하기 등, 즉 한마디로 '화장하는' 것(se 'cosmétiser')은, 이 비가시적 은총인 모둠 살이를 가시화하는 것이라는 것이다. 윤리주의적이고, 성상 파괴주의적인 시대들은 이 가치를 부인할 수 있지만, 그것은 그럼에도 불구하고 사회의 모든 삶에 토대 구실을 하고, 가끔 그 자체로 힘차게 표명된다는 것이다. 다양한 유니폼, 순응주의들이 그 명백한 예들이라는 것이다. 더욱이 사회가 부족, 종족 등으로 축소되는 경우, 제도화의 견고성이 없기 때문에 상징, 토템의 필요성은 더욱 긴박해진다.

결국 이렇게 본다면, 덮개로서의 육체는 어느 때나 던져버릴 수 있는 잉여가 아니다. 그것은 반대로 내재적으로 사회체에 연결되어 있다.

> 체의 두 가지 변주 사이에는 가장 견고한 가역성이 있다. 이 가역성은 〔……〕 자연과 문화를 잇는 가역성에 비교될 수 있다.(ACA, pp. 137~138)

따라서 반복되기는 하지만, 마페졸리는 다음과 같은 중대한 결론에 이른다.

그리고 이런 의미에서 "그의 피부 안에서 편안하다(être bien dans sa peau)."라는 표현은, 균형감을 잘 나타내는 표현이라는 것이다. 그리고 다시 반복하자면, 이마지날의 기능은 사회적 생기론의 원인이자 결과인 것이다.

마페졸리에 의하면, 육체의 현현과 육체성 그리고 공동체의 재부상 사이에는 밀접한 관련이 있다. 다시 개인/사람의 구분을 통해 마페졸리는 그 이유를 설명한다. '사람'은 외양과 관련하여 특히 '원형'을 나타내주며, 이를 통해 집단적, 창조적 본능을 체험하고, 다시 표현한다. 즉 '사람'은 그 어원— '마스크'—이 의미하는 바처럼, 일반적 유형들(types généraux)을 무대에 올린다. 그러므로 마페졸리는 육체가 강조되는 것을 개인주의나 나르시시즘으로 말할 수는 없다고 강변한다. 변장, 유행, 치장, 벗은 몸 등은 일종의 초월적 '치장학'('cosmétologie' transcendantale)을 이룬다는 것이다. 즉 이것들은 하나의 집단적 이미지나 힘을 대변하는 하나의 원형적 형상이라는 것이다. 그러므로 이러한 신화적 변수들이 있기에 스펙터클 속의 모든 육체의 변주는, 사회체를 '상징'한다고 마페졸리는 강조한다.

> 마스크(persona)는 공포 혹은 불안, 분노 혹은 기쁨을…… 연기하게 한다. 일반적 연극성 안에서 각자는 다양한 정도로 그리고 특수한 상황들에 따라서, 그를 사회 전체로 통합하는 역할(들)을 연기한다. 사회과학이 별로 주목하지 않은, 개인의 고유한 몸/사회체(corps propre/corps social)의 변증법을 근거시키는 것이 이것이다.(ACA, p. 141)

토미즘에서의 옷(habit)과 아비투스(habitus)와의 관계가 우리의 이해를 돕는다고 마페졸리는 덧붙인다. 즉 하나의 의복을 입는 이는 특수한 하나의 생활양식에 종속하는 것이다. 의복과 관습은 긴밀히 연결되어 있다. 이런 의미에서 형식은 사회체를 만든다고 할 수 있다. 마페졸리는 16세기 의복 관련 서적 연구가의 분석을 인용한다.

> 의복은 아비투스라는 기원적 함의를 갖고 있다. 아비투스는 육체에 대한 작업을 가정한다. 그것이 법관의 장엄한 절제이든, 처녀의 조심스러움이든, 아니면 인디언의 탈모나 문신이

든…… 이 모든 것은 개인들의 자유로운 선택이 아니라 신분 집단들의 존재 양식을 지정하는 의복·아비투스에 속한다.(D. Defert, "Un genre éthnographique profane au XVI siècle. Les livres d'habits", in *Histoire de l'Anthropologie. XIV-XIX siècles*, Paris, Méridien Klincksieck, 1984, p. 27; ACA, p. 141 에서 재인용)

마페졸리는, 외양과 사회체의 연결은 오늘날 포스트 모던 사회성을 구성하는 많은 집단들의 인지 기호가 되었다고 강조한다. 즉 그동안의 윤리적이고 의복에 의한 부정의 칙칙함에 의해서 지워져 있던 개인의 몸이 기이한 나선운동—즉 동일한 것의 회기와 동시에 변경—에 의하여, 한편으로는 격앙되고, 다른 한편으로는 사회체 안에 소진되려는 경향이 있다는 것이다. 따라서 작금의 현상은 다양한 개인주의보다는 동일시의 논리에 따르는 집단의 나르시시즘으로 해석하는 편이 낫다는 것이다.(ACA, pp. 141~142)

이와 같은 격앙·사라짐의 이중 운동은, 마페졸리에 의하면, 모든 순응주의의 전형적인 모습이다. 이 순응주의, 순응성 혹은 윤리적 순응주의는 그야말로, 말의 단순한 의미에서 하나의 모둠 살이를 가능하게 하는 것인데, 여기에는 두 경우를 생각해볼 수 있다고 마페졸리는 분석한다. 어떤 때에는 신념, 계약, 지적이고 추상적인 요소들이 순응주의의 기본이 될 수 있고, 다른 때에는 상상적인 요소들이 그 구실을 한다. 상상적인 요소들의 경우, 유혹, 인력, 정적인 것(affectuel), 정감적이고 촉각적인 요소들이 그 역할을 한다. 이 경우에서 마페졸리가 '외양'의 지배라고 부르는 경향이 중요해진다.

> (외양의 지배)는 소외의 차원을 가지기도 한다(드보르가 '스펙터클의 사회'라고 부른 것). 그러나 다른 한편, 속임수와 이중성의 확장을 가능하게 한다〔……〕. 이중성의 확장은 각자와 그 온전성 속에서의 사회 전체가 마스크를 쓰고 나아가게 함으로써, 정치적·종교적·윤리적·지식인적인 모든 권력의 부과들에 저항한다.(ACA, p. 142)

모방의 문제 틀의 중요성. 사소한 것(들)이, 모방의 메커니즘에 의하여, 뒤르케임이 상징주의라고 부른 것의 역할을 한다고까지 마페졸리는 분석한다. 즉 그것이 그 위에 사회 창건이 기대고 있는 모임의 요소(facteur d'agrégation)이다. 즉 사회는 단지 계약적인 것만이 아니라 이미지들의 창조와 공유에도 기대고 있다는 점을 마페졸리는 강조하고 있는 것이다.
다시 마페졸리의 주장을 요약해보자.

> 한편으로 사회 실재의 심층이 사물들의 표면에서 감추어지고, 드러나고, 다른 한편 이와 같은 과정이 개인을 그 모든 책임감

으로부터 덜어준다는 것을 지적하는 것은 혼란스러워 보일 수 있다.(ACA, p. 143)

그러나 반대로 이 지적은, 일반적 연극성 안에서의 사람(persona)의 역할을 잘 드러내준다. 그리고 이제 중요한 것인 집합 윤리(éthique collective)이다. 물론 그것은 흔히 부족의 윤리이다. 바로 그런 의미에서, 다시 반복하자면 외양의 하찮음이 의미를 갖게 된다. 그것은 집합체를 가시화하고, 동시에 다양한 적대성에 대하여 방패 구실을 한다. 이것이 바로, 마페졸리에 의하면, 특수한 윤리의 구실이라는 것이다. 즉 코드, 의례의 보호 아래 '사람'은 성장하고, 그의 다양한 가능성들을 표명할 수 있다는 것. 이것을 마페졸리는 가리개의 문제틀(thématique du voile)이라고 부른다.

따라서 가리개(voile)는 볼 것을 주는 동시에 가린다. 동일한 공동체의 일부인 이들에게 그것은 보일 만한 것을 강조하고, 동시에 그것은, 외부 시선으로부터 보호한다. 계몽주의의 획일화, 고전주의의 명료성, 실증주의의 개념화에 반대하여, 바로크 정신은 감추고, 뿌옇게 만들고, 흐린다. 그러나 그럼으로써 어떤 상황이나 혹은 어떤 오브제의 기본 특징들을 강조한다. 즉 외부에 대하여 감추고, 공동체를 창조하고……(ACA, pp. 143~144)

이렇게 본다면 외양은 전혀 개인적인 것이 아니라고 마페

졸리는 강조한다. 예를 들어보자. 내가 외향적인 라틴 사람인
지, 소심스러운 앵글로색슨인지에 따라서 나의 외양, 제스처
등은 괄목할 만하게 변한다는 것이다.

일본의 유니폼의 예를 마페졸리는 다음과 같이 해석한다.

> 그것들이 인도하는 의례들, 그것들이 야기하는 다소간 분명한
> 예식들, 그것들이 가정하는 예절은 일정한 신비의 흔적이 있다.
> 내가 흔히 이 용어에 부여한 의미인, 입문자들 사이를 묶는다는
> 의미에서의 신비.(ACA, p. 145)

즉 매일 체험되는 이 형식들(외양들)은 집합체를 형성하는
데, 이 집합체는 이제 '사람들'에게 은신처를 제공하는 역할을
한다. 즉 그가 모든 사회생활에 태생적인(connaturel) 공격성
으로부터 숨고, 피하고, 보호되는 것. 따라서 그것은, 마페졸
리에 의하면, 내재적 폭력인 사회에 답하는 하나의 방식이다.

이런 의미에서 보여지고, 입는 육체의 언어, 그것의 벡터로
쓰이는 의복·언어·관습의 유행은 전혀 하찮은 것이 아니다.
거꾸로 이러한 하찮음은, 마페졸리에 의하면, 이제 자리 잡고
있는 새로운 모둠 살이의 논리의 지표가 된다. 파리의 록그룹
의 경우, 그들의 공동의 '룩'은 동일시의 원인이자 결과라는
점을 잘 보여준다. 이 록 부족의 가치들은 엄격히 음악적인
영역에 갇혀 있는 것이 아니라, 사회체 전체로 무한으로 회절

된다. 따라서 일상적 삶의 양식들, 즉 옷 입기, 머리 모양, 말하기, 타인과 함께 행동하기, 성생활 등 이 모든 것들은 노래와 문제의 집단들의 존재 양식들이 순환시키는 스테레오타입에 점점 더 종속된다. 그런데 사회 전체로 실핏줄처럼 퍼져나가는 이 가치들은 '육체화'되어 있다고 마페졸리는 진단한다.

> 감각적이고, 상상적이고, 내재적인 이 가치들은 비극적인 방식으로 모든 것은 사라져야 하고, 따라서 모든 것을 즉각 즐겨야 함을 상기시킨다. 그러나 이 쾌락주의의 특수성은 그것이 경향상 집단적이라는 것이다. 보이는 몸은 그 다양한 변주 안에서 집단적이다. 함께 먹고 접촉하는 몸, 함께 노래하고 춤추는 몸, 집단적 축제를 위하여 치장하는 몸, 그리고 TV 스크린에서 현현하는 몸. 이것은 그 안에서 서로를 인지하는 수많은 공동체들을 강화하는, 기이하고 새로운 성체성사와 관계된다.(ACA, p. 150)

그리고 이제 이 가치들을 통하여, 짐멜이 유행을 분석하면서 현재 의식의 강화를 이야기했듯이, 새로운 카르페 디엠이 중요해진다.

4. 문화의 자연화

자연

자연에의 융합은, 마페졸리에게 있어서, 사회관계를 맺는 중요한 하나의 기제이다. 이를 통해 사회 세계의 일종의 생태학화가 일어난다. 모더니티에서 가공과 개척의 대상이었던 자연은 이제 '파트너'가 됨으로써, 자연이 우리에게 주는 '지금, 이곳'의 기쁨을 즐기는 것이 '쾌락주의'와 연결된다.(ACA, pp. 189~190)

그러나 우리가 알다시피 이와 같은 쾌락주의는 또한 비물질적이고 정신적인 즐거움과 함께 갈 수 있다는 점을 프란체스코주의는 잘 보여준다. 이제 자연은 '이 세속적 **신비주의**(this worldly 'mysticisme')'(벨라)의 장소가 된다. 마페졸리에 의하면, 종교, 정치, 윤리 등의 여러 차원의 초월주의의 포화 상태를 목도하고 있는 지금, 이러한 내재주의(immanentisme)의 부활은 의미심장하다.(ACA, p. 190)

이 경향은 또한, 마페졸리에 의하면, 18~19세기 독일의 낭만주의에서 절정을 이루었던 '자연철학'의 흐름과 만난다고 마페졸리는 강조한다. 야코프 뵈메(Jacob Böehme), 파라셀수스(Paracelse), 카루스(C. G. Carus) 등이 그 중요한 주창자들이라고 할 수 있는데, 이들에게 공통적인 점은 대지의 삶의 경험, 자연적 체험(vécu naturel)은 사회적 체험(vécu social)과 밀접한 연관이 있다는 것이다. 이제 이 흐름에서는 자연과 문화, 객체와 주체의 이분법은 초월되고, 과학, 지식도 그 대상과 함께 태어난다('connaissance(지식)'는 그 어원상, 'co-naître(함께 태어남)'와 관련이 있음)는 측면이 강조된다. 방법론으로서 '삶의 이야기' '상호작용론' 등이 강조되는 이유이기도 하다.(ACA, pp. 190~191)

마페졸리에 의하면, '자연'은 전체의 삶, 하나의 전체로서의 삶을 나타내주는 어떤 것이다. '신비주의' 전통에서 중요한 주제인데, '신비주의' 자체는, 그 어원상으로 보더라도 입문자들의 '결합(union)' 그리고 이들의 자연으로의 결합을 중요시한다. 이 전통에서 보자면 육체주의(corporéisme)와 정신성의 결합이 또한 중요한데, 이는 벗는 육체, 쾌락에 호소하는 육체, 그리고 동시에 정신적 지탱물이기도 한 육체를 통하여 나타난다는 것이다. 이는 오늘날 '비트' 세대, 자연주의 그리고 공동체주의 등을 통하여 우리가 다시금 목도할 수 있었던 바이기도 하다고 마페졸리는 강조한다.(ACA, p. 191)

이는 또한, 마페졸리에 의하면, 일종의 '대지적' 이교주의(paganisme 'chtonien')라고도 할 수 있는데, 이는 '우주적 단일성(unité cosmique)'을 강조하는 흐름, 소우주와 대우주 사이의 상응을 강조하는 흐름으로 이어지며, 짐멜, 모랭 그리고 일리야 프리고진(Ilya Prigogine) 등이 철학, 사회학에서의 그 대표적 인물들이라면, 우리가 일상에서 목도하는 제반 종교적, 이념적 그리고 삶의 양식에서의 제설혼합주의들이 이것을 잘 보여주고 있다는 것이다.(ACA, p. 192)

조반니 피코 델라 미란돌라(Giovanni Pico della Mirandola)가 지적하듯이, 우주의 축약으로서 인간을 바라보는 이 관점은, 우리의 폐쇄된 세계에서 무한의 세계를 보는 것이다. 이제 인간을 우주에 연결시키고(religare), 그들 사이를 연결시키는 것이 '종교'라고 한다면, 인간을 우주의 부분으로 여기는 '자연주의'는 종교 혹은 '종교성'과도 연결된다는 것이다. 이는 마리 장 귀요(Marie Jean Guyau)가 자연을 강조하는 것과, 유기적 환경과 무기적 환경과의 연결을 강조한 미학적 패러다임을 관계 지은 것과 같은 맥락에서 이해할 수 있다는 것이다. 이것은 물론 보들레르에게 있어 상응의 의미이기도 하고, 많은 동양적 제설혼합주의에서 발견되는 것이기도 하다.(ACA, pp. 193~194)

마페졸리에 의하면, 자연은 감정적 무게(charge émotionnelle)를 갖고 있고, 모태적인 측면을 갖고 있다. 셸링(Schelling)에 의하면, 자연은 "그의 고유의 활동에 의하여 모든 사물을 생산하고 창조하는 원초적이고, 신성하고, 영원히 창조적인 우주적 힘"인 것이다. 이는, 마페졸리에 의하면, 여러 유형의 '생기론'과 관련이 있다. 자연은 생기 없는 '대상(Gegenstand)'이 아니라는 것이다. 더 나아가 고유의 힘을 갖고 있고, 문화적 사실에 투자되고, 사회를 만든다. 일본의 경우의 미학, 윤리에서의 자연의 찬양은 잘 알려져 있다. 반면 모더니티는 자연을 사회적 영역에서 몰아내고 그것을 객관화, 객체화시켰던 것이다.(ACA, p. 196, p. 198)

이제 마페졸리는 사회생활에서의 '자연적인 것'의 항구성을 이야기한다. 첫째, 풍경 취향이 그 예가 된다. 여기에서 중요한 것은, 마페졸리에 의하면, 이 우주에의 참여의 감정이고, 이 우주의 여러 요소들 사이의 조화이다. 그리고 이것들은 다른 이들과 함께 이루어진다. 여기서는 촉각성, 상응이 중요해진다는 것이다. 둘째, 자연적인 것의 취향을 또한 그 예로 든다. 나무의 사용, 생(生) 콘크리트의 사용, '자연산'의 중요성이 그 예이다. 그리고 의복에서는 가죽과 양모의 중요성을 언급할 수 있다는 것이다. 마페졸리의 표현을 빌자면 이제 "자연의 피부가 사회체의 피부가 된다."라는 것이다. 스타일에서는 육체형, 헐렁헐렁한 모습, 자연적 제스처 등이 그 예가 된다. 일본 저택의 60퍼센트를 차지하는 목조 주택 그리고 다다미도 그 예가 된다. 여기에서의 미학은, 사회구조화에 영향력을 갖는 공동 감정과 관련이 있는데, 이제 공동 감정 안에서 세계는 친숙하게 되고, 그것의 낯섦은 순화된다. 셋째, 자연과 관련하여 마지막으로 지적할 것은, 그것이 모든 세속적 구조화의 비극과 관련이 있다는 것이다. 한계, 죽음의 감정이 현재를 강렬하게 살게 한다는 점은 이미 우리가 살펴본 바이다. 넷째, '비극'을 상기시키지만, 그러나 동시에 신세대에서 살필 수 있는 이러한, 사회적 인간과 자연적 우주 사이의 조화는, 스토아학파적인 청명함과 돈단무심(頓斷無心)을 인도한다는 것이다. 또한 대타자(Autre) 자연과의 친숙함은, 소타자들(autres)인 가까운 이웃과의 친숙함을 가능하게 하고, 이것이 바로 여러 지역주의를 가능하게 한다고 함을 우리는 이미 살펴보았다. 이렇게 하여 생활 세계와 사회 세계가 연결되고, 자연의 윤리적 기능을 이야기할 수 있다는 것이다. 다섯째, 마페졸리는 자연과 사회의 접촉점으로서의 '엑스타시'를 그 예로 들고 있다. 축제 그리고 점진적인 부족화가 그 예가 될 것인데, 뒤르케임은 신, 상징들이 물질적 표현을 얻고 그것들이 동물, 식물로 표현됨을, 그럼으로써 자연적 힘을 나타냄을 강조하였다. 마지막으로 마페졸리는 우리의 지적 절차를 그 예로 들고 있다.(ACA, pp. 198~203)

공간

자연과 사회의 결합을 잘 예시해주는 것은, 마페졸리에 의하면, '공간' '영토' '도시성' 그리고 '지역주의'이다. 그리고 여기에서 중요한 것은 이 변수들과 더불어 '함께 느낌'인 것이다. 프란시스 자크에 의하면, "내가 속하는 세계는 항상 내가 타인과 함께 가장 실질적으로 구성하는 세계"이다. 마페졸리에 의하면, 아비투스의 의미 또한 다르지 않다. "나는 내가 구성하는 세계에 속한다(Je suis d'un monde que je constitue)." 현실의 사회적 구성은 항상 '상징적'이다. 즉 "내가 그 일부인 세계는 내가 타인들과 공유하는 준거들 일체"라는 것이다. (ACA, pp. 207~208)

마페졸리에 의하면, 공간은 자연과 문화의 사이(milieu(중간, 주위, 환경 등의 의미가 있음))이다. 오귀스탱 베르크(Augustin Berque)는 일본 '후도'의 예를 들며, 이를 풍토성(mediance)이라고 이름 붙인다. 마페졸리는 이 '풍토성'을 '연결(reliance)'과 관련시킨다. 낱말의 프랑스적 의미는, 나를 타자들과 연결시킴이고, 영국적 의미는 신뢰인데 이 두 의미는 서로 연관되어 있으며, '관계의 중요성(*primum relationis*)'을 나타낸다는 것이다.(ACA, pp. 208~209)

마페졸리는 공동체적 재집중화, '여러 방향으로 달리기(*discurrere*)'의 뜻을 갖고 있는 '담론(discours)'이 중요해지는 것, 정신적 공간(espace noetique)/사회적 공간(espace social)의 구분, 그리고 뒤랑의 '인류학적 도정'을 그 예로 든다. 이제 "장소는 관계가 된다(Le lieu devient lien)." 기술, 예술, 유희, 에로틱, 음악, 종교, 지성, 정치, 기념 등의 다양한 유형을 생각할 수 있는데, 이 모두 '입문'과 '신비'와 관련된다는 것이다.(ACA, pp. 211~215)

오브제

    마페졸리에게 있어서 공간이 시간의 결정화라면, 오브제는 축약된 공간(espace en raccourci)이다. 그리고 공간이, 역사적으로 '옳은' 비전과 대비되는 '가정'을 정적인 것, 반동적인 것(파시즘, 민족주의 등)을 연상시키면서 비판의 대상이 되었었다면, 오브제도 그동안 유사한 길을 걸었다. '물화'의 범주를 통하여, 오브제는 생기 없는 사물로 여겨졌다. 1960년대의 소비, '오브제의 사회'에 대한 비판이 그 예가 될 것인데, 마페졸리에 의하면 이 경향은 활동적이고, 목적화되어 있고, 역동적인 것에 가치가 부여되는 현대적 시대정신과 함께 간다는 것이다. 그리고 그렇지 않은 것들은 종속되거나 개척될 뿐이었는데, 오브제도 마찬가지의 운명이었다는 것이다. (ACA, pp. 223~224)

    마페졸리에 의하면, 세계의 생태주의화와 더불어, 자연의 귀환과 더불어 이제 오브제의 귀환, 오브제에의 귀환을 목도하게 되었다. 그런데 오브제는 고대로부터 품격을 부여받는 지위를 갖고 있었다. 즉 마페졸리에 의하면, 고대적 사유에 있어서 절대적인 것은 오브제였다. 자연은 살아 있는 세계(monde animé)였고, 그것이 또한 우주였다는 것이다. 이제 각 사물은 자기 자리에 있고, 각각은 상응에 들어간다. 그렇다면 이제 주체는 그것들 중의 하나에 불과하다. 이것이 바로 사물의 유기성의 직관이다. 그리고 이것이 바로, 미학적 사회 비전의 원인이자 결과라는 것이다. 즉 공유된 이미지들을, 그리고 집단 감정들을 출발점으로, 그리고 그것들을 통하여 이해되고 상상된 세계. 이렇게 본다면, 정신과 육체, 이성과 상상력, 자연과 문화 그리고 주관과 객관이 분리된 것은 나중에 이르러서라는 것이다.(ACA, pp. 224~225)

미학적 직관은, 오브제의 세계를 활성화하는 내재적 힘, 천부의 덕을 느낀다는 것이다. "거기서 풍경은 생각을 갖고 있고, 사유하게 한다."(발자크) "무생물의 세계, 당신은 따라서 영혼을 갖고 있다."(라마르틴) 친숙한 환경, 우리 가정에서의 사소한 오브제들처럼, 우리의 일상은 이러한 인상들에 의하여 둘러싸여 있다. 우리의 도시의 의례도 마찬가지라고 할 수 있다는 것이다. 이것이 없이는 장소에 대한 애착은 이해할 수 없고 여기에 바로 사회적 기억과 동일시의 원천이 있다는 것이다.(ACA, p. 225)

'도시성(urbanité)', 즉 타인들과 함께 동일한 장소를 사는 방법과 기술에서도 마찬가지로 도시의 '이미지'가 점점 더 중요해진다고 마페졸리는 강조한다. 그리고 '오브젝탈(objec-tal)'이라고 부르는 것은 다음을 강조한다. 즉 우리의 사회적인 것을 구성하는 작용, 상호 작용 그리고 교제가 있으려면, 우선권은 '세계'에 주어져야 하고, 물질적인 장소가 필요하다는 점. 이와 같이 오브제를 세계가 축약된 것(concentré du monde)으로 받아들인다면, 그것은 동종 요법적인 기능을 갖고 있다고 이해해야 한다고 마페졸리는 강조한다. 즉 그것들은 자연의 낯섦에 우리를 익숙하게 하고 따라서 자연 세계와 사회 세계 사이의 가역성이 가능하다는 것이다.(ACA, pp. 225~226)

이 점에서, 그리스에서의 완성된 인간은 이 두 세계의 결합을 끝까지 밀고 나간 사람, '아름답고 선한 인간(Kaloskagathos)'이었다고 마페졸리는 강조한다. 즉 그리스인은 "객관적 실재로 변형되면서" 스스로를 변형시켰다는 것이다. 이는 가톨릭 의례의 "너는 먼지이다(le pulvis es)."를 상기시키는 비극적 차원이라는 것이다. 우리는 우리가 구성하는 것의 수취인인 것이다. 유한성의 감정이기도 하고, 더 나아가서 이것은, 자연적인 것과 사회적인 것 사이의 연결의 직관을 보여준다.(ACA, p. 226)

폴 세잔(Paul Cézanne)의 '사과', 조르조 모란디(Giorgio Morandi)의 '병', 그 외의 정물화들은 진부한 오브제들이 신비에 둘러싸여 있음을 보여준다. 그런데 이것은, 사회학적으로는 융합을 가능하게 한다는 것이다. 즉 예술가가 현현시킨 오브제, 신비스러운 오브제들은 그것이 야기하는 동경을 통하여 모임을 용이하게 한다. 어떤 사원이 사람을 끌어들이는 경우 혹은 어떤 '사랑받는 오브제' 등은 모두 직관적이고 에로틱한 지식의 표명들이라는 것이다. 어떻든 이것들은, 마페졸리에 의하면, 중재의 기능을 달성한다. 즉 나의 세계와의 관계는 하나의 오브제를 거친다. "사랑받는 작은 오브제에 의하여 파악된 거대한 오브제인 세계", 즉 특수한 중재에 의하여 단계 단계 밟아가는 지식의 길, 즉 입문이라고 할 수 있다는 것이다. 이렇게 하여 오브제들은 내가 있는 세계를 그리고 그것의 특수한 주술화를 구성한다는 것이다.(ACA, p. 226)

5. 정체성으로부터 동일시로

불확실한 정체성

마페졸리에 의하면, 최근의 학생 소요들 그리고 기습적인 파업 등은 합리적이고 기술적인 요구를 표방하는 동시에 모둠 살이의 욕망을 보여주기 때문에 근본적으로 애매하다. 젊은 세대의 개인주의를 많이 이야기하지만, 마페졸리가 보기에 이는 오히려 정체성으로부터 동일시로의 변화를 보여주는 지표들이다.(ACA, p. 242)

이러한 변화, 미끄러짐은 여러 형태를 취한다. 종교적이고 음악적인 최면 상태가 그 발작적인 예라면, 동일한 '형식'의 보다 완화된 예는 마스크, 성적 차원의 미결정성 등에서 발견된다는 것이다. 이념적 절충, 정치적 변덕 그리고 삶의 양식의 혼성성에서도 이 '형식'을 발견할 수 있다는 것이다. 이와 같은 '유사성'을 밝히는 것이 마페졸리에게는 중요하게 보이고, 바로 그렇기에 신화에서 볼 수 있는 '반복(redondances)'이 필요하다는 것이다. 즉 각 예들은 하나의 단계들이라기보다는 홀로그램 혹은 '구체적 보편성'이라는 것이다.(ACA, pp. 242~243)

'자아의 약화'는 예술, 문학, 시에서는 흔히 발견하는 것이라는 것이다. 자아는 이제 하나의 환상이고 혹은 입문적으로 추구해야 할 어떤 것이 된다. 일상적으로 보았을 때, 자아를 생산하는 것은 상황, 경험, 체험들이라고 할 수 있고, 또한 각자는 일생에서도 그 외모, 표상, 친구 애인 관계, 직장 등의 변화를 통해 몇 번을 변화한다는 것이다. "더 이상 이전의 그가 아닌 것이다." 또한 같은 순간 't'라도 그는 거의 동질적이지 않다는 것이다.(ACA, pp. 243~244)

철학적으로 보자면, 이제 '주체'는 타자와의 그리고 환경과의 '구성 효과(effet de composition)'라고 마페졸리는 강조한다. 한편에 신학적이고 규범적인 입장이 있어서, "세계가 이것 혹은 저것이" 되어야 하기에 "개인은 정체성을 가져야 한다."(파르메니드)라는 입장이 있다면, 다른 한편에는 주체를 타자로부터 이타성(신, 가족, 부족 그리고 내 안의 '타자들')을 출발점으로 하여 생각하는 입장(헤라클리투스)이 있다. 그리고 이 입장은 모든 종류의 '존재론적 환상'을 초월하는 것을 의미한다는 것이다. 이는 자율성 대 타율성의 구분이기도 하다. 우리는

또한 마페졸리를 따라 기본 개체성의 두 가지 본성에 대하여
이미 살펴보았었다. 아니 오히려 그것은 두 가지 '경향들'로
서, 한편으로는 개인과 다른 한편으로는 '사람'이다.(ACA, pp.
244~245)

정체성의 마스크들

마페졸리에 의하면, '개인'과 '사람'은 두 개의 극으로 이해
할 수 있다. 페르소나는 종교적 차원, 축제적 태도, 공동체의
정감적 분위기, 정치적 사유 등에서 발견되며, 쾌락주의적 색
채를 갖고 있다. 즉 그는 상상력, 감각, 정서, 이성 등 인간의
모든 잠재성에 열려 있다고 할 수 있다는 것이다.

또한 '사람'은 자기 자신과의 관계에서도 다수의 마스크를
쓰고 있다고 해석할 수 있다는 것이다. 대타자(Autre), 전체의
특수에 대한 우세는 "나 안의 타자들(autres)"과 관계된다는
것이다. "나(moi)는 내부의 너(toi) 앞에서의 그것(cela)으로서
성립된다."(자크) 그러나 결국, 마페졸리에 의하면, 이와 같은
개방성의 균열은 원초적인 생동력(énergie vitale primordiale)
에, '전(前) 개인적 진공'에 참여하게 한다는 것이다.(ACA, pp.
248~249)

"사람은 여럿이다(On est plusieurs)." 팔다리가 여럿인 조상
그리고 동물들은, "인간적인 것 속의 비인간적인 것"에 참여

하게 한다. 즉 인간 속에는 신의 대리로서의 수호천사로부터 비인간적인 것, 인간의 이중인 동물, 토템에 이르기까지 모든 것이 있다는 것이다.(ACA, p. 251)

최면 상태, 신들림 등은 자기 속의 여러 신들에게의 동일시를 의미한다. 일상에서의 축제, 음악 등도 이와 같은 이중화(dédoublement)의 기제들이다. 일상의 연극성 또한 이와 같은 '사람'의 다원주의를 강조해 보여준다. 논리적으로는 물론 '콩트라딕토리엘' '역의 일치'가 중요하다. 마찬가지로 '유행'을 살펴볼 수 있다. 유행은, 짐멜에 의하면, "개체성에 가해진 폭력"이라고 할 수 있는데, 마페졸리는 개체성 대신, '개인'으로 대체하고자 한다. 마스크, 스타일과 마찬가지로 유행도 또한 정체성의 상대화를 보여주는 것이라는 것이다. 양성의 경우 그리고 '전원주택' 등에서 보여주는 공간의 이중화도 이 경향을 잘 보여준다.(ACA, pp. 251~253)

공감(Einfühlung=Empathie)

이와 같은 '동일시의 과정'은, 마페졸리에 의하면, 특히 창건의 순간에 목도할 수 있는 것이다. 말하자면, 동일시가 없다면 '문화'도 없다.(ACA, p. 261)

그런데 여기서 마페졸리는, 이 동일시가 한편으로는 자율적이며, 자신을 장악하는 주체를 상대화시키고, 다른 한편으로는 이와 같이 상대화된 주체를 사회적 역동성 안에 통합시킨다는 점을 강조한다. 달리 말한다면, 이상화된 형상, 이상, 이미지는 맥락(contexte)을 용이하게 하고, 개인을 모든 사회의 원인이자 결과인 소통과 상호 관계의 체계 속으로 통합한다.

이렇게 본다면, 근본적인 것은 동일시에 의하여 야기된 모둠 살이이다.

> 〔……〕 동일시의 과정은 유일한 목적으로는, 장기에 걸쳐서 전체로 간주된 사회체의 항구성밖에는 없는 일련의 연속적인 성실성이다.(ACA, p. 263)

예를 들어 사상사의 분석에서 흔히, 그 실패나 더 나아가서는 해악이 증명된 이념에의 가입을 어떻게 설명할 것인가가 문제였다면, 이에 대한 해답은, 마페졸리에 의하면, 그 문제의 이념이 객관적 가치로서보다는 그것이 집단적 융합을 용이하게 한다는 점에서 가치가 있었다는 것이다. 말하자면 하나의 교리에 대한 회의에도 불구하고, 그 교리가 한순간 근거 지었던 공동체에의 지속적인 가입을 목도할 수 있다는 것이다.(ACA, p. 264)

마페졸리는 동일시와 관련한 논의들을 '*Einfühlung*'의 개념을 통하여 요약하고자 한다. '공감(empathie)'이라고 번역할 수 있는 이 개념은, 한편으로는 하나의 외부 대상을 향한

자아의 투사(projection)를, 다른 한편으로는 동일한 대상 안
에서 소통하는 주체들 사이에 확립되는 혼동을 서술한다. 이
현상은 '자연적 성향'이라고 특징짓기도 하였고, 바로 그렇기
에 그것의 과도함을 경계하기도 하였다고 마페졸리는 강조한
다. 어떻든 마페졸리에게 있어서 분명한 점은, 미학적 분위기
가 우세한 현대의 사회성의 윤곽을 '공감'이 잘 한정해주고
있다는 것이다.

> 이렇게 하여 소통, 타인의 경험, 공동으로 느낀다는 사실, 집합
> 감정과 같은 개념들은 통합된 한 '개인'보다는 다양한 마스크의
> 한 '사람'을 개입시키는 일련의 동일시로 귀결된다. '사람'은 비
> 록 경우에 따라서 자신의 일부가 하나의 명분, 한 인간, 하나의
> 상징적 이상에 완전히 가입한다고 할지라도, 결코 전체로서 주
> 어지지 않는다. 포스트 모더니티를 특징짓는 강렬한 동시에 피
> 상적인 이 인상을 부여하는 것은, 바로 이 양파 껍질식의 구조
> 이다.(ACA, p. 266)

동일시의 메커니즘과 관련하여 마페졸리가 강조하는 것은
또한 장소와 사회성 간에 존재하는 견고한 유기성이다. 즉 정
감적이고 공감적인 사회성은, 개화하기 위해서는 공간을 필
요로 한다는 것이다.(ACA, p. 267) 요즈음 목도할 수 있는,
'고장(pays)', 동네, 도시 등 다소 신화적인 모든 것들에 대한

준거는 기원에 대한 노스탤지어, 동무들, 가족주의, '좋았던 옛 시절'에 대한 노스탤지어를 상기시키기 위한 것이다. 그리고 이것들이 추동하는 '장소의 정령'은 보호와 안전을 보장하는 것 그리고 동시에, 일시적인 자아의 덧없는 환상 너머로 지속하는 것으로 이해되어야 한다고 마페졸리는 강조한다. 그리고 이렇게 본다면 "현상적 세계는 나를 둘러싼 자연적 세계이지만, 또한 동시에 내가 그 속에서 나 자신을 잃는 사회 세계이기도 하다."(ACA, p. 268)

마찬가지의 메커니즘을 마페졸리는 또한 '자연' '자연주의적 감수성(sensibilité naturaliste)'에 대하여도 지적한다. 이때 '자연'은 엄격한 의미에서의 그것이기도 하지만, 유기농, 채식주의, 대체 의학 등 은유적 의미에서의 자연을 말하기도 한다. 그것이 어떤 경우이든, 마페졸리에게 있어 중요해 보이는 것은, 자연은 "그 안에서 스스로를 잃어버리는, 모든 개인적 정체성이 흐려지는, 바로 그럼으로써 종(種)의 항구성을 보장하는 그러한 '이 거대한 전체'이다."(ACA, p. 269) 바로 이 의미에서 자연은, 거의 의식적인 방식으로 그것에서 스스로를 재충전하게 되는 모둠 살이의 저장고라는 것이다. 주기적으로 이러한 감수성은 프란체스코주의, 낭만주의 그리고 생태학을 통하여 확인된다고 마페졸리는 강조한다. 그리고 이 감수성은 타인과의 조화 그리고 자연과의 조화가 동일한 실재의 두 극이라는 점을 강조한다는 것이다.

마페졸리에게 자연은 분명 완결된 신화적 표현이다.

모든 형태의 공간화에 다의미적인 준거로서 쓰인다는 의미에서 신화적이고, 이 공간들 속에서 사는 모든 이들의 융합의 발작적 지점을 자연이 표상하기 때문에도 또한 신화적이다. 그리고 결국, 그것이 뿌리내림, 땅, 육체 등의 정학(靜學)과 성장, 생기주의, 풍요로움 등의 동학(動學)이라는 두 대립자들을 연합시키기에 신화적이다. 이 역의 일치를 염두에 둘 때, 동일시의 연금술이라고 하는 포스트 모더니티의 이 기이한 연금술을 이해할 수 있을 것이다. 즉 무정형의 대중 속에 아무것도 움직이지 않는 것 같지만, 그러나 강렬한 우글거림이 그것을 내부로부터 활성화하고 있는데, 그것이 바로 특수한 창조성의 지표이다.(ACA, p. 270)

예술형식으로서의 삶

미학은, 마페졸리에 의하면, 작가와 그의 대상과의 관계, 즉 주체와 객체의 구분이 무화되는 것과 관련이 있다. 이는 예술가의 작품과 아마추어 작품의 관계에 있어서도 마찬가지일 수 있다. 이와 같은 '동일시' 혹은 "나를 감싸는 외재성 속으로의 정체성의 용해"는 단지 작품과의 관계에서만 살필 수 있는 것이 아니다. 잊지 말아야 할 점은, 작품이 야기하는 감정들은, 실재적으로 혹은 잠재적으로, 타인들과 공유됨으로써, 그것들은 공동체를 창조한다는 점이라고 마페졸리는 강조한다.(ACA, pp. 270~271)

이렇게 본다면 '미학'은 전혀 개인주의화되어 있지 않고, 오히려 그 안에서 유기적으로, 사회체와 자연적 체의 물질적이고 정신적인 모든 요소들이 하나의 지속적인 시너지 속으로 들어가는 하나의 전체적 매스(masse)를 구성한다는 것이다.(ACA, p. 271)

그리고 예술적 동일시와 보통 사람들의 삶 안에서의 '소모'의 충동 사이에 존재하는 유사성은 점점 더 이 '소모'를 하나의 집단 예술 작품으로 간주하게끔 한다. 여기서 중요한 것은, 자신 안에 갇혀 있는 개인적 에고와는 다른 것에의 '참여'의 욕망이다. 이 참여의 욕망을 마페졸리는 '감싸는 구조(structure enveloppante)'라고 칭한다. 감싸는 구조는 아우라처럼, 여러 '층'으로 구성되었다고 할 수 있는데 마페졸리는 그 다양한 '층'들의 예를 든다. 즉 유행, 사회생활의 다양한 연극성(정치, 종교, 이념, '상품' 등), 영화, TV, 라디오, 일간신문, 비디오 텍스트 등.(ACA, pp. 274~280)

'감싸는 구조'의 이 모든 층들에 공통적인 점은 그것들이 '점착적' 구조(structure 'glischromorphe')를 나타낸다는 것이라고 마페졸리는 강조한다. 그리고 점착적 구조는 나를 타인들에게 연결하는 점착성(viscosité)을 표현할 방법을 찾는다.(ACA, p. 276) 그리고 이 모든 것들은 또한, 마페졸리에 의하면, 옛 '세계의 풀'의 기능을 상기시킨다. 즉 "그 안에서 연금술사들이, 소우주와 대우주 사이에 확립되는 가역성, 즉 이후에 세속적 삶이 존재하게 하는 것을 체험하는 하나의 방식을 보았던, 이 '세계의 풀'"(ACA, p. 275) 말이다.

결국 이 예들을 통하여 마페졸리는 정체성의 논리가 동일시의 논리에 의하여 대체됨을 보여주고자 한다.

| 5장 |

노마디즘

‘소속감’에 의하여 특징지어지는 ‘부족주의’가, 구조적으로 한계 지어진 공간 안에 제한되어 있다면, ‘유목주의’는 ‘부유(浮遊)하는 영토(territoire flottant)’와 관련이 있다. 마페졸리의 포스트 모던 사회조직의 두 축을 구성하는 ‘부족주의’와 ‘유목주의’ 중에서 이번에는 ‘유목주의’에 대하여 살펴보기로 하자.

마페졸리의 다른 저작들과 마찬가지로 특히, ‘부족주의’의 경우와 마찬가지로, ‘생기론적 형상주의’가 이 주제에도 그대로 적용되고 있다.

우선, ‘방황의 충동’(1장 ‘pulsion d’errance’)이 어떻게 기존의 경직화되어가는 사회나 가치관을 깨면서 동시에 새로운 것들을 창건하게 되는지(2장 ‘창건적 유목주의le nomadisme fondateur'), 그리고 유목주의는 또한 그에 고유한 공간인 '부유하는 영토'를 필요로 하며(3장), 이를 바탕으로 '모험'(4장 '모험의 사회학')이 이루어지며, 마지막은 '유배'와 '재통합'에 대한 논의로 결론을 맺게 된다.

1. 방황의 충동

마페졸리가 '방황의 충동' 혹은 '방황의 욕망' 혹은 더 나아가서 '무한에의 목마름'이라고 명명하는 것은, '거주지 지정(assignation à la résidence)'과 대비시켜야만 그 의미가 제대로 드러날 수 있다.(DN, p. 19)

작금의 사회변동은 여러 '역설'들로 표명될 수 있는데, 그중 노마디즘과 관련한 것은 다음과 같다. 즉 세계화라고 부르는 것과 마주하여, 실질적이고 매끈하고 거칠음이 없는 사회와 마주하여, 지배적인 기술 발전과 경제 이념과 마주하여, 그리고 완벽하고 '충만하고자' 하는 사회와 마주하여, '공동', 상실, 소모, 계산되지 않는 것, 숫자의 환상을 벗어나는 것의 필요성이 표명된다.(DN, pp. 20~21)

우리가 앞서 '전체주의적 폭력'을 통하여 이미 살펴보았듯이 모더니티의 고유한 점은, 마페졸리에 의하면, 모든 것을 서열 속에 집어넣고, 규약화하고, 정체성을 부여하는 것이다.

푸코와 그로부터 영감을 얻은 연구들은 생산, 관습, 건강, 교육, 성생활 등 모든 측면이 그 대상임을 잘 보여주었다. 이를 통해, 대중들은 순화되고, 노동을 하게 되고, 거주지를 지정받게 되었다. 이를 마페졸리가 '전체주의적 폭력'이라고 불렀던 것은 이미 우리가 살펴보았다. 사람들에게 그리고 자연에게 가해진 폭력.

> 부드러울 수 있으면서 또한 실질적인 폭력. 사회체가 형태가 없고 완전히 무기력하게 될 때까지, 그것이 형태를 잃게 하고, '신경질 나게 하는' 폭력.(DN, p. 21)

마페졸리에 의하면, 이것은 또한 죽음이 그 완벽한 표현이 되는 그러한 권력의 이상과도 상응하게 된다.(DN, p. 23) 조지 오웰(George Orwell)의 빅 브라더, '판옵티콘'이 그 예가 될 것이고, 이 과정에서 지식과 권력이 상호 강화된다는 점은 이제 잘 분석되어 있는 바이다.

그러나 동시에 '전체주의적 폭력'은 어느 순간, '무능함'으로 역전된다. '가득 찬' 것은 '구멍'이 나게 되고, 완성은 그 결여들을 드러내게 된다는 것이다. 그 벡터가 누구인지를 확실하게 이야기하는 것은 어렵지만, 우리는 히피, 방랑자들, 시인들, 정처 없는 젊은이들 그리고 기획된 바캉스의 순환 속에 들어가 있는 관광객들을 떠올릴 수 있다는 것이다. 어떻든 이제 "순환이 다시 시작된다." 정치, 이념, 직업, 정서, 문화 혹은 신앙 등 그 분야가 어떤 것이든지 장벽들은 무너지기 시작하고 있다는 것이다.

그러나 모든 '진정한 혁명들'에서처럼 이 현상들은, 마페졸리에 의하면, '조용하다'. 또한 그것은 기이한 부동(不動)의 인상을 준다.

> 저항과 평온함이 여기서는 어려움 없이 결합한다. 있는 그대로의 세계의 수락과 확립된 제도의 거부는 여기서 모순 없이 잘 이루어진다. 모순적 상황들을 특징짓는 모든 것들 〔……〕.(DN, p. 25)

즉 말하자면, 이제 잊혀진 가치들의 순환적 회귀에 의하여 있는 것을 명상하는 가치들이 회귀하게 된다는 것이다. 이렇게 본다면 '방랑(errance)'은, 마페졸리에 의하면, 세계와 타자에 대한 다른 관계의 표현이다. 이 다른 관계는 덜 공격적이고, 더욱 유희적이며, 비극적이고, 또한 사물들, 존재들 그리고 그것들의 관계들의 무상함의 직관에 근거를 두고 있다.

마페졸리는 많은 예들을 든다. 우선, 우리가 일상적으로 겪는 '이동(mobilité)'의 예를 들 수 있다. 노동과 소비를 위한 이동, 관광과 여행을 위한 이동 그리고 경제적인 이유로 인한 인구의 대이동 등이 그 예가 된다. 또한 비행기와 인터넷, 여러 다양한 전자 네트워크, TV, 고속도로 등도 그 예가 되는

데, 이것들은 실시간에 그리고 특히 집단적으로 문화적, 과학적, 성적, 종교적 체험들을 가능하게 한다는 것이다.

> 한 장소에 소속되어 있으면서 기술 도시의 인간은 관계 안에서만 존재한다. 역동적 뿌리내림의 모순어법은 [……] 어떤 때보다도 더욱 현실성이 있는 것이고, 모험의 옛 고풍주의를 현대에 재투자한다.(DN, p. 27)

이것은 또한 유대 민족의 유배나 예수의 승천 신화가 보여주듯이, 종교적 편력을 우리에게 상기시킨다는 것이다. 이렇게 본다면 여행은 필요한 입문적 시험이 된다. 마페졸리는 우리의 '존재(existence)'의 어원 자체(*ek-sistence*)가 자아로부터 벗어나고, 타인에게 열리는 것을 의미한다는 점을 상기시킨다. 설혹 그것이 위반의 방식을 통해서일지라도 말이다.

2. 창건적 노마디즘

태어나는 상태에의 두려움

마페졸리에 의하면, 방랑과 유목주의는 인간 본성의 구조 자체 안에 새겨져 있다.(DN, p. 36) 즉 그것은 말하자면 지나가는 시간의, 모든 사물들의 달랠 수 없는 덧없음의 그리고 그것들의 덧없는 사라짐의 가장 자명한 표현이다. 마페졸리에 의하면, 이것들이 바로 변화와 관련이 있는 모든 것들이 행사하는 매혹과 거부의 혼합의 기초에 있는 비가역성이다.

이 관점은 모더니티에 익숙지 않은 관점인데, 왜냐하면 우세했던 것은 개인이나 사회집단이 원하는 대로 가공할 수 있었던 '역사'였기 때문이라는 것이다. 이념들은 사람들과 사물들 등에 대한 장악의 이념, 지배의 논리에 기대고 있었기 때문이다. 그런데 우리가 이미 살펴보았듯이, '운명적인 것'—즉 그것에 대하여 별로 영향을 미칠 수 없는 것—의 회귀는 우리를 변화의 사유, 즉 존재가 영원한 변전 속에 있게끔 하는 것으로 우리를 인도한다고 마페졸리는 지적한다.(DN, p. 36)

물론 이것은 운명과 관련되는 모든 것처럼 고통, 괴로움과 관련이 있다고 마페졸리는 강조한다. 어린아이에게 있어서 탄생의 충격, 엄마와 유모의 취급 그리고 그 후 젖떼기 등은 전부 변화에 속한다. 이 변화들은 심한 충격으로 받아들여지며, 이렇게 운명은 시작된다는 것이다. 시간의 도주 앞에서의, 이것이 가정하는 변화들 앞에서의 충격을 근거 짓는 것은 바로 이것 자체이다.(DN, p. 36)

마페졸리에 의하면, 도주의 도식은 그 고대적 기원을 갖고 있다. 그리고 그것은 순간적으로 다시 떠오른다. 그러나 분명한 것은 그것이 모든 탄생의 토대 자체라는 것이다. 말하자면, "사물과 세계의 원형적 젊음의 추억"인 셈이다. 이를 통해 문제의 실체에 다시 힘을 주고, 역동성을 부여하며, 새로운 삶이 있게 한다.

즉 유목주의는, 마페졸리에 의하면, 제도화되면서 잊혀졌던 기원의 표지인 모험의 부분을 상기시키는 것이다. 그렇게 함으로써 그것은 무한한 진보에 대한 믿음을 약화시키고, 그럼으로써 그 진보가 '퇴화'의 규칙적인 회귀에 의해서 관통됨으로써만 존재할 수 있다는 점을 상기한다는 것이다.

고대적 형식들로의 회귀라고 할 수 있을 터인데, 다양한 천년왕국 운동이 그 예들이라는 것이다. 또한 이것들은 흔히, 공동체적 이상들을 표방하고 상기시킨다. 마페졸리에 의하면, 그것들의 극단주의를 넘어서서 관대함, 연대, 상호부조를 모든 모둠 살이의 기초 자체로 하는 휴머니즘적 가치의 힘이 표명된다는 것이다. 이렇게 본다면 유목주의는, 태고의 꿈의 표현이다.(DN, p. 38)

이제 우리는 방황, 유목주의, 아노미, 방랑 등이 집단 무의식 안에 심층적으로 은거하고 있음을 알 수 있다. 그것들은, 마페졸리에 의하면, 한편으로는 의식에 떠오르기 전에, 다른 한편으로는 사회구조화의 통합된 부분으로 받아들여지기 전에, 바위 속에 묻혀 있는 광맥을 찾는 것처럼 길고 고통스러운 작업을 필요로 한다. 왜냐하면 우선 이 '그림자의 부분'은

하나의 위험처럼 느껴지고, 기원의 외상, 여러 변화들의 찢김
과 만나기 때문이다.(DN, p. 40)

노마디즘의 역사

　방랑자의 형상은 구조적으로 양가적이다. 창건 신화의 기
념 송이면서, 그것은 매혹하는 동시에 밀친다. 마페졸리에 의
하면, 짐멜의 '문'과 '다리'의 은유가 이 양가성을 잘 보여준
다. 거리와 근접성, 인력과 척력의 메커니즘 말이다.
　마페졸리는 지중해 연안의 문화를 그 전형적인 예로 든다.
그리스인들의 도시국가에의 뿌리내림과 그들의 세계주의, 그
리고 유대 문화의 이산과 제교 혼합주의, 또한 고대 유대교의
유목주의와 부족적 연대는 그들의 풍요로움을 여러 방면에서
보여준 바 있다.(DN, pp. 42~44) 이 그리스 도시국가와 유대
문화의 예는, 지중해 연안이 모든 장르에 있어서 훌륭한 조우
의 장소였다는 점을 잘 보여준다. 이와 같은 강렬한 순환은
잘 알려진 바대로의 문화의 힘을 가능하게 하였던 것이다.
　마페졸리는 중세의 강렬한 순환의 예로서 십자군 원정을 들
고 있다. 종교적 동기를 넘어서, 부인할 수 없는 다른 곳에의
갈증을 보여준다는 것이다. 마찬가지의 예를 귀족주의적이고
동시에 민중적인 성배의 추구에서도 살펴볼 수 있다는 것이다.
　이렇게 본다면, 그것은 경제적 욕구나 혹은 단순한 기능성

에 의하여서만 결정되는 것은 아니다. 그것의 동기는 탈출의 욕구라고 마페졸리는 강조한다.

그것은 그의 개성의 다양한 측면들을 실현하기 위하여 장소, 습관, 파트너를 바꾸게 하는 일종의 '이주 충동'이다. 외부, 기이한 것 그리고 외국인과의 대면은 중세 개인으로 하여금 각자 안에서 잠들어 있는 구조적 다원성을 살도록 하는 것 자체이다. 이러한 유목주의는 물론, 인구 전체의 사실은 아니지만, 발작적으로 몇몇에 의하여 체험되고 전반적인 집단 상상계를 계발한다.(DN, p. 48)

어떻든 그 창건의 순간에 있어서 문화는 다원적이다. 마찬가지로 그것이 어떤 것이든지 간에 하나의 사회체는 그것의 '기원적 방황(errance originelle)'의 기억을 간직하고 있다고 마페졸리는 강조한다.

다른 곳에 대한 향수는 방황을 낳고, 그것이 이번에는 창건의 행위를 용이하게 한다. 아노미와 비등은 모든 새로운 구조화의 견고한 기초들이다. 모험에 대한 사랑은, 〔……〕 특히 그것이 포근하고 약간은 마비 상태에 있는 제도화에 만족하지 못하는 상상계에 뿌리내리고 있을 때, 하나의 문명의 힘을 증언해준다.(DN, p. 50)

　마찬가지로 '시장'은 또한 안정성과 불안정성이 조화롭게 결합하는 곳이라고 마페졸리는 강조한다. 방랑의 즉각적으로 가시적인 측면인 정서의 순환이 거기서는 상품의 순환을 야기한다. 말하자면, 비생산적이거나 혹은 합리적이지 않은 것으로 보이는 것이 그 부인할 수 없는 효과를 가져오는 합리성을 갖고 있다는 것이다. 활성화(animation)가 있고, 삶이 있는 것이다. 대형 상가와 마찬가지로 시장은 교환이 상징의 교환과 함께하는 장소인 것이다.

공동체적 유목주의

　마페졸리에 의하면, 역설적 표현인 '구축적 유목주의(nomadisme constructeur)'는 하나의 세계가 끝나갈 때, 특히 그 중요성이 부각된다.

> 변화의 고유한 점은, [……] 고통스럽다는 것이다. 그것은 근본적으로 심한 충격을 주는 것이다. 사회적으로 그것은 심각한 긴장에 의하여 표명되고 모든 종류의 파괴를 동반한다. 태동하고 있는 것의 완성이 자리를 잡는 것은 이 파괴들의 공동(空洞) 안에서이다.(DN, p. 56)

　따라서 마페졸리에 의하면, 유목주의는 이전 문명들의 '건설(construction)'에 참여했던 것과 마찬가지로, 이제 작금의 사회 현실의 건설에도 참여한다고 진단한다. 후자의 경우, 이제 세계에 대한 경제적 관점보다는 생태학적 감수성에 보다 강조점이 주어질 것이라고 마페졸리는 강조한다. 물론, 엄격한 의미에서의 생태학도 중요하지만, 인식론적 관점에서 세속의 소여를 전반적이고 유기적인 관점에서 파악하는, 그리고 경험적인 방식으로는 삶의 힘이나 혹은 존재의 역동주의에 강조점을 두는 그러한 정신의 생태학이 중요해진다는 것이다. 이런 것들은 물론, 가부장적 사회의 모델의 전형적 형식을 대변하는 모더니티의 프로메테우스적 생산주의의 정점에서 주변화되거나 상대화되었던 가치들이다. 왜냐하면 그 정복하는 측면에서의 인간은, 합리적 차원과 그 상관물인 과학 기술 발전을 우선시하면서 자연을 종속시키고 마음대로 개발하기 때문이다.(DN, p. 58)

생태학적 감수성은, 마페졸리에 의하면, 이와는 대조적이다. 그것은 일종의 모계중심사회와 관련이 된다는 것인데, 이 사회는 대지의 힘과 생기론에 주의를 기울이고, 이제 자연은 파트너로 간주된다. 생태학적 감수성은 뿌리내리고 있고, 감각적이고 육체적인 측면에서의 인간 존재에 주의를 기울인다. 이는 또한 사회구조화의 정서적이고 감정적인 측면에 강조를 두는 모든 것들이기도 하다. 이런 측면에서, 마페졸리에 의하면, 모계제와 유목주의 사이에 관계를 설정할 수 있다.

이는 또한 우리가 앞으로 살펴볼 '세계의 여성화'의 주제와도 연결될 것이다.

이 모계적 유목주의 그리고 대지의 힘은 모든 사물의 근본적인 이동성, 즉 어머니 자연의 미분화된 전체 속으로의 소모와 소실을 향하는 충동을 나타내는 좋은 메타포라는 것이다. 이것이 또한, 방랑과 연관된 에로틱한 분위기 혹은 성적 자유를 잘 드러내준다. 말하자면, 무한한 추구 안에서 찾고자 하는 것은 '공동', 잃어버린 모태이다.

잃어버린 낙원을 기억하면서, 확립된 세계의 실증성에 의해 제공된 안정성에 만족하지 않으면서, 방랑자는 흔히 위험하고, 항상 비극적이고, 그에게 잃어버린 충만함을 다시 살게 하는 일련의 경험들에 참가한다. 디오니소스 신화와 그 바쿠스 신의 여제관들은 이 점에서 교훈적이다. 그것은 융합과 혼동을 향한 열광적인 도정이다. 그러나 지나치게 멸균화된 사회의 무기력함을 피하면서 바쿠스 신의 여제관들의 맹렬한 행렬은 진정한 '활성화'를 재발견한다. 즉 자연적 비등의, 생기론의 활성화. 이 의미에서 디오니소스적 주신주의, 격앙된 집단 감정의 주신주의는, 일종의 악마적 지혜와 만난다.(DN, p. 59)

융이 지적하듯이 사탄은 신의 '방황하는 자식'인 것이다. 이는 마치 성배를 찾는 기사가 시련과 실수와 상처 등을 통하

여 이제 인간적인 것의 그림자의 부분을 통합하는 것과 마찬
가지이다.

> 이렇게 하면서, 비영속적인 상황들을 살면서 유목민은, 죽음이
> 그 완결된 형태인 그러한 근본적 무상함을 의례화하고 순화한다.
> 작금의 경우 우리는 성적 유목주의에 대하여 언급할 수 있을 것
> 이다. 이 또한 공동체적 융합의 하나의 예라고 할 수 있다.(DN,
> p. 61)

이러한 방황은 기이하게도 그 비극적 측면에 의하여―예를
들어 에이즈―공동체적 이상과 관련된다는 것이다. 그리고 이
공동체적 이상은 귀걸이, 의복 유니폼, 모방적 삶의 양식, 언어
습관, 음악적 취향, 그 외의 신체적 실천 등에서 표명된다.

마페졸리는 공동체와 방황 사이의 신비로운 연결을 다시
다음과 같이 표현한다.

> 유목주의는 실제로 구체적인 연대의 형태들을 함축한다. 우리가
> 사는 것이 매일매일의 비극이고, 〔……〕 '현재주의' 혹은 영원한
> 순간인 때부터 이제 그것이 추상적인 이론화나 혹은 먼 곳을 향
> 한 프로젝트의 대상이 됨이 없이, 매일매일 상호부조를 실천하
> 고, 정서를 교환하고, 기초 연대를 표현해야 한다. 추상적 프로
> 젝트의 확장에 일상적 관계의 강렬함이 답한다.(DN, p. 62)

마페졸리는 그 구체적 예로서 중세로부터의 동직조합, 그리고 무정부주의적 사유(pensée libertaire)를 든다. 후자는 자연적이고 사회적인 세계의 내적인 '전신 감각'에 강조점을 둔다는 것이다. 동직조합으로부터 무정부주의자들에 이르기까지 중요한 것은 기초 연대, 체험된 경험, 구체성의 감각이다. 이것이 또한 마페졸리가 보기에, 포스트 모던 부족에게서 중요한 것이다. 보편적 가치들, 이념들에 대한 의심은 부정할 수 없는 존재의 관대함과 함께한다. 이와 함께 타인에 대한 배려, 그리고 관대함이 또한 함께한다.

결국 방랑자가 경계를 위반할 때 그는 아마도 비의식적인 방식(manière non rationnelle)으로 일종의 '타율성'에 호소한다. 즉 법은 타자로부터 오고, 한 사람은 타인의 함수로서만 존재할 뿐이며, 이것이 사회체에 그의 밀도와 구체적 의미를 다시 부여하는 것이라는 것이다.

3. 부유하는 영토

배회의 기술

이제 사물의 '근접성'을 더 잘 파악하고 맛보기 위하여 '떨어지는 것'이 중요하다. 여행, 칩거, 치료(cures), 여러 종류의

'브레이크', 이것들을 통해서 망명하고, 피함으로써 전혀 그렇지 않게 여겨졌던 것들에 새로운 향기를 부여하는 것이 이제 중요해진다. 쇼펜하우어가 강조하는 삶의 근본적 애매성, 그 다의성이 바로 이것이라는 것이다. 우리의 논의와 관계되어서는 이것이, 여기와 동시에 저기에 있고자 하는 사실, 욕망함과 불만족, 동학과 정학 사이의 변증법을 의미한다고 마페졸리는 지적한다. 이와 같은 양가성은 모더니티에서 은폐되었다. 왜냐하면 개인은 '하나'가 되었어야 하고, 그의 삶과 그의 행동은 정체성의 논리에 의하여 기능하였기 때문이다. 따라서 그 다양한 변주 아래에서—조직적 역기능, 종교적 죄, 윤리적 과오, 논리적 모순 등— '모순'은, 극복되었어야 했다.(DN, pp. 71~72)

그런데 마페졸리에 의하면 유목주의는, 사물들을 그것들의 보다 현실주의적인 관점, 즉 그 '구조적 양가성' 안에서 사유하게 한다. 마페졸리에게 있어서 '사람'의 개념의 중요성에 대하여는 우리가 이미 살펴보았었다. 사회생활에 있어서의 인력과 척력의 메커니즘이 여기에 해당된다. 짐멜이 즐겨 쓰는 '문'과 '다리'의 은유도 또한 여기에 해당된다. 혹은 달리 말한다면, 사물의 안정성, 관계의 항구성, 제도의 지속성과 동시에 운동, 정서의 새로움을 찾는 것도 그 예가 된다. 그런데 여기서 중요한 것은 양 항을 분리하여 생각할 것이 아니라, 둘을 그 전체성 안에서 파악하여야 하는 것이다. 마페졸리가 강조하는 '역동적 뿌리내림'인 셈이다.

> 이는 모든 존재의 역설적 길항작용을 썩 잘 특수화하는 양극과 관계된다. 우리는 한 장소에 있고, 이 장소를 출발점으로 관계를 창조하는데, 이 양자가 그 완전한 의미를 갖게 되기 위해서는 그것들이 실제적으로 혹은 환상적으로 부정되고, 〔……〕 위반되어야 한다. 이것은 존재의 비극적 감정의 표지와 관련이 있다. 즉 아무것도 종합적 극복 안에서 해결되지 않고, 모든 것은 긴장 안에서 항구적인 불완전 안에서 체험된다.(DN, p. 73)

혹은 달리 말한다면, 프로메테우스는 디오니소스를 필요로 한다. 혹은 부르주아지와 관련하여서 이 길항작용은 한편으로는 특수주의, 지역적 특수성의 파괴이고, 다른 한편으로는 개인적 한계의 강조라고 마페졸리는 분석한다. 즉 「인권선언」이 그 예가 되는 보편성이 한편에 있다면, 다른 한편으로는 그 내재적 한계를 가진 개인적 정체성이 이 보편성의 기본적인 행위자가 된다.

마페졸리에 의하면, 모더니티의 표지는 **자아주의적** 가둠(enfermement 'égotiste')'과 이것이 그 근본 구실을 하는 제도적 가둠—가정, 감옥, 병원, 교육, 정신병리학, 그 외 다양한 훈육 등—이다. 다시 반복하자면, 보편적 관점 안에서는 다양한 공동체적 '영토들'을 초월하길 원하면서, 모더니티는 개

인적 영토를 격앙시켰고, 유목주의, 즉 개인의 고유한 정체성
의 논리를 넘어서는 것을 낙인찍었다는 것이다. 그러나 현재
는 뿌리내림과 방황의 변증법이 중요하고, 이것을 잘 사용하
는 것이 사람과 공동체 사이의 보다 조화로운 관계를 증진시
킬 수 있다는 것이다. 이 관계는, 마페졸리에 의하면, '이어진
거리(distance relié)'의 결과일 것이다.

> 사회가 바로 그 현대적 형태하에서, 획일화하고 통합하고자 하고
> 동시에 개인들을 분리하려고 한다면, 〔……〕 공동체는 〔……〕 유
> 형화되고 상이한 역할들을 가진, 유동적인 사람(personne)들에
> 그리고 그들의 밀접한 연관에 근거하고 있다.(DN, pp. 76~77)

예언자의 형상이 바로, 마페졸리에 의하면, 이 '연결된 거
리'의 실현이다. 즉 그는 항상 변두리에서의 편력 속에서, 모
험을 살고 야기하면서 일종의 교차로에 위치한다는 것이다.
말하자면 그는 공동체적 공간 안에 위치하면서 그것의 순간
적이고 덜 지속적인 측면을 상기하는 것이다.
또한 그것은 일종의 '유기적 구성'이라는 것인데, 왜냐하면
그것은 충만하거나 실증적이지 않고, 비어 있음, 공동, 비물
질적인 것들을 통합하기 때문이다.(DN, pp. 77)
마페졸리는 다시 유대 민족을 그 좋은 예로서 들고 있다.
첫째, 그들은 이미 기원전 4세기부터 강제 이주를 경험했지

만, 그리고 그 후 이 경험은 자주 반복되지만, 그것이 그들을
약화시키기는커녕 오히려 강화시켰다. 그러나 그들은 그들의
에너지를, 지중해 연안의 다른 민족들처럼 영토 정복 속에 낭
비하지 않으면서, 제국주의 안에 소진시키지 않으면서, 그들
고유의 문화를 견고하게 만들었다는 것이다. 말하자면 그들
은 적응하는 것, 뿌리내리는 것을 알았다는 것이다. 즉 운명
이 그들에게 부과하는 일종의 사막 통과를 오아시스로 변화
시킬 줄 알았다. 둘째, 유대인들은, 마페졸리에 의하면, '이행
자(passeur)'일 수 있었다. 짐멜의 용어를 다시 쓴다면, 그들
은 한 주어진 집단에 필요한 '이방인'의 유형 자체라고 마페
졸리는 분석한다. 그들의 수효에 비해서 예술, 철학, 금융 영
역에서의 기여는 엄청난 것이었다. 그들과 관련된 매혹/거부
감은 그들의 '이행자'의 기능과 관련이 있다는 것이다. 그들
은 다양한 접촉이 있었고, 여러 언어들을 구사하고 있었기에
기업가, 협상가, 상담자들이 될 수 있었으며, 공동체의 다른
구성원들의 먼 '뿌리내림(enracinement)'을 이용할 수 있었다.
  그러나 마페졸리는 그 뿌리내림이란 역사의 변전─유대인
학살, 학대─에 의하여 언제라도 멈출 수 있는 것이었기에,
그들의 기여는 또한 강렬하고, 풍요롭고, 심층적이었다는 점
을 강조한다. 많은 차별의 대상이었기에 그들은 그 사실 자체
로 말미암아 인간 고통의 증인이 되고, 불행이 닥쳐왔을 때
속내를 나눌 수 있는 사람이 된다.

간단히 말해 유대인은 외국인들, 기이한 이들을 현전시키고, 사람들이 두려워하는 필연성의 현전이며, 고통과 불행이 그 완결된 형태인 다른 곳, 위험한 곳으로의 이행을 보장한다. 유대인을 방랑자의 전형이 되게끔 하는 것은 바로 이 애매함 자체이다. 즉 그는 한 장소에 있으면서 비장소(non-lieu)를 향해 당겨져 있다. 세계의 불만이 퍼부어지는 희생양이고, 완전히 질식될 수 없는 향수의, 즉 각자를 절제되지 않은 여망, 언제나 불만족스러운 욕망의 '호모 비아토르(*homo viator*)'가 되게끔 하는, 그러한 향수의 살아 있는 기억이다.(DN, p. 80)

마페졸리는 더 나아가, 모든 사회구조화는 장소와 비장소의 긴장이라고 일반화시킨다. 즉 "영토는 신화의 토포스"(뒤랑)인 것이 사실이라면, 모든 사회는 기이하게도 그것의 근거가 되는, 비장소(u-topos), 유토피아를 필요로 한다는 것이다. 달리 말한다면, 그것이 무엇이든지 질서는 어떤 것 혹은 누군가가 그것을 불안정하게 하고, 그럼으로써 역기능, 죄, 불행도 역시 세속의 소여의 온전한 한 부분이라는 것을 상기시키는 한에서만 존속될 수 있다는 것이다. 혹은 마페졸리는 다시 다음과 같이 강조한다.

즉 있는 것은 '있을 수 있을(pourrait être)' 것 없이는 존재할 수 없다. 그 자체로의 실재는 하나의 환상이고, 그것은 항상 부유

하며, 그 항구적 변전 안에서만 파악될 수 있을 뿐이다.(DN, p. 81)

이제 마페졸리는 영토는 필요한 것이면서 동시에 상대적이라는 점을 강조한다. 즉 영토는 그 자체로 목적인 것은 아니고, 그 자체로 충분한 것도 아니다. 만약 그렇다면 그것은 바로 간힘(enfermement)을 야기한다는 것이다. 다른 한편 영토는 관계를 맺어주는 한에서만, 그리고 그것이 다른 것 혹은 다른 장소들, 이에 연결된 가치들과 관련되는 한에서만 가치가 있다. 관계 맺기라는 의미에서의 상대주의의 의미 또한 이것이다.

이런 의미에서 공간은 탐험의 기초가 될 수 있다고 마페졸리는 강조한다. 그리고 이것이 또한 공간을 부유하게 하고, 성운과 같은 것이 되게 하고, 거의 비물질적인 것이 되게 한다는 것이다. 이것이 초현실주의자들에 이어서 1960년대에 상황주의자들이, 그들 자신이 도시적 배회 혹은 '심리 지리학'이라고 부른 것을 실천하면서 감지한 것이라고 마페졸리는 강조한다. 도시는 이제 모험의 영토가 되고, 놀이와 꿈이 그들의 자리를 찾게 된다. 홀로 혹은 집단으로의 도시 안에서의 배회는, 가능성들과 다양한 기이함들과 마주하게 하면서 주어진 공간을 탐험할 수 있게 해준다. 말하자면 실핏줄적인 유토피아를 사는 것이다.

벤야민의 '만보객(漫步客)'이 그 좋은 예가 될 것이다. 그리고 파리의 '파사주(Passage)' 또한 그 좋은 예가 될 것이다. '미소화(微少化)된 세계'는 '파사주' 안에서 파노라마식으로 읽히고 체험된다. 환상적으로나마 이제 모험은 손닿는 범위 안에 있고, 만남이 이루어지고, '객관적 우연'이 또한 이루어진다. 마페졸리에 의하면, 파사주는 그 구조 자체에 의하여 역동적 뿌리내림의 한 예가 된다.

> 실제, 그것은 토대적인 측면을 갖고 있다. 그것은 그곳에서 우리가 편안하다고 느끼는 하나의 울타리 안의 땅이고, 그것은 안정적 측면과 열정적 측면을 갖고 있다. 동시에 그 진열창은 세계로 열려 있다. 아마도 이 역설이 각자의 상상계를 깨우는 것이고, 그것이 이방인과 기이한 것의 틈입에 수용적이게 하는 것이고, 그것을 모험과 조우의 경향을 갖게 하는 것이다.(DN, p. 82)

마페졸리에 의하면, 포스트 모던한 쇼핑센터들도 이러한 긴장의 연속선상에 있다. 그것은 효용적인 기능만을 수행하는 것이 아니라, 동시에 거기에서 상징이 교환된다. 마페졸리는 포룸 데 알(Forum des Halles)의 예를 든다. 스펙터클화한 오브제들, 특이한 분위기, 만남, 스침 등을 통하여 이곳에서 포스트 모던 유목민은 일종의 취기를 체험한다는 것이다. 거의 우주적 전체 안에서의 자신의 상실을 체험한다. 도시가 집결되어 있는 곳이고, 세계의 축약인 이 도시 공간은 하나의 용광로, 즉 뿌리를 내리는 장소, 그것을 출발점으로 하여 성장하고 탈주하는 장소이다. 타자들과의 공감이 표명되는 장소, 그로부터 상상적으로 절대적 이타성에 도달하기 위하여 탈주하는 장소인 것이다.

축소된 세계로서의 도시 안에서 각자는 이제 자기 자신이면서 타자가 된다.

> 충일한 공간으로서의 도시는 이렇게 하여 역설적으로, 그 안에서 그 정신과 육체가 완전한 바캉스를 맞이할 수 있는, 완전히 비어 있는 순간과 장소들을, 즉 그것에 거주하는 존재들의 다양성을 살 수 있는 가능성, 말하자면 여기이면서 동시에 다른 곳일 수 있는 가능성을 제공한다. 대도시의 거주자는 이런 의미에서 새로운 종류의 유목민이다.(DN, p. 83)

혹은 마페졸리는 이를 동일한 실재의 두 측면, '구멍 난 영토'와 '연약한 개인'이라고 이름 짓는다.

> 입문이나 혹은 지속적인 숙련과 관련되는 실재. 경험적이고 제한된 '자아'가 아니라, 광활한 세계의 차원과 타자성의 틈입에 개방된 자아(moi/Soi)의 지속적 '성장소설(roman de formation)', 지속적 추구의 실재. 스스로를 강화하기 위하여 땅(sol)

을 필요로 하는, 그러나 그것에 만족할 수 없는 '자아', 자연적
이고 사회적인 전체 안에 스스로를 잃어버리고, 소모와 소실의
형식을 사는 자아에 관한, 그리고 이것은 예외적 상황이 아니
라, 진부하고 일상적인 실천으로서, 그 모호함 안에서의 삶을
자기 것으로 할 줄 아는 자아.(DN, pp. 86~87)

이중적 삶

결국, 방황과 정착의 변증법의 귀결은 모호한 삶과 부유하
는 세계이다. 여기서 우리는 인간적 소여의 구조적 범주인
'이중성'을 다시 발견한다고 마페졸리는 강조한다.

이중의 삶의 좋은 예시를 마페졸리는 짐멜의 베네치아 분석
에서 본다. 짐멜은 그 분석에서 어떻게 표면이 심층(fond)으
로부터 떨어져 나오고, 어떻게 외양이 실체적인(substantiel)
것이 될 수 있으며, 실제 체험된 삶과 관련이 있는지를 보여준
다는 것이다. 근거 없는, 연결 없는 삶. "베네치아는, 삶 안에
근거 없이 부유하는 모험의 애매한 아름다움을 가질 뿐이다."

따라서 베네치아는 그 태동 상태의 사랑의 신화적 도시이
고, 베네치아로의 신혼여행은 이 분야의 고전이다. 돌과 물.
그 안에서 타자를 끊임없이 접촉하고, 행인들이 스치는 그러
한 모태와 같은 작은 골목길들. 동시에 어둡거나 장엄한 터널
들. 이것들은 지속적인 운동 중에 있으면서 어떤 곳으로 가는

것 같지도 않고, 끝없는 순환성 외의 다른 구체적인 목적도 갖고 있지 않은 것 같다. 이곳에서는 개인도 어떤 장소에 소속되어 있지 않고, 하나의 항구적인 거처를 소유하는 것이 우세해질 수 없다. 그 여러 표명들 안에서 삶은 항상 여기와 다른 곳 사이의 나아감이다.

마페졸리에 의하면, 베네치아는 원형적 사유의 틀 안에서는 헤르메스의 형상과 관련이 있다. 여행하는 신, 상인과 도둑의 신 그리고 속임수의 패러다임으로서의 헤르메스의 형상은 영리하고, 잡을 수 없고, 지속적인 운동 안에 있다. 헤르메스의 형상은 확립된 상태 안에 갇힐 수 없고, 그것을 불안정하게 하려 한다. 헤르메스와 그의 날개 달린 발. 땅 위에 내리기 위한 발과, 일상적 관습이 매일매일 제안하는 것에 만족하기에는 모험의 본능이 너무 강하여, 땅으로부터 빠져나오기 위한, 도망하기 위한 날개. 마페졸리에 의하면, 헤르메스의 형상은 베네치아의 마스크와 잘 어울린다. 그 자체에 만족하는 표면의 마스크, 속임수의 마스크, 이중성의 마스크. 그 마스크는 불안하게 하지만, 동시에 만남을 부추기며, 도망의 미끼이고 지표라는 것이다. 헤르메스는 이렇게 하여 거기에 집착함이 없이 땅을 스치는 방랑과 관련이 있게 된다.

이 '헤르메스적' 양가성을 베네치아는 일상적으로 산다는 점을 마페졸리는 강조한다.

마페졸리는 우선, 자신이 '부족주의'를 특징지었던 '소속감'은 구조적으로 한계 지어진 하나의 공간 안에 제한된다는 점을 상기시킨다. 이와 관련, 베네치아의 유대인 게토는 그 건축학적 구성에 의하여 이 동네의 원형이라고 할 수 있다. 여기에 들어가기 위해서는 입문 절차가 필요하고, 따라서 특히 밤에 여기에 들어가기에는 불안하다. 그 가둠 안에서 베네치아의 유대인 게토는 유기적, 건축적 그리고 사회적인 강한 통일체를 용이하게 하면서 동시에 거부를 야기한다는 것이다. 소속감은 그것이 밀치는 극을 가지고 있을 때라야만, 그것이 어떤 사물이나 어떤 이를 거부할 때라야만 의미가 있기 때문이다.

그러나 마페졸리에 의하면, 베네치아의 유대인 게토는 이 닫힘의 특징을 가짐과 동시에 또한, 여기에는 '잔구멍이 많다(poreux)'. 돌은 물에 의하여 갉아 먹혀져 있다(grignoté). 실제 각각의 동네는 무한의 공간으로 열려 있다는 것이다. 따라서 베네치아는 이전에는 상업적, 군사적, 지적 그리고 예술적 중심이었다. 바로 이 의미에서 이 도시의 선착장의 역할은 교훈적이다. 그것은 은신처의 문이면서 동시에 개방과도 관련된다. 그것은 닫힘과 열림의 이행 의례를 상징한다는 것이다.

이렇듯 신화적 도시로서의 베네치아는 정주성과 방랑 사이의 화해할 수 없는 변증법을 보여준다고 마페졸리는 강조한다. 이는 또한 마페졸리가 강조한 바 있는 역동적 뿌리내림이기도 하다. 즉 모태적 장소의 필요성과 동시에 그 너머의 필요성, 기원적인 것과 동시에 무한에의 갈망을 잘 보여준다는 것이다. 이를 다시 마페졸리는 "삶의 이중적 측면"과 연결시킨다. 즉 그 안에서 삶이 완성되고 강화되는 공동의 필요성과 그것에 의하여 삶이 성장하고 발전되는 개방의 필요성. 마페졸리는 이 기원적 장소들로부터 입문적 추구인 모든 존재가 시작된다고 강조한다. 기원적 공간은 우선, 그것을 출발점으로 하여 그의 삶을 꿈꿀 수 있는 그러한 폐쇄된 은신처의 형상을 갖고 있다. 그런데 무한한 이 꿈이 전체적으로 혹은 부분적으로 실현될 때, 그것은 항상 보금자리의 향수에 기대고 있다. 말하자면 퇴행(régression)이 없이는 진전(progression)도 없다는 것이다.

마페졸리는 도미니크 페르난데즈(Dominique Fernandez)가 이탈리아 도시 공간을 "인간을 감금으로부터 해방하는 돌의 꿈"이라고 정의하였다는 점을 상기시킨다. 이는 닫힘과 열림 사이의 끊임없는 양가성인데, 이를 달리 말하면 육체의 감옥과 정신의 모험 사이의 끊임없는 시너지라고 할 수 있다고 마페졸리는 분석한다. 그리고 이것은 또한 자연과 문화 사이의 고전적인 이분법을 능가하는 시너지이기도 하다는 것이다.

그런데 결국 이와 같은 '역의 일치'는, 마페졸리에 의하면, 매일의 삶 속에서 경험적으로 체험될 수 있다. 마페졸리에 의하면, 이와 같은 먼 곳과 가까운 곳의 결합은 이 '전 소여(pré-donné)'의 세계인 일상 세계의 근본적인 특징을 이룬다.

토마스 아퀴나스, 슈펭글러 혹은 모스가 말하는 아비투스가 그
것을 친숙하게 만들 때까지 낯선 것에 적응하는 사실이 아니고
무엇이겠는가? 식물학을 참고하면서 슈펭글러는, 하나의 식물
이 주어진 '토포스'의 첫 적대성을 완화하는 데에 성공하였을
때에, 그 속에서 생존하고 발전할 수 있는 것을 보여준다. 결국
점진적으로 익숙하게 된 낯섦, 새로움에 지나지 않는 사회적 습
관들도 마찬가지이다.(DN, p. 93~94)

이것이 또한 벤야민이 풍경 안에서의 도시의 '첫 시선'이라
고 부른 것과 관계된다고 마페졸리는 지적한다. 벤야민은 "그
첫 시선 안에서 먼 것은, 가까운 것과 아주 긴밀한 융합 안에
서 울린다."라고 말하고 있다는 것이다. 즉 우리가 가깝다고
간주하는 것은 사회체가 소화하기에 성공한 외래의 요소에
지나지 않는다는 것이다. 마페졸리는 다시 유비를 써서 말한
다. 풍경은 곧 자연의 문화화이고, 곧 문화의 자연화이다. 마
페졸리는 또한 연금술의 메타포도 설득력이 있을 것이라고
지적한다. 이렇게 하여 먼 것은 가까운 것 안에 그 반향을 갖
게 된다는 것이다.

그리고 그 창건적 순간 안에서의 문화는, 그들의 전통의 용
광로 안으로 이방인의 많은 기여들을 받아들일 수 있었음을
마페졸리는 강조한다. 이는 또한 그 문화들이 그들의 역동성
을 간직하고자 할 때, 그들의 전통이 지속적으로 실천해야만

했던 것이기도 하다. 이런 의미에서 일상생활은 그 정태적 측면에서 멀리서부터 오는 것의. 의식적 혹은 무의식적인, 지속적인 통합에 지나지 않는다.

이렇게 하여 또한 쉬츠가 강조하는 '친근성(familiarité)'이 만들어진다고 마페졸리는 지적한다. 사물과 사람들의 친근성, 환경과 풍경의 친근성, 전통과 습관의 친근성 등, 이 모든 것은 그 반대인 낯섦(étrangeté)에 의하여 지속적으로 가공된다.

모든 사적 혹은 공적인, 종교적 혹은 세속적인 의례는 먼 것의 충격을 줄이기 위한, 야만적인 것을 인도하기 위한, 낯선 것을 순화하기 위한 지속적인 노력에 지나지 않는다. 그러나 그렇게 하면서 우리는 문명화시키는 것과 관계를 맺는다. 그 존재를 인정하고, 그 함축성을 반대로 받아들인다. 어떤 것이 의심할 나위가 없기 위해서는(그 안에 우리가 위치하는 자명성의 세계, '전소여'의 세계) 외부로부터 오는 의심 또한 존재해야 한다. 이렇게 하여 의례화의 광대한 메커니즘은 낯섦의 부정과는 거리가 멀고, 이 낯섦은 설혹 갈등적일지라도 지속적인 통합이다. 달리 말한다면, 이 메커니즘은 집단적 차원에서 의식과 무의식의 적응에 지나지 않는다. 혹은 그것은 제도화된 것과 제도화시키는 것의 활력 있는 힘 사이의 힘든 적응과 관련된다.(DN, p. 95)

마페졸리는 이것을 '인류학적 관계', 즉 하나의 전체로서의 사회 전체뿐만 아니라, 개인도 구조화하는 요소라고 강조한다. 혹은 헤르메스의 이미지인 것이다. 그리고 괴리츠(Görlitz)의 구두장이인 신비주의자 뵈메와도 관계된다는 것이다. 뵈메의 전 저작은 뒤랑이 강조하듯이, '연결하는 데(relier)'에 있다. "그는, 땅에 내딛고 있는 신발창과 구두 등의 위 덮개를 함께 바느질한다."(뒤랑) 모든 사물의 최종적이고 기원적인 유기적인 일체성(unicité originelle et finale)을 보여준다는 것이다.

4. 모험의 사회학

'사람'의 다원성

노마디즘과 관계되는 '무한에의 목마름(soif de l'infini)'(뒤르케임), 변전의 감수성 그리고 인간을 자연과 타인과 통합하는 밀접한 관계에 대한 향수 등은, 마페졸리에 의하면, 세속적 실재의 구조적 다원성과 관련이 있다. 다원주의의 생생한 힘을 표명하는 예들은 많다. 철학적 혹은 종교적 제설혼합주의, 스포츠 혹은 존재론적 모험, 성적 방랑 그리고 여러 형태의 여행들은 '세계화' 혹은 '유일한 사유'라는 아이디어 자체를 공격하고 있다고 마페졸리는 분석한다.

보다 일반화시키면서 마페졸리는, 우리가 처하고 있는 이 변화의 시대는 여러 형태의 역설들과 마주하고 있다고 강조한다.(DN, pp. 100~101) 하나의 예를 들어보자. 한편에는 명시되고, 소란스럽고, 또 미디어와 정치적·경제적 권력이 주창하는 공동 가치들이 있다. 그러나 마페졸리가 보기에 그것들은 매우 추상적이고, 개인적인 생활과 사회적인 생활의 실제적인 역동성에 매우 작은 영향력만을 가진 가치들이다. 그리고 다른 한편에는 반대로 뿌리내린 가치들의 부활, 고풍주의의 재활성화, 요약하면 격앙된 부족주의의 찬양을 들 수 있다. 이와 같은 변증법이 태동하고 있는 포스트 모더니티의 지표라는 것이다.

그런데 마페졸리에 의하면, 뿌리내린 신인 동시에 유목적 역능인 디오니소스의 이미지처럼, 부족적 사회성은 구조적으로 분할되어 있다. 이질성은 후자의 근본적 특징이며, 이때 가치의 다신교가 중요해진다는 것이다.

마페졸리는 이를, 앞서 우리가 이미 살펴보았듯이, 유대·기독교적인 일신주의를 계승하는 다신주의를 통해 설명한다. 이 일신주의의 경우에는 모더니티의 정수로서의 종교개혁이 중요한데, 여기에서는 신의 단일성(unité)에 상응하는 자아의 단일성(unité)이 중요해진다. 그리고 이제 개인은 그의 신에의 자율적인 관계를 출발점으로 하여, 또 그 신 덕택에, 자연 환경과 동시에 사회 환경을 관리할 수 있게 된다. 이것들에는 물론 그 안에서 모든 것과 각자가, 그의 기독교인으로서의 소명을 완수하기 위하여 충족시켜야 할 기능을 가진 그러한 세계의 안정성이 대답한다.

반대로 신들의 다양성에는 사람(personne)의 다양성이 답한다. 이는 또한, 마페졸리에 의하면, 구조적 방랑을 유도한다. 자아의 다양한 측면 사이의 직업적, 정서적 혹은 이념적 혹은 보다 개인적인 유목주의인데, 그중의 어떤 것도 충만한 자기(Soi plénier)의 풍요롭고 다양한 잠재성들을 모두 소진할 수 없다는 것이다.

> 유일한 신이나 혹은 승리하는 이성에 단일하게 집중된 기계적이고 단선적인 측면에, 인력과 척력, 매혹과 거부, 기쁨과 고통, 이성과 감정으로 이루어진 유기적 리듬이 대립한다.(DN, p. 102)

마페졸리에 의하면, 작금의 현실이 예시하고 있는 이러한 리듬 안에는 원형적 측면이 있다. 그것은 본능과 지성이 풍요로운 상보성 안으로 들어가는 자연적 삶의 원형적 측면이기도 하고, '감각적 이성'의 그것이기도 하고, 디오니소스 신화가 보여주는 그것이기도 하다.

신들의 다양성에 고유한 방랑은, 마페졸리에 의하면, 인간과 사회적인 것에 대한 보다 완전하고 보다 충만한 관점에, 전통사회의 통합주의에, 고풍스러운 가치의 전체주의에 주의를 기울이게 한다.

이제 도정(cheminement)이라는 주제는 방랑과 그리고 제설 혼합주의의 현실에 상관적이다.

> 그의 영혼을 찾아가는 인간은, 확립된 확실성에 개의치 않고 항상 긴장하에 있다. 즉 한번 도달하면 그를 결코 충만하게 만족시킬 수 없는 임시적 목표를 찾아서, 그리고 그 목표가 끊임없이 움직이는 끝없는 과정 안에서의 하나의 단계에 지나지 않는 그러한 임시적 목표를 찾아서. 말하자면, 하나의 진정한 성배의 추구이다.(DN, p. 104)

달리 말하면, 일신주의가 자아와 우주의 장악과 잘 적응한다면, 다신주의는 지속적인 변전 중의 '길(chemin)'로서 시험되는, 연속적 입문들로 시험되는 장악 불가능한 '운명'과 관계된다는 것이다.

> 이 의미에서 포스트 모던적 방황은, 작금의 세계와 그 부활이 모든 사회 관찰자들을 놀라게 하는 그러한 전통적 가치들 사이에, 하나의 다리를 던지게 할 수 있는 것 자체이기도 하다.(DN, p. 104)

운명의 사유는 또한, 마페졸리에 의하면, 우연과 동시에 공간과 자연에 고유한 제약들을 통합한다. 마페졸리는 그 대표적인 예로서 점성술을 들고 있다. '운명의 사유'란, 마페졸리에 의하면, 있는 것의 수락과 관리로 이루어져 있다. 그것은 초현실주의자들에게 중요했던 '객관적 우연'을 범속화시키는 태도라고 할 수 있는데, 그것은 각자를, 그 다양한 순간들이 끝없는 방황 안에서 그만큼의 단계들인 그러한 상응의 광활한 전체 안에 새긴다는 것이다.(DN, p. 106)

또한 덧붙여 강조해야 할 점은, 방랑하는 삶이 전혀 개인적인 것이 아니라는 점이다. 그런데 이 다원적 세계는, 마페졸리에 의하면, 유목민의 형식을 취하는 시기가 있다.

> 그 자신, 그의 정체성, 그의 자본, 그의 아내와 아이들에 갇혀 있는 부르주아 영웅과는 반대로, 앞서 문제가 되었던 상징적 형상들은 진정한 메타포들이다. 즉 그것들은 자아 '너머로' 혹은 경험적 개인과 그의 가정된 나르시시즘 너머로 '인도한다'. 그것들은 초개인적 진실들의 창조자들이다. 이것이 바로 방황이 우리에게 가르쳐주는 것이다. 즉 세계의 다원성을 통하여, 그것은 각자가 하나의 극히 작은 부분에 지나지 않는 그러한 삶의 원칙과의 융합을 용이하게 한다.(DN, p. 110)

마페졸리에 의하면, 이것이야말로 진정한 자유의 경험이라고 하는데, 왜냐하면 그것은 개인에 앞서서, 그리고 개인 이후에도 살아남는 생의 원칙 안에 뿌리내린 자기(Soi)의 자유이기 때문이라는 것이다.

쾌락의 영원한 현재

마페졸리는 가치의 다신주의, 일상적 이교(異敎) 그리고 그 모든 가능성들을 살아야 하는 현재의 강조 간의 관계를 강조한다. 현재의 강조는, 앞서 살폈듯이, '도정'의 아이디어와 만나는데, 왜냐하면 그것은 강렬한 순간들의 연속을 의미하기 때문이다. 이는 또한 동양의 '길'의 주제, '도'의 주제와 만난다. 도정은 특히 제시되는 것, 도래하는 것 그리고 그 다양한 변주하에서 유희적 즐김을 용이하게 하는 것에 주의를 기울인다는 것이다.

마페졸리에 의하면, 이것은 디오니소스의 중요한 특징들이기도 하다. 방랑은 사랑의 모험의 추구와 연결되어 있다. 주연, 공동 열정이 중요해지는데, 이는 또한 사회구조화의 기초가 된다.

> 〔……〕 약간은 방탕한 유희적 도피주의(escapisme ludique)가 있는데, 그것은 타자와의 조우를 허락하고, 결과적으로, 〔……〕 실재의 간주관적 구성(construction intersubjective de la réal-ité)을 가능하게 한다. 그 자신이 되기 위하여 비현실의 충분한 배합을 함유하는 실재. 특히 그 정서적이고 감성적인 가능성 안

에서의, 여행의 비물질적 측면은 관계를 엮고, 접촉을 확립하
고, 문화와 사람들을 순환하게 하고, 즉 사회생활을 구조화하는
하나의 방식이다.(DN, p. 114)

결국 방황과 연결되는 즐거움의 추구는, 모든 사회 전체의
가장 확실한 토대라는 것이다. 이것이 또한 마페졸리 자신이
분석의 틀로서 제시하는, '미학의 윤리'이다. 즉 공동 감정이
나 배분된 기쁨을 출발점으로 하여 구성된 사회적 토대.
　다시 마페졸리는 다음과 같이 요약한다.

분명한 것은, 방랑의 가장 훌륭한 동기인 불만이 '변화'를 용이하
게 한다는 것이다. 이 '변화'는 정치적일 수 있고 이때 그것을 변
덕이라 부르고, 혹은 종교적일 수 있고 이때는 다양한 이단 혹은
분파들이 그 증거가 될 수 있고, 혹은 정서적일 수 있는데, 일상
생활을 점철하는 다양한 사랑의 모험들이 그림, 소설, 음악 등의
생산의 기본을 구성한다. '변화'는, 그것이 진보주의적
(progressiste)이 아니라, 점진적이라는 점에서의 추구에 대해 이
야기하는 다른 하나의 방식에 지나지 않는다.(DN, p. 116)

'무한의 악'

포스트 모던의 이단적 분위기, 산재한 무정부주의적 감수

성 안에서 이제 중요한 것은, 마페졸리에 의하면, '비어 있음의 매혹(attrait du vide)'이다. 그것은 사물의 실증성(positivité)의 한복판에서의 소실되고 잃는 것의 매혹이기도 하다.

> 모든 삶에는 무(無, néant)의 한 부분이 있다. 이 무(無)의 부분은 의례적으로 스스로를 표현하는 방법을 찾아야 한다. 그러지 않으면 그것은 사회 전체를 전염시킨다. 도피할 필요성, 모험에의 갈증, '무한에의 악(mal de l'infini)'은 이 의례화들일 수 있다.(DN, pp. 128~129)

마페졸리에 의하면, 짐멜에게 있어서 이방인은 그 속에서는 각자가 단지 '이행'일 뿐인 그러한 대도시의 형성을 나타내는 메타포이다. 즉 현대 대도시는 일련의 '파사주', '심리지리적' 이탈, 모든 종류의 가능한 모험들에 지나지 않는다는 것이다.

마페졸리는 다시 요약한다.

> 즉 그 안에서 모든 것이 가능하고, 사람의 다양한 측면들이 그 자체 다원적이고 다중심적인 세계 안에서 스스로를 표명하게 되는 그러한 모험. 〔……〕 각자는 어떤 의미에서 항상 이방인이고 〔……〕.(DN, p. 130)

이제 이방인은 하나의 원형이 되면서, 작금의 일상생활에
서 단조(en mineur)로 체험되는 어떤 것이라는 것이다. 먹기,
입기, 사유하기, 기도하기, 그의 섹슈얼리티를 살리기 등은
이제, 매우 다양한 언어들 안에서 표명된다. 그렇다면 '지구
화'를 이야기하는 사람들은 특히, 제설혼합주의적이고, 교배
된 실재에 비하여 그들의 단절을 보여준다고 마페졸리는 지
적한다.(DN, p. 131)

마페졸리에 의하면, 안정된 구조와 제도들이 그 효력을 잃
은 지금, 존재는 그 원초적 방랑으로 보내진다. 존재는 항구
적이고 불변인 '지위'가 아니라, 하나의 출발점이 된다. 이제
하이데거를 인용하여, 존재(ex-istence)와 운명이라는 말(*Ge-
schick*)이 나타내는 것 사이의 관련을 상기할 필요가 있다고
마페졸리는 강조한다. 즉 존재는 근거나 원칙이 아니라, '생
성' 혹은, 마페졸리에 익숙한 표현을 쓰자면, '방황(errance)'
이다. 결국, 마페졸리에게 있어서 유목주의는 항구적인 생성
을 나타낸다.(DN, p. 133)

| 6장 |

비극

마페졸리에게 있어서 '비극'은 포스트 모던 문화를 특징짓는 기초이다. 그가 자주 강조하듯이 한 사회의 구조화를 결정짓는 것이 시간과의 관계라는 점을 상기한다면 이 점은 쉽게 납득할 수 있다.

마페졸리에 의하면, 우리가 '비극적'인 요소들을 발견할 수 있는 것은 특히, 청소년들에게 있어서 많이 발견할 수 있는 사회적 실천들 안에서이다. 그러나 청소년의 문화란, 단순히 한 연령 집단에만 국한되는 것이 아니다.

"비극적 감수성과 함께 시간은 정지되거나 혹은 적어도 늦춰진다." '속도'가 모던 '드라마'의 표시였다면―과학, 기술 혹은 경제 발전이 그 가장 가시적인 결과라고 한다면―이제 반대로, '느림' '게으름'의 찬양을 목도할 수 있다는 것이다. 이제 젊은이들에게 있어서 삶은 '부동의 순간들', 나아가서는 '영원한 순간들'의 연쇄일 뿐이고, 그것으로부터 '최대한의 즐거움'을 얻는 것이 무엇보다 중요해진다.(IE, pp. 10~11)

이와 같은 "시간의 극의 전도"가 유도하는 일련의 주제들을 마페졸리는 다음과 같이 요약한다. 삶에의 현전, 현재에의 가치 부여, 부족적 소속감의 강화, 운명으로서의 일상적 삶 등. 이렇게 본다면 이제 일상적 삶 자체가 공동체적인 재생의 토양이 된다.

또한 이러한 '현재주의'를 바탕으로 패러다임의 중요한 변화를 살필 수 있는데, 변화의 핵심은 '자아 중심적(égocentré)' 세계관으로부터 '장소 중심적(lococentré)' 세계관으로의 이동이라는 것이다. 전자는, 우리가 이미 살펴보았듯이, 모더니티의 경우로서 계약적 사회에서 살고 있는 합리적 개인들에게 그 우선권이 주어진다면, 후자의 경우는 이제 태동하고 있는 포스트 모더니티를 나타내는 것으로서, 특유한 공간들에 가치를 부여하고 그것들에 적응하는 '신부족들'과 관계가 있다. (IE, p. 11)

다시 마페졸리의 구분을 따른다면, 한 편의 현대적인 드라마에서는 자아의, 세계의 그리고 국가의 '전체성(totalité)'에의 낭만주의적 요구를 발견할 수 있다면, 포스트 모던 비극의 경우에는 '온전성(entièreté)'에 대한, 즉 "보다 광활한 자기(Soi),

자연적 혹은 사회적 이타성의 자기 속으로 작은 자아의 '손실 (perte)'을 유도하는 그러한 온전성에 대한 근심"이 있다. 달리 말한다면, 개인주의적 나르시시즘이 드라마적이라면, 부족적인 것의 우세는 비극적이라는 것이다.

1. 목적 없는 삶

운명의 힘

마페졸리에게 있어서, '운명'은 인간 본성의 구조화하는 요소이다.(IE, p. 25)

이 점은, 마페졸리에 의하면, 유대인들, 이슬람, 그노시스, 루터 등은, 그 종교적 성격은 다르더라도 어떤 방식으로든지 '운명'의 요소를 포함시키고 있는 사실로부터 확인할 수 있다. 예를 들어 유대 민족의 경우, 물론 세계에 대한 '역사적 관점'의 완성에 그들이 중요한 역할을 한 것은 사실이지만, 그와 동시에 그들이 겪었던 많은 재난, 패배, 분산 그리고 모욕 등의 모든 것들은, 신의 우호의 그만큼의 신호로서, 그리고 부정할 수 없는 선택의 약속으로서 간주되었다는 것이다. 즉 후자는 일종의 담당된 운명(fatum assumé)으로 받아들여졌고, 역사의 장기 지속에서 보았을 때 민족의 영속을 보장하는 비극의 감정과 관련이 있다. 말하자면, '운명의 충격'을 유대 민족들은 극복할 수 있었기에, 장기적으로 진정한 승리자가 될 수 있었다는 것이다.

유대 민족의 경우는 또한, '공동체'와 '운명'의 결합, 즉 운명 공동체(*Schicksalgemeischaft*)에 대하여 숙고하게 해준다고 마페졸리는 강조한다. 시간과 공간 사이의 단락(un courtcir-cuit)인 어떤 것, 극적인 시간과 시간을 초월한 비극 사이의 시너지에 대하여 생각하게 해준다는 것이다.(IE, pp. 23~24)

마페졸리는 종교개혁의 뿌리에 있는 운명의 신화를 또 다른 예로서 들고 있다. 즉 근대성의 창건적 요소 중의 하나인 개신교가 무의식적으로라도 '필요성'에 의해 괴롭힘을 당한다는 것을, 그 '예정설'을 통하여 인지하는 것이 중요하다는 것이다. '필요성'은 인간의 행동을 상대화하고, 우리의 작품을 일시적으로 만든다.

삶의 비극적 감정은 또한, 외면적으로 그것과 낯선 것 같은 정신적 구조물 속에서 재발견된다. 예술적 감수성이 그 좋은 예가 된다. 즉 예술적 감수성의 경우, 질료의 극복할 수 없는 '필요성'과 그것으로 작업하고 그것을 승화할 마찬가지의 절대적 필요성 사이의 창건적 긴장이 중요하다는 것이다. 이 둘 사이에는 일종의 의무화된 이행이 있는 셈이다. 또한, 역동적 정신의 역능과 정태적 실재의 권력의 대면도 그 좋은 예일 것이라고 마페졸리는 강조한다.(IE, p. 25)

이 모든 것들은, 마페졸리에 의하면, 우리 본성의 표시인 한계를 강조한다. 그렇지만 그것은 동시에 역설적으로 존재를 주는 한계인 것이다.

> *déterminatio*[3]는 로마인들이 사막의 무한정에 대비하여 영토를 구획 짓기 위하여 설정한 경계이다. 더 이상의 존재(plus-être)가 표명되기 위하여 필수적인 '필요성'에 대한 훌륭한 인류학적 예시이다. 어떻든 '필요성'은 상황, 맥락, 사물들과 사람들의 관계 맺기를 강조한다.(IE, p. 26)

어떻든, 마페졸리에 의하면, 예술적 감수성이 그 무엇보다도 질료와 정신, 정학과 동학, 제약과 자유 사이의 항구적 투쟁에 대한 예리한 예지를 잘 보여준다. 이는 융이 사용하는 이미지인 감각과 열정의 체화된 그림자와 이성의 에테르화된 빛 사이의 투쟁과 마찬가지일 것이라는 것이다.

결국, 마페졸리에 의하면, 어떻게 둘을 잇고, 어떻게 그것들의 시너지를 사는가가 문제이다. 이것이 예술적 창작에 있어서의 문제이고, "그의 삶이 하나의 예술 작품이 되게 한다."라는 표현에 담겨 있는 의미라는 것이다.(IE, p. 26) "우리가 결국 살아야만 하는 삶으로부터 벗어날 수 없"지만, 이렇게

---

3) 'détermination(결정, 한정)'의 어원.

하여 우리는 "운명에 의해 정화"된다.(코코슈카) 즉 달콤한 꽃의 개화를 허락하는 것이 거름이듯이, 필요성이라는 부식토 위에서 존재라고 하는 아름다운 작품이 성장한다고 마페졸리는 강조한다.

> 분명 권태롭고, 관습에 의하여 지배되고 있으며, 모든 차원의 제약에 의해 둘러싸인 독일의 한 소도시에 대하여 이야기하면서 니체는 대체로 다음과 같이 말한다. "여기에서 살 수 있을 것이다, 왜냐하면 여기에서 살기에." 운명이 존재에 줄 수 있는 모든 것을 잘 강조하는, 사랑으로 가득 찬 필요성 안에서 자유롭다는 운명애의 역동성을 잘 강조하는 훌륭한 표현이다. 삶은 아마도 아무런 가치가 없다. 그러나 우리가 알듯이, 아무것도 삶만 한 가치가 없다. 이것이 바로 비극이 우리로 하여금 생각하게끔 하는 역설이다. 극복할 수 없는 역설, [……] 그것은 무엇보다도 우리의 몫인 삶을 사는 하나의 좋은 방법인, 매일의 그의 죽음을 살기를 고무하는, 강장(强壯)하게 하는 명철함(lucidité roborative)에 호소한다. 동종 요법적으로 죽음을 통합하는 것은, 그것으로부터 보호받고, 혹은 적어도 그것으로부터 이득을 얻는 가장 좋은 방식이다.(IE, p. 27)

이 운명의 감정은, 마페졸리에 의하면, 뿌리박혀 있다. 즉 그것은 민중적 지혜와 관련이 있다. 그리고 그것을 부인하기는 쉬워도, 오랜 기간 동안 사회 영속성을 보장하는 것은 바로 그것이다. '왕자'들과 이념은 바뀌지만, 지배 욕망은 항상 동일하고, 따라서 그것으로부터 보호되어야 한다. 모든 인간 작품들—그것이 사회적이건, 경제적이건, 정치적이건, 종교적이건, 문화적이건—도 마찬가지로 모두 무상하다는 것을, 상식은 체화된 혹은 무의식적인 지식으로 '안다'. 이 상대주의적이고 약간은 회의적인 지식이 가끔 다시 떠오르게 되는 때가 있다는 것이다.(IE, p. 28) 이 운명의 흐름 안에는 무언가 비합리적인 것이 있다. 아니 오히려 그 합리성은 바로 덧없음 안에, 그것이 적용되는 이들의 비구분 안에 있다는 것이다.

인간 행동의 덧없음의 감정과 삶이 짧다는 감정은, 마페졸리에 의하면, 비극과 쾌락주의의 연결을 가능하게 한다. 따라서 삶은 게걸스러운 형식하에 강렬하게 소진된다. 청소년들에게 볼 수 있는, '즐김의 연기'의 거부가 그 좋은 예이다. 모든 사물들의 '유행' 형식이 우세하게 되는 것 또한 그 좋은 예라는 것이다. 그리고 모든 유의 놀라운 변덕 그대로의 세계에 동의하는 삶의 방식 또한, 우리가 목도할 수 있는 예이다. 왜냐하면 그것이 우리가 가진, 우리가 살게 주어진 유일한 것이기 때문이라는 것이다.(IE, p. 29)

이와 같은 경향을 마페졸리는 '필요성의 회귀'로 다시 요약한다. 인류의 무한한 진보의 대신화가 진지하게 의문에 붙여지는 반면, 사물들이 필연적인 것으로 느껴지고, 동일한 현상들이 돌아오는 것을 목도하며, 모든 것이 그 흐름을 따라가고 여기에 진정으로 개입하는 것이 불가능함을 인지하게 된다는 것이다.(IE, p. 30)

이는 또한, 마페졸리에 의하면, '대결합(grande conjonction)'의 이론에 관계된다. 이 '대결합'의 이론에 의하면, 하늘의 현상들과 인류의 대변화들 사이에는 긴밀한 관계가 존재하고, 민족, 문명, 종교들에 의하여 행사되는 헤게모니 안에 단계들과 연속들이 있다. 따라서 '공화국들의 운명적 데카당스', 그 쇠락에 대하여 개인과 집단의 행동은 또한 무력하다. 이것이 요즈음 이야기하는 '위기'의 의미인가? 한 주어진 사이클의 종말의 표현인가? 마페졸리는 질문한다.

결국, 마페졸리에 의하면, 운명의 우세, 쾌락의 문명, 삶의 비극적 감정, 일상적 연극성, '카르페 디엠'의 중요성, 육체 숭배 등은 모두 함께하는 경향인 것이다.(IE, p. 31)

신문의 잡보들은 이 경향이 함축하는 잔인한 측면을 보여준다. 마페졸리는, 그가 모델로 하였던 한 록 가수의 자살을 열망하고 좇으려 한 어떤 청소년의 자살의 경우를 그 예로 든다. 자살까지 갈 수 있는, 어떻든 많은 과도한 행동들을 용이하게 하는 이 새로운 비극적 지혜는, 마페졸리에 의하면, 영웅주의의 한 형식이다. 즉 체험된 사랑들, 이념적 가입들, 순간적 저항들에서 철회하지 않으면서, 이 영웅주의는 그것들을 '가족, 믿음, 정당'으로 제도화하려고 하지 않는다. 경직화

되는 그리고 잠재적으로 치명적인 모든 형식들을 피하려고
한다는 것이다. 즉 열정, 이상, 비등 등은 폐지될 수 없고, 그
러나 그것을 제약하는 구속으로 만들기를 그들은 원하지는
않는다는 것이다.

이제 쾌락의 문화, 비극의 감정, 운명에의 대면, 이 모든 것
은 순간의 윤리의 원인이자 결과이다. 이것이, 마페졸리에 의
하면, 철학적 의미에서의 '필요성'의 결과이고, 그것이 포스트
모더니티의 영웅들, 새로운 기사들을 낳는다는 것이다.(IE, p.
32) 이들은, 이상주의적이면서 동시에 완전히 하찮은 것일 수
있는 하나의 동기를 위하여 그들의 삶을 위험에 빠뜨릴 수 있
다. 그것은 환각적이고 흉내 내는 것 같지만, 매우 잔인한 결
과들을 초래하면서 완전히 실제적일 수 있는 것이다. 그러나
이 모든 경우 우리는 그것을, 거기에 죽음을 포함시킬 만큼 충
분히 다양한 형태의 삶의 긍정처럼 이해할 수 있다고 마페졸
리는 강조한다.(IE, p. 33)

순환적 회귀(Le retour cyclique)

마페졸리에 의하면, 그것이 노동의 행위이든 아니면 정치
의 행위이든, 모더니티에서 '행위 속에서의 기쁨'이 중요했다
면, 포스트 모더니티에서는 이제 '스토아적 태도' 혹은 '일반
화된 스토아주의'가 중요해진다. 즉 사람들은 이제 그들이 어

떻게 해볼 수 없는 것에는 무관심해진다.(IE, p. 36) 이것은 니체의 운명애를 상기시키는데, 운명은 단지 우연하게 일어날 뿐만 아니라, 수락되고 나아가서는 그 자체로 사랑받는다. 이것은 또한 일정한 형태의 차분함을 낳는다. 이 운명애가 바로, 요즈음 우리가 목도할 수 있고, 또 점점 더 배가하고 있는 현상인 관대함, 상호부조, 자선, 그 외의 다양한 인도주의적 행동들의 토대에서 발견할 수 있는 것들이라는 것이다. 왜냐하면 있는 것의 수락은 참여의 근심과 함께 갈 수 있기 때문이다.

이와 같은 스토아적 태도는, 마페졸리에 의하면, ‘사물의 성향들’에 우선권을 부여하는 ‘극동의 태도들’과 만나게 된다. 이렇게 되면 이제 주도권은 고립된 개인에게, 그리고 그들 간의 사회계약으로 만들어진 것에 있는 것이 아니라, 세계와 인간 사이에, 사물들과 말들 사이에 공유된다.

그 결과, 앞서와 같이 ‘필요성’ ‘사물들의 성향’ 그리고 ‘운명’에 주의를 기울인다는 것은 개인을 그 전체성(globalité) 속에서 그리고 그의 맥락 안에서 생각하게 하는 것이다.

즉 개인은 이제 모더니티에서 그랬던 것처럼 단지 이성에 의하여만 움직이는 것이 아니라, 감정, 정서, 기분, 세계적 소여의 모든 ‘합리적이지 않은’ 차원들에 의해서도 움직이게 된다.(IE, p. 38)

이제 중요한 것은 비인격적 차원(diemnsion impersonnel)이다. 즉 역사를 만들기 위하여 함께 움직이는 개인 혹은 사회 집단들의 자유의지와 결정은 부정되고, 따라서 현대 서구 철학의 근거도 부정된다. 왜냐하면 순환적 체계의 긍정과 재긍정은 이러한 자유의지를 낡은 것이 되게 하기 때문이다. 이것은, 마페졸리에 의하면, 포스트 모던적인 다양한 신화적 '동양들'('orients' mythiques)에 의하여 뒷받침된다. 다양한 불교적, 힌두교적, 도교적인 철학이나 '기술들', 대지의 힘들과 드잡이하는 아프리카 선지자들, 아프리카·브라질식 신들림 의례 그리고 다양한 뉴 에이지 실천들 혹은 점성술에 대한 관심의 증가 등이 그 예가 된다. 이 모든 것들은, 이제 개인은 최악의 경우 하나의 장난감에 지나지 않고, 기껏해야 그를 넘어서는, 따라서 그가 적응해야 하는 그러한 힘의 파트너가 된다는 것이다.(IE, p. 39)

그리고 마페졸리가 보기에, 현대적 신화의 표현물들이라고 할 수 있는 공상과학영화, 비디오 클립, 광고 등도 이러한 초개인적 '힘'을 잘 드러낸다. 이 초개인적 '힘'의 중요성은 또한, 민속적 스펙터클들, 역사적 재구축들의 성공에서도 살필 수 있고, 순례지로의 대중들의 행진에서도 발견할 수 있으며, 입문 소설들의 성공에서도 또한 파악할 수 있다는 것이다. 이 것들은 또한 '집단정신' 혹은 마페졸리가 '대중의 주관성'이라고 부른 것들과 밀접한 관련을 맺는다. 즉 이제 사회관계는 더 이상 단지 단순한 이성에 근거하는 것이 아니라, '미학의 윤리'와 연관된다.

> 그것이 '미학의 윤리'라고 부를 수 있는 것이다. 그것은 '세계의 풀', 즉 어쨌든 아무것도 없기보다는 어떤 것이 있게 하는, 그리고 이 어떤 것이 일관성이 있게 하는 이 세계의 풀에 대하여 의문을 던지는 중세의 연금술사들의 질문을 다시 던지는 또 다른 방식이다. 이 '세계의 풀'은, 따라서 그것에 각자가 그리고 각 사물이 신비로운 인력적 상응(mystérieuse correspondance attractive) 속에서 참여하는 그러한 비인격적인 힘, 생명의 흐름 안에 있다.(IE, p. 40)

이와 같은 '인력'에 대하여는 이미 마페졸리가 '주연(orgie)'의 문제 틀, 즉 각자를 타율성의 원칙에 따라 존재하게 하는 융합, 나아가서는 혼동의 문제 틀을 통하여 요약한 바를 우리는 이미 살펴보았다.(IE, p. 41)

마페졸리에 의하면, 이것이 또한 바로 일상적이고 상징적인 형상들과 여타 원형들의 중요성을 이해하게 한다. 젊은 세대들에서 볼 수 있는 팬클럽의 현상은 일상적으로 우리가 주의를 기울이지 않은 채로 체험하는, 많은 가입들을 이해하게 하는 발작적인 예라는 것이다. 록 가수에의, 스포츠 우상에의, 종교적 혹은 지적 스승에의 그리고 정치 지도자에의 마술적 '참여'들이 모두 이 예가 된다는 것이다.

비극적 분위기와 원형은 이렇게 연결된다. 그리고 이제, 마페졸리에 의하면, 비극의 시기에 중요해지는 '입문'과 '원형'의 관계를 밝히는 것이 중요해진다.

> 모든 인간의 실존인 긴 입문은 결국, 그 어원이 표지인 특징과 이 특징이 마주하는 필연성들 사이의 균형을 찾는 데에 있다. 이 균형에 도달하기 위하여 비극적 시기들에서는 원형이 그 효용성을 가질 수 있다. 병합하는 모델로서, 형태를 부여하는 유형으로서 원형은 토대 구실을 할 수 있고, 존재하게 하며, 개인적이고 사회적인 삶의 양식들의 가능성의 조건이다.(IE, p. 43)

이와 같이 자유와 필연성은, 어떤 시기들에는 '콩트라딕토리엘'의 긴장 속에서 체험된다. 마페졸리는 이것을 갈등적 조화라고 이름 붙인다. 이 과정은 또한, 마페졸리에 의하면, 융의 '개성화' 과정을 가리키는 것이다. 이 과정에서 '자아(moi)'는 그를 포함하는 '자기(Soi)'의 대상으로서 쓰이고 또 체험된다. 이것이 바로 경험적 개인인 자아를 파괴하지 않으면서, 반대로 그것을 고양시키는, 즉 더욱 광활한 전체 안으로 끌어 올리는 자기의 경험이라는 것이다. 마페졸리는 이를 다시, 사랑으로 가득 찬 필요성 안에서의 자유롭기를 의미하는 니체의 운명애와 연결시킨다. "요약한다면, 개인이 그를 그 자신에게 밝혀주는 그러한 '더 이상의 존재' 안에서 실현된다는 점에서, 평온함이 가득한 종속의 형태"라는 것이다.(IE, p. 44)

그 현대적 예로서 마페졸리는 모든 유형의 대집회, 운집, 예를 들어 스포츠를 통한 융합, 음악적 흥분, 종교 혹은 문화적 비등을 든다. 이 모든 것들은, 경제 혹은 정치적인 칙칙함이 줄 수 없는 충만함의 한 형식으로 개인을 끌어 올린다는 것이다. 이 각각의 현상에는 "기이한 것, 기이성에의 그리고 개인적 특수성을 능가하는 전체성에의 일종의 마술적 참여"가 있다. 그것은, 모든 이들이 그것에 융합하는 성(聖)의 질서인 전체성(globalité)에의 참여라는 것이다. 마페졸리는 이것이 세계의 '재마법화'가 아닌가 하고 되묻는다.

이 관점에서 보자면, 세계와 개인은 계획된 목적성을 기준으로 하여 그들이 어떻게 되어야 하는 것으로, 점진적으로 되는 것이 아니라 그들인 것으로, 말하자면 '우발적으로 된다'는 것이다(ils 'adviennent' à ce qu'ils sont). 원형은 말하자면 이 드러남에 대한 하나의 도움에 불과하다는 것이다. 즉 이미 있는 것을 드러내는 데에 쓰이는 계시자(révélateur)의 구실을 하는 것이라는 것이다. 이 의미에서, 마페졸리에 의하면, 원형의 비극적 차원과 시간의 순환적 관점 사이에는 밀접한 관련이 있다.(IE, pp. 44~45)

2. 부동의 시간

삶에의 현전

마페졸리에 의하면, 현재는 삶에 하나의 '긍정'의 표현이기 때문에 신성하다. 이 점에서 그는 철저히 니체주의자이다. "하나의 유일한 순간에 '예(oui)'라고 하면서, 우리는 이를 통해서 우리 자신에게뿐 아니라, 존재 전체에게 '예'라고 말한다."(니체) 즉 하나의 유일한 순간에 표현되는 것은, 모든 순간들이다. 따라서 한 유일한 순간을 수락하면서 긍정되고, 상환되고, 정당화되고, 확인된 것은 영원성 전체라는 것이다.(IE, p. 56)

이 점은 그리스철학에서의 기회, 잡아야 할 좋은 순간, 살아야 할 순간의 의미를 함축하는 카이로스의 개념과 만난다. 마페졸리에 의하면, 순간에 살도록 주어지는 것을 잡는 것은 긴급의 한 형태이지만, 그 긴급성은 역설적이게도 세계의 균형, 조화, 평가로 이루어진 평온한 긴급함이라는 것이다.

세계와 그 재화에 적합한 '가격'을 부여하는데, 왜냐하면 세계는 이제 즐길 수 있는 유일한 것으로 인지되기 때문이다. 이 '평가'가 옛 지혜의 근거에 있는 것이다. 즉 현재는 다형(protéiforme)이다. 그 자체로 그것을 잡아야 한다.(IE, p. 57)

이러한 문제 틀은, 마페졸리에 의하면, 예술적 창조의 그것과 만난다. 후자는 충만한 존재의 한 유일한 순간, 이제 영원성을 결정화하는 완벽한 아름다움의 유일한 순간 안에 결정화된다. 그리고 마페졸리는 충만한 존재의 이 순간이, 어떤 시기들에는 존재의 목적이 된다고 강조한다. 그리고 바로 이때, 일상생활은 예술 작품으로서 체험된다는 것이다.

운명으로서의 일상생활

예언자적 메시지들이, 마페졸리가 보기에, 그가 강조하는 '비극'의 의미를 잘 드러낸다. 마페졸리가 들고 있는 몇 가지 예들을 살펴보자. 먼저 유대교 신비주의인 카발라(Kabbalah)의 경우 중요한 것은, 그 속에서 영원성이 그 충만함 안에서 요약될 수 있는 순간들이다. 유사한 논리로 벤야민은, 그의 「역사철학의 테제」에서, 유대인들에게 있어서 "각 순간은 메시아가 지나갈 수 있는 좁은 문"임을 강조한다. 즉 '이 순간'만이, 그것이 시간과 그 다양한 우연성에 의하여 제한된 작은 자아를 초월하는 융합을 출발점으로 한 자아의 실현을 허락한다는 의미에서, 유일하게 중요하다는 것이다.(IE, p. 62)

오늘날 흔히 발견되는 이 존재 양태를 마페졸리는 다음과 같이 요약한다.

좋거나 혹은 나쁜 순간들, 그러나 중요한 것은 이것이 아니다.
그것은, 하는 수 없이 그 자체로 받아들여지고, 강렬하게 그리
고 질적으로 살게끔 하는 순간들이다.(IE, p. 63)

이 문제의식에 대한 이해를 돕기 위하여 마페졸리는 마이
스터 에크하르트(Meister Eckhart)의 표현을 상기시킨다. 즉
'순수한 가능성(pure possibilité)'으로부터 '영원한 현실성
(éternelle actualité)'으로의 이행인 충만한 실현.
　에크하르트의 이 영감을 마페졸리는 자신의 분석 틀인 '드
라마'와 '비극'에 적용한다.

즉 개인적 혹은 사회적 역사의 드라마는 지속적인 가능성(per-
pétuel possible)으로 인도된다. 이로부터 그것을 특징짓는 지속
적인 긴장인 이념적 긴장이 있다. '기획'은 문제의 드라마의 근
본적인 지표가 된다. 반면 비극은 일련의 현실화(actualisations)
에 지나지 않는다. 즉 열정, 사유, 창조들은 행위 자체 안에서 소
진되고, 절약되지 않으며, 순간에 소모된다.(IE, p. 63)

달리 말한다면, 토머스 엘리엇(Thomas Eliot)의 시 제목—
'at the still point of the world'—이 연상시키는, "있는 것의
즐김을 허락하는 안정적 지점"이 중요한데, 이것이 바로, 마
페졸리에 의하면, 귀족적 태도, 특히 민중적 귀족주의를 가능

하게 하는 것이다.

그런데 '순간' '현재'는, 삶의 전반적이고 엄격한 체계로의 재현(représenation)이나 혹은 이론보다는 '삶' '체험'과 관련이 있다. 그 삶은, 마페졸리에 의하면, 진부함 속의 삶이고, 또한 그 잔혹함 속의 삶이기도 하며, 그림자와 빛의 혼합이다. 바로 그렇기 때문에 삶은, 그것에 대해 말해야 하는 이들에게 두려움을 준다는 것이다. 왜냐하면 통제될 수 없고, 합리화될 수 없는 것은 항상 염려스러운 것으로 여겨졌기 때문이다. 또한 바로 그렇기에 니체, 짐멜, 앙리 베르그송(Henri Bergson) 등의 생기론자들이 의심받아왔던 것이다.

나아가서 마페졸리는, 한편으로는 '이성'과 '미래'를, 그리고 다른 한편으로는 '이미지'와 '현재'를 연결시킨다. "(이미지는) 직접적으로 제시한다는 점에서, '현실화시킨다'."(IE, p. 64) '이미지'가 힘차게 다시 돌아온다는 점과 '현재'에 대한 강조는 서로 깊은 연관이 있다는 것이다.

이제 "지겹고 쉬운 일들로 가득 찬 삶은, 많은 사랑을 원하는, 특별히 선정된 작품"(베를렌)이 된다.(IE, p. 65) 이 '즉각적인 삶', 즉 이론화되지 않고, 합리화되지 않은 이 삶은 그 목적성을 갖게 되지 않고, 투사(pro-ject)되지 않으며, 그 전체가 현재 속에 투입된다. 이것이 바로 사랑, 즉 강렬함을 필요로 하는 것이라는 것이다. 마페졸리가 반복해서 강조하듯이, 어떤 것을 향해서 "밖으로 뻗는(*ex-tendere*, extension)" 것이 아니라, 모둠 살이를 근거 짓고 구성하는 것 "안으로 집중하는(*in-tendere*)" 것이 중요해진다.(IE, p. 65) 현재에의 투자, 그리고 이 투자를 체험하기 위하여 나를 타인들에 묶는 것 안으로의 '강렬함'이 우선시된다. 이때 또한 중요해지는 것은, 마페졸리에 의하면, 질적인 것의 강조, 시간의 정지, 모든 부류의 의례들, 사회체의 뼈대를 실제로 보장하는 관습들이다. 이렇게 되면, 보통 사람들의 삶은 신비스러운 방식으로 사회의 유지를 보장하는 것 자체가 된다.

여기서 신비스러운 방식이라는 것은, 마페졸리에 의하면, 전통적인 입문 행위 안에서의 '신비'처럼, 개인들이 그들 간에 연합하고, 그들을 넘어서는 어떤 것과 융합하는 것을 가능하게 한다. 이것이 바로, 엄격히 종교적인 형식을 넘어서서 진정한 성적(聖的)인 차원, 즉 견고한 토대를 보장하는 불가해한 관계가 존재하게 되는 곳이라는 것이다. 이것이 또한, 마페졸리에 의하면, '아비투스', 즉 사유되거나 이론화되기 이전에 체험되는, 자연적이고 사회적인 환경과의 일종의 친근성을 근거 짓는 존재 양식을 의미하기도 한다. 이렇게 본다면, 일상생활의 모든 상황들은 자연적으로 체험된 입문의 형식이 된다.

3. 세계의 즐거움

놀이의 역능

우리는 앞서 '목적 없는 삶', 그리고 그것의 상관물들인 '사이클'과 '운명', 그것들을 표현하는 '의례' 그리고 그것들의 토대가 되는 '현재' 등에 대하여 살펴보았다. 그러나 우리는 또한 이 모든 요소들은 '비극'의 원천이기도 하지만, 동시에 삶의 강렬함을 가능하게 하는 조건이라는 점을 이미 살펴보았다. 즉 이제 더 이상 사회적, 자연적 환경을 통제하고 지배하는 것이 문제가 되지 않을 때 중요해지는 것은, 세계에 대한 보다 유희적인 관점이고, 그것은 또한 있는 대로의 세계의 일종의 수락과 같다.(IE, p. 94)

마페졸리는 자신이 '세계의 명상(contemplation du monde)'이라고 부른 것이 수락과 동시에 환희를 잘 나타내준다고 설명한다.(IE, p. 101) 그런데 이와 같은 존재의 비극적 관점과 열정의 회귀 간의 내재적 관계를 무엇보다 잘 보여주는 것은, 주신주의(orgiasm)의 회귀라고 부를 수 있는 것이다.

주신주의는 무엇보다도 "사회적 열정의 〔……〕 효율성"을 잘 나타내주는데,(IE, p. 101) 이는, 마페졸리에 의하면, 오늘날의 많은 징조들을 통하여 확인할 수 있다. 즉 사적, 공적 생활을 지배하는 정서들, 정치에서의 감정의 중요성, 육체의 숭배 그리고 스포츠, 음악, 종교, 소비에 있어서의 집단적 히스테리라고 부를 만한 것들이 그 예가 된다. 물론 이것들은 '소외'의 측면들로 해석할 수도 있지만, 그것은 또한 억누를 수 없는 '삶의 의지'의 경험으로 간주할 수 있다는 것이다.

마페졸리 자신이 강조하는 '감성적 이성(raison sensible)'은 바로 존재의 이와 같은, 현재에의 새겨짐을 잡아내기 위한 것이다. 물론, 존재의 덧없음과 무상함은 동양적 지혜의 중심축을 이루고 있지만, 이는 또한 고대 이교주의의 중요한 측면이기도 하다는 것이다. 후자에 의하면, "죽음 이후에는 더 이상의 관능적 쾌락이 없기에, 먹고 마셔야" 한다.(IE, p. 101~102) 그리고 이것이 바로 '일상에서의 쾌락주의(hédonisme au quotidien)'의 기초를 이룬다. 혹은 '비극적 쾌락주의'이기도 한데, 그것은, 마페졸리에 의하면, "동물적 본능에 고유한 점을 〔……〕 부정하지 않으면서, 그것의 최선을 주게 하는 것"이기도 하다. 혹은 한마디로 요약한다면, 여기서는 "운명의 힘과 자연의 힘은 내밀하게 연결되어 있다."라는 것이다.(IE, p. 102~103)

마페졸리에 의하면, 중요한 문화적 시기들은 언제나 위에서 언급한 두 힘인 '자연의 힘'과 '운명의 힘'의 합류에 위치한다. 바로 여기에서 일종의 집단적 건강, 그리고 삶에의 욕구가 표현된다고 할 수 있는데, 후자는 바로 우리의 실존에 가해지는 다양한 종류의 제약을 상대화시키는 것이기도 하다. 이 점에서

"명랑함의 힘은 비극적 견딤의 크기에 달려 있다."(로세)라는
표현을 이해하게 되며, 이것이 또한 "지는 것이 이기는 것"이라
는 보편적 유희의 원칙이라고 마페졸리는 강조한다. 그러나 이
것은 동시에 '집단적 **회의주의**('aquoibonisme' collectif)', 일종의
정적주의(quiétisme)를 나타내기도 한다.(IE, pp. 103~104)

다시 달리 말한다면, "기쁨을 잉태하는 것은 제약"인 것이
다.(IE, p. 105) 바로 이 맥락에서 우리는, 마페졸리가 강조하
는 디오니소스의 의미를 되새겨볼 수 있게 된다. 즉 과도함,
"위반 그리고 아노미는 설혹 그것들을 극복하기 위해서일지
라도, 한계들을 필요로 한다."라는 것이다.(IE, p. 106) 그런데
디오니소스의 고대적 이미지, 근대적인 돈후안 그리고 과도
함의 현대적인 형상들이 상기시키는 것은, 마페졸리에 의하
면, "존재의 에로틱하고 관능적인 차원"을 지속적으로 내쫓
을 수 없다는 점이다.

즉 사회성은 결코 합리적인 것, 유익한 것 안에 소진될 수
없는 것이고, 생존하기 위해서는 항상 과도한 요소들을 필요
로 하며, 이것이 바로 비극적인 것의 교훈이라는 것이다. '소
란스러운' 디오니소스를 연상시키는 청소년들의 과도함이 그
예가 될 것이다. 우레와 같고 야만적인 음악, 자동차 로데오,
뚜렷한 이유도 목적도 없는 소리들, 스포츠 트랜스 등을 마페
졸리는 그 예로 든다. 그러나 이 '그림자의 부분'들은, 마페졸
리에 의하면, 열정을 해방시키는 동시에 그것으로부터 해방

되는 그러한 카타르시스의 과정이다.

그리고 이 '그림자의 부분'이 함축하는 낡고, 썩고, 더 이상 적합하지 않은 것들의 파괴를 상기한다면, 우리는 '파괴와 죽음의 윤리'에 대하여 말할 수 있다고 마페졸리는 강조한다.(IE, p. 110) 풍자, 분노, 사랑, 과도함 그리고 폭력 등은 '작은 죽음들'인 셈인데, 이것들은 보다 큰 죽음으로부터의 보호의 기능을 행사한다. 이것은 훌륭한 동종 요법적인 과정이며, 보다 큰 건강 상태, 달리 말한다면 대립된 사물들의 상보성을 표현한다는 것이다.

> [……] 그림자 혹은 과도함은 하나의 토대를 구성할 수 있다. 이것이 진정한 윤리이다. 경우에 따라서 비도덕적일 수 있지만, 그것은 대립되는 것을 일치하게 하는 데에 만족한다.(IE, p. 110)

역의 일치. 이것은 삶에 그 반대의 부분인 죽음을 통합한 후 삶의 기쁨을 생성하고, 그럼으로써 죽음으로부터 보호받는다. 이것은 또한, 마페졸리에 의하면, 세계의 수용이 부인할 수 없는 기쁨을 잉태하는 것을 보여주는 것이다. 그리고 일상적인 삶의 거의 모든 상황에서 자라나는 '악의 꽃'에 대해 비상하게 관대한 민중적 지혜가 또한 이를 잘 보여준다는 것이다. 어떻든, 세속적 소여의 모순 어법적 구조를 인정하는 것은 통합적 관점(vision holistique)에 한발 더 다가서는 것이 된다.

사소한 일상의 예들인 동네의 삶의 의례의 즐거움들, 우정과 사랑의 친밀한 즐거움들, 다양한 축제 기회의 집단적 즐거움들은 이제, 진지하다고 알려진 영역들인 노동, 정치 그리고 소비의 영역들까지 침투한다. 그런데 이 사소한 즐거움들이야말로, 마페졸리에 의하면, 미래의 가치와 삶의 양식을 전망하게 해주는 대안적인 진정한 즐거움들이다. 또한 주연(orgie)을 받치고 있는 것도 바로 이 기쁨이다.

> 이런 의미에서 공동 열정의 나눔으로서, 순환과 교환의 재개로서, 그 전체성 안에서의 '교류'로서 주연은 원시시대의 유물이 아니다. 그것은 모든 모둠 살이의 '고대적' 토대이다. 그것은 그 자체로, 예기하지 않은 곳에서 재귀하는 사회생활의 비밀스러운 글쓰기(écriture)이다.(IE, p. 113)

이 삶의 악마적 기쁨인 주연은 그 다양한 과도함 안에서, 우리의 도시들 안에서 체험된다. 그리고 하나의 광활한 전체 안으로, 인간 본성의 모든 측면들을 통합할 줄 아는 휴머니즘이야말로, 마페졸리에 의하면, 진정한 휴머니즘인 것이다.(IE, p. 114)

비시간성

이와 같은 역의 일치를 바탕으로 이제 마페졸리에게는 '내적 이성(raison interne)'을 포착하는 것이 중요해 보인다. 왜냐하면 그것이 '역동적 뿌리내림'을 가능하게 하고, 더 나아가서는 '일반화된 상호작용'(IE, p. 130)을 가능하게 하는 것일 것이기 때문이다.

이를 위하여 마페졸리는 '사회적 리듬'의 주제로 다시 돌아온다.(TP 참조) 즉 한 주어진 시대의 특징을 잡아내기 위하여 그 시대의 사회적 리듬(rhythme social)을 포착하기. 마페졸리에 의하면, 시간이 멈추는 것 같은 시기들이 있다. 이와 같은 시간의 정지는, 나타나는 것(ce qui se présente)을 즐기는 것을 가능하게 한다. 말하자면 시간의 부동성(不動性)은 강렬함의 욕구와 함께한다는 것이다.

마페졸리가 인용하는 그리스 시대 전문가 베르너 예거(Werner Jaeger)에 의하면, '리듬'은 "한 정지된 지점으로부터의 운동"으로 정의된다.(IE, p. 119) 그 정의는 일종의 역설을 나타내는데, 이와 같이 안정성과 동시에 운동으로서의 리듬은, 비극을 사는 하나의 방식이 된다. 즉 삶의 짧음을 인식하면서 그것을 최대한으로 즐기는 것이 이제 중요하다는 것이다. "각자는 하데스(Hades)를 만나게 되어 있지만, 그럼에도 불구하고 존재는 아이들, 우정, 사랑, 술 그리고 감각의 축복 등의 행복들로 점철되어 있"는 것이다. 물론 마페졸리에게 있어서, 이와 같은 쾌락주의는 전혀 개인주의적이지 않고, 집단적 윤리의 근거가 된다.

그런데 이와 같은 '정지'의 주제는, 마페졸리에 의하면, 인류 역사에서 재귀한다. 또한 그것은 시간을 공간화하려고 한다. 그러므로 이러한 시기에는 영토, 사회성의 장소들, 육체의 숭배, 방언, 지역 풍속, 일상적인 의례 등, '공간'의 다양한 변주들이 중요해진다. 모더니티에 고유한 역사(Histoire)는 이제 '작은 이야기들(petites histoires)'에 그 자리를 내어주게 된다.

> 이 타인들과 공유하는 '작은 이야기들'은 옛 야회(夜會)의 사회적 토대를 구성하였었는데, 이제 우리는 그것을 현대의 사회성의 기초에서 재발견한다. 그것은 보잘것없고, 구체적인 의도가 없지만, '수다(papotage)'라고 불러야 적당한 것과 관련이 있다. 동네의, 다양한 이웃의, 친구들과의 수다들이 그 예일 것이다. 그런데 여기서 소통의 근거가 되는 것은 서구 전통에서의 규범인 이론적이거나 혹은 정보의 내용이기보다는, 신비스럽고, 미묘한 그리고 여러 측면에서 결정할 수 없는 연결인 것이다. 태곳적의 기억의, 뿌리내린 고풍주의의 기억에 대한 창건 신화들 그리고 여타 '비현실적인' 형태들의 기억에 대한 반향과 같은 비언어적 소통인데, 이제 실재의 구조화에 있어서의 그것의 중요성은 점점 더 부각되고 있는 것이다.(IE, pp. 122~123)

결국 여기서의 '실재'는, 공간 속에 결정화된 작은 이야기들임을 마페졸리는 강조한다. 그리고 이것이 바로, 마페졸리

에 의하면, 비언어적 융합(communion non verbale)의 근거이
다. 그것은 또한, 정감적 분위기에 의하여 결정되는 '지역주
의적'이고, 공감적인 소통이기도 하다는 것이다.

> 그것 덕택에 화자가 그의 어린 시절의 시간과 장소들을, 그것들
> 을 특징짓는 분위기들과 의례들을, 요약하자면 강렬하게 체험
> 되었기에 언제나 그리고 새롭게 현전하는 시간의 지울 수 없는
> 이 맛을 기억하는, 그러한 프루스트의 '마들렌'에 대하여, 이 작
> 고 향기로운 과자인 공간의 이 좁은 조각에 대하여, '아인슈타
> 인화된 시간'(뒤랑)을, 즉 공간 안에 축약되는 시간을 지칭하기
> 위한 메타포를 이야기할 수 있었다.(IE, p. 123)

위의 이미지는, 마페졸리에 의하면, 이 새로운 혹은 부활하
고 있는 통합적이고 사회적인 리듬을 잘 규정해준다. 그것은
시간과 공간을, 운동과 안정성을 잘 통합해준다.

4. 가상의 세계

마페졸리가 초기 저작들에서부터 관심을 기울여왔던 '외
양'에 대한 분석은, 후기로 그 문제의식이 이어져 오면서 반
복되고 심화된다. 이제 그가 분석하는 바대로, '외양'과 관련

한 몇 가지 특징들을 잡아내어 보도록 하자.

우선 '외양'에 대한 강조는 서구 전통에서 일정한 비중을 차지해온, '형식(forme)'과 '본질(fond)'의 구분에 일단 의문을 제기하게 한다고 마페졸리는 강조한다. 왜냐하면 사물의 외양에 대한 비판들은 위의 이분법에 근거하고 있기 때문이다.

그러나 우리가 앞서 살펴보았듯이, 존재의 운명적 측면과 순환성, 영원한 순간, 삶에의 현존 등에 대한 강조는, '그 자체로서의 존재(l'existence en tant que telle)' "볼 기회가 주어지고, 살 기회가 주어지는 바대로의 존재(l'existence telle qu' elle se donne à voir et à vivre)"를 중요하게 여기게 한다는 것이다.(IE, pp. 133~134) 마페졸리에게 있어서 이와 같이 "있는 것을 인정하는 것"은, 우리가 이미 여러 차례 살폈듯이, 언제나 '당위'로부터 출발하는 것을 피하기 위함이다.

'외양'은, 여러 차원의 중요한 함의를 갖고 있다.

"[……] 외양은 사회성의 용광로이다. 그것은, 모든 이와 모든 것의 무상함의 원인이자 결과인 것이다. 이것이 그것을 비극과 연결시키는 것이다. 그러나 강렬함에 호소하는 무상함이고, 모든 사회생활의 근거 자체인 생의 도약을 야기하는 무상함인 것이다."(IE, p. 134)

마페졸리에게 있어서, '보는 것' '보여지는 것' 그리고 '강렬하게 사는 것' 사이의 이와 같은 연결은, 현 시대에 '이미지' '육체' 그리고 '감각적인 것'이 재평가되고 다시 중요성을 찾는 것과 연관되어 있다. 그것이 제도화된 '권력'의 차원이든, 아니면 '역능'의 차원이든, '외양의 놀이'가 무엇보다 중요해진다. 따라서 정신 활동을 포기함이 없이 어떻게 이 경험의 힘을 통합할 수 있는가, 즉 어떻게 전체성 안에서의 삶에 접근할 수 있는가가 마페졸리에게 있어서 중요해진다.

마스크들의 신화

앞서 우리는, '비극'은 존재를 그 전체성 안에서 파악하는 것이라는 점을 살펴보았는데, 바로 이 점에서 '비극'은 전혀 '도덕적(moral)'이지 않고, 오히려 '의무론적(déontologique)'이라고 마페졸리는 덧붙인다. 즉 '의무론'의 경우, 이제 중요한 것은 상황들(*ta deonta*)이고, 여기에서는 반대되는 것들이 뒤섞인다.

> 상황들은 결코 칼로 자른 것 같지 않고, 그것들은 결코 완전히 하얗거나 검거나 분홍빛이 아니다. 그것은 단색화 속에 무지개 빛깔들의 모든 팔레트를 표현한다. 하나의 색은 갑자기 다른 색으로 보내진다.(IE, p. 142)

이제 다양한 이원론들과는 거리가 멀다. 외양은 심층과 표면 사이의, 즐김과 고독 사이의 그리고 삶과 죽음 사이의 연결을 상징한다.

아니 오히려 존재의 다양한 측면이, 많은 세속적 표현을 통해서라야만 존재할 수 있게 된다. 이와 관련 마페졸리는 로제 바스티드(Roger Bastide)가 이야기하는 '마스크들의 신화'를 언급한다. 이 경우 마스크라는 것은, 그것을 발하는 개인을 넘어서는 담론의 '확성기'처럼 쓰인다는 것이다. 그리스비극은 그 구성상 다원적이고, 그것이 인간 실재의 가장 다양한 요소들을 함께 유지한다는 의미에서 상징주의와 관련이 있다고 마페졸리는 강조한다.

따라서 마페졸리가 반복하여 사용하는 이분법으로 돌아온다면, 모더니티의 '개인'과 그의 기능, 그가 입는 '순전히 기능적인 유니폼', 그것을 받치고 있는 '동질적이고 빈' 시간과 대비하여, '사람'은 반대로 하나의 순간적인 마스크(persona)에 지나지 않는다. 그는 그가 종속되는 하나의 전체 안에서 그의 역할을 행하지만, 그러나 그는 내일이면 그 역할로부터 벗어나서 다른 형상을 담당할 수 있다. 이런 점에서 그의 시간성은 현재주의이다. 그리고 이를 함수로 하여 이제 외양에 강조점이 주어진다.

마페졸리 자신이 들고 있는 예들을 살펴보자. 우선 큰 축제에서의 변장, '하이패션'의 다양한 의례들이 그 과장된 예들

이라면, 유행, 몸 관리, 다이어트 등은 일상생활의 예들이라
고 할 수 있다. 일반화되는 화장은, 마페졸리에 의하면, '상징
주의'의 좋은 지표가 된다. 그럼으로써 외양의 경박함이야말
로 우주의 다양한 요소들을 접촉하게 하는 좋은 수단이라고
마페졸리는 강조한다.

> 고유한 육체의 격앙은, 이제 그것이 집단적인 체 안에 소실되는
> 것으로 귀결된다. 마치 특수한 것—그것에 의하여 내가 나를
> 구분하는 것—으로부터 일반적인 것—나를 타인들과 유사하
> 게끔 하는 것—으로 이행하는 것이 유행의 논리 안에 있는 것
> 처럼.(IE, p. 144)

이와 동시에 외양이 의미하는 바는, 그에 비한다면 외양은
다소 빛나는, 순간적인 지지물에 지나지 않는 그러한 '알려지
지 않은 그것(ça inconnu)', 비인격적 운명이 아니라면, 아무
것도 지속되지 않는다는 점이다. 그것은 결국, 마페졸리에 의
하면, 일체성(unicité), 모든 것이 지탱된다는 사실, 복잡성 그
리고 가역성을 상징한다.(IE, pp. 144~145)

외양과 관련하여 마페졸리가 강조하는 또 다른 점은, 만일
외양이 종말과 무상함을 나타내준다면, 그것은 또한 즐거움을
잉태해줄 수 있다는 사실이다. 이는 또한 요즈음의 '해프닝
들' '보디 아트' 그리고 트랜스 음악들이 보여주는 바들이다.

이 모든 경우, 주신제적 고삐 풀림이 동반된다. 이 고삐 풀림은 집단적인데, 왜냐하면 외양은 결코 개인주의적이 아니기 때문이다. 반대로 외양은 타인의 시선하에 그리고 그것을 위하여 구축된다. 이 의미에서 그것은 상징주의와 관련이 있는 것이고, 바로 그렇기에 마스크의 신화를 이야기할 수 있는 것이다.(IE, p. 146)

추함의 아름다움

심층의 부과를 벗어나고, 표면에 있는 것으로 만족하는, 그럼으로써 전체성과 질적인 것의 저장고로서 만족하는 상황들과 장소들이 있다. 그 좋은 예는, 마페졸리에 의하면, 일상과 그 '현재주의'이다. 그것을 특징짓는 정적인 분위기(ambiance affectuelle)는 외양, 보여지는 삶에 근거를 두고 있다. 이 의미에서 '엿보기 취미'는 사회성의 좋은 벡터이다. 일상은 감정과 정서를 연극화하고, 그것을 하나의 미학의 윤리가 되게 한다.

마페졸리가 인용하는 베네치아에 대한 짐멜의 관찰이 이 점을 잘 보여준다.

왜냐하면 이것이 바로 베네치아에 비극이 있는 것이고, 그것을 우리의 세계에 대한 관점의 형식들의 완전히 유일한 덧없음의 상징으로 만드는 것이다. 모든 이유를 상실한 표면, 그 안에 어떠한 본질도 살지 않는 외양들이, 그렇지만 복잡하고 실체적인 실재로서 우리가 실제로 살아야 하는 하나의 삶의 내용처럼 주어진다.(G. Simmel, *Philosophie de la modernité*, Paris, Payot, 1989, pp. 275~276; IE, p. 153에서 재인용)

죽음을 통합함으로써만 삶이 되는, 그러한 삶의 '복잡한 현실'을 짐멜은 잘 보여주고 있다는 것이다.

이것이 또한 우리가 '장식'에서 발견할 수 있는 역할이기도 하다. 흔히 장식은 피상적이고 가볍고, 따라서 불필요한 것으로 인식되었기 때문에, 경멸 어린 시선을 받아왔다. 1950년대의 포스트 모던 건축은 이 관점에 대항한 하나의 좋은 예가 된다. 왜냐하면 그것은, 미학이 꼭 기능적이 되어야 할 필요는 없다는 점을 보여주려고 하였기 때문이다. 그들은 다양한 건축적 '인용들'로 된 주거 단위들을 구상한다. 그 결과는, 예를 들어 고딕, 바로크, 클래식, 그러나 효용성도 간직하는 패치워크인 셈이다.

또 다른 예로서 마페졸리는, 구스타프 클림트(Gustav Klimt)의 「아델 블로흐 바우어Adèle Bloch-Bauer의 초상」을 자연—문화의 비—구분의 패러다임의 예로서 들고 있다. 장식의 형식들은 거기에서 자연적 요소들과 인간적 요소들의 윤곽들을 지우면서 그것들을, 부분들을 지배하는 하나의 전체가 되게끔 한다는 것이다.

결국 중요한 것은, "감각적 형식들 덕분으로 나와 나를 둘러싼 세계 사이의 융합"이 이루어지는 것이다. 이제 의미가 있는 것은 이 전체이지, 더 이상 먼 목표가 아니라는 것이다. 실체는 이제 사건들에 자리를 내어준다. 그것이 유겐트양식의 장식주의이건, 키치이건, 대도시 교외 주거지의 민중적 정원이건 여기에는, 마페졸리에 의하면, 인간을 그의 환경에 이어주는, 큰 전체와의 융합의 유토피아를 다시 이야기해주는, 우주 발생론적인 생기론적 역능, 즉 신화와 상징주의의 질서에 속하는 모든 것들이 있다.

> 왜냐하면 삶의 고유한 점은 나타나는 것이고, 꿈, 환상 그리고 다른 곳에의 욕망을 '내재화'하는 것이기 때문이다. 장식은 이 의미에서 투사되지 않고, 투사하지 않고, 모든 사물들을 상대화하고, 그것들을 관계 맺어주고, 그것을 통하여 조화의 벡터가 된다. 그것은 자연을 문화화하고, 문화를 자연화한다.(IE, p. 156)

우리가 앞서 살펴보았듯이, 세계에 대한 재현 대신, '세계의 제시(présentation du monde)'가 중요해진다. 즉 현상학의 흐름 안에서, 마페졸리가 '사회적 소여' 혹은 '세속적 소여(donné mondain)'라고 부른 것을 즐기는 것, 수락하는 것이 이제 중요하다는 것이다.

그러면서 마페졸리는 후자, 즉 '세속성(mondanité)'의 표현이 갖고 있는 양가성에 주의를 기울일 것을 요한다. 그 표면적 의미에서 그것은 관계, 대화, 모든 차원의 의례적 만남들을 의미하지만, 동시에 그것들은 그것들 없이 지낼 수는 없는 어떤 것들이다. 민중적 술집들, 주말의 무도회, 친구들 간의 만남, 그룹 여행, 칵테일파티, 콜로키엄, 세미나 그리고 수많은 '업무' 모임들에서 마페졸리가 보기에 중요한 것은, '부족'의 구성원들이 서로 다시 만나는 것이고, 그들 간의 다소 연극적인 '상호 현전(co-présence)'이다. 타인에게 나타나고, 타인의 눈을 끄는 것이 중요하며, 이것이 없다면 사회생활도 없다. 즉 존재하기 위해서는 스스로를 보게 해야 하고, 보여져야 한다는 것이다. 달리 말한다면, 우리는 타인의 시선 안에서만, 그것에 의하여서만 존재하는 것이다.(IE, pp. 157~158) 마페졸리에 의하면, 이 모든 것은 '구분' '분리'를 무화시키는 '점착성'과 관계된다. 말하자면 행위, 말, 존재 양식에 있어서 타인에게 '달라붙고', 타인처럼 하는 것이다. 혹은 그것은 또한, 우리가 앞서 살펴본, '세계의 풀'이라는 표현을 상기시킨다는 것이다. 이렇게 본다면, '상호 현전'으로서의 세속성은 단순한 사교성(sociabilité)이 더 이상 아니라, 근본적인 사회성임을 마페졸리는 강조한다.

그런데 이 관계는 단지 사회적이지만 않고, 자연적이기도 하다. 정신의 생태학 혹은 엄격한 의미에서의 생태학이라고 할 수 있는데, 그것은 세계의 아름다움을 함께하는 것에 근거하고 있다는 것이다. 그리고 이와 같이 타인들의 살, 자연의

‘살’을 즐기는 데에는, 약간 이교도적인 일종의 에로틱이 있다는 점을 마페졸리는 강조한다.(IE, p. 158)

즉 ‘함께’가 가능한 것은, 자연과 그 산물을 즐기면서만 가능하다는 것이다. 많은 모임들은 하나의 산물, 하나의 장소, 하나의 특수성을 중심으로 창조되고, 하나의 특수한 신의 보호 밑에 만들어진다. 일종의 분위기로서의 종교성(religiosité ambiant)이라고 할 수 있다.

> 타인과 함께 자연적 이타성의 어떤 한 요소에 연결되면서 그 타인에게 연결된다.〔……〕즉 ‘빵’이나 여타 공동의 (명시적 혹은 묵시적) 산물을 공유하면서만 실재적 관계가 있다. ‘빵’은 물론 여기서 은유적이다. 아름다움을 즐길 수 있을 때라야만, 이 세계가 제안한 기쁨들을 수락할 줄 알 때라야만 진정한 조화가 있다는 점을 상기시키는 은유인 것이다.(IE, p. 159)

말하자면 자연적 ‘체’의 공유에 근거한 ‘사회체’의 구성인 셈이다.

이와 같은 이교주의적 감수성은, 마페졸리에 의하면, 무엇보다 양식(bon sens)의 일이다. 이 양식은 특히 있는 것에의 놀라운 적응을 보여주는데, 그 가장 단순한 형태가 바로 관용이다. 그러나 그 관용은, 마페졸리에 의하면, 그 자체를 위한 것이 아니라, 전체적 조화의 보장자인 셈이다. 즉 "세계를 이루기 위해서는 모든 것이 필요하다(Il faut de tout pour faire le monde)."라는 것이다.

이와 같은 가치의 다신주의를 설명하기 위한 예는 일상생활이나 혹은 조각에서의, '아름다운 꼽추(beau bossu)'의 경우이다. 추한 것의 아름다움, 비극의 고유한 점을 후자는 상기시키는데, 이것이 바로 우리가 일상에서 재발견하는 형태의 훼손, 추함, 역기능에 대한 굉장한 관용을 이해하게 한다는 것이다. 그것은 또한 미리 확립된 전범을 출발점으로 하여 선험적으로 기능하지 않는다는 점에서 일종의 '윤리적 비도덕주의'라고 할 수 있고, 있는 것 속에서 '당위'의 가능한 형식을 인지한다는 점에서, 일종의 정신적 물질주의이기도 하다고 마페졸리는 분석한다.(IE, p. 161)

유사한 예는 '완벽한 인간'에 대한 독일식의 알레고리에서도 발견된다고 한다. 이 '완벽한 인간'의 경우 동물적이고, 그에게 숙고할 시간을 부여하는 듯한 굽은 목은, '가슴을 상징하는 사자'의 머리에 박혀져 있다는 것이다. 이는, 마페졸리에 의하면, 자연적 생기와 인간적 지혜의 연결을 보여주는, '감각적 이성'을 보여주는 좋은 예가 된다.

인간과 동물, 문화적인 것과 자연적인 것 간의 경계들은 구멍이 난다. 그럼으로써 이제, 있는 것은 다원적이라고, 세계의 아름다움은 다의적이고 양가적이라고 말할 수 있게 된다. 이 모든 것의 수락이, 마페졸리에 의하면, 모든 다양한 추상적인 '당위'를 넘어서서, 유일한 체험된 당위인 복잡성의 당위(devoir-être de la complexité)를 구성한다. "얼굴은 여기 당신에게서만 존재한다."(M. Kundera, 『불멸성』) 따라서 마페졸리에 의하면, 그것이 설혹 흉물스럽다고 할지라도, 세계의 얼굴을 받아들여야 한다.

> 이것이 바로 비극과 외양의 연결이 제안하는 쓰라린 지혜이다. 니체적인 운명애의 그것이거나 혹은 보통 사람들의 삶의 일상적 삶에 고유한, 체화된 그것이거나 하나의 '즐거운 지식'이 그것이다. 어떤 경우이건, 아름다움은 사물의 필요성 안에 자리잡고 있다는 것을 이해하는 것이 문제이다. 이를 통해 '운명(*fatum*)'은, 이 동일한 사물들이 아름다워지도록 허락할 수 있다는 점에서, 단순한 수동성이 아닌 것이다.(IE, pp. 163~164)

5. 사물의 유기성

야생적 생기론

비극, 감정, 열정의 중요성 그리고 그것으로부터 유래하는 '내적 이성'의 발현, 그것이 그대로 드러나는 외양의 중요성 등을 점진적인 방식으로 서술한 후 마페졸리는, 이제 하나의

'전체'로서의 삶을 그 중심 원리로 삼고 있는 생철학의 원칙들을 다시 확인한다. 이를 통해 마페졸리는, 우선 삶 자체가 그 존재의 온전성(entièreté de l'être) 안에서 파악되어야 한다면, 그 삶은 또한 자연과 우주와 하나의 유기적 전체를 이룸을, 그리고 그것을 파악하기 위해서는 유기적 이성, 감성적 이성이 필요함을 역설한다.

> 〔……〕사람들은 체화된 지식으로, 삶이 나누어지지 않는다는 것을 안다. 그것은 빛과 그림자를, 관대함과 비열함을 포함한다. 삶의 온전성을 인식하고 확인해야 한다. 이것이 바로, 장기 지속에 있어서, 민중 문화에 토대를 제공하는 비극의 쓰라린 지혜이다.(IE, p. 166)

충격적이고, 불규칙적이고, 나아가서는 추하기조차 한 삶, 보여지는, 살게 주어지는 바대로의 삶의 수락을 체화된 지식으로 살아가는 보통 사람들(homme sans qualité)은, 따라서 마페졸리가 보기에, '철학자'이고, 하나의 '생철학'의 진정한 전문가들이다. 이는 물론, 우리가 앞서 살펴보았듯이, 마페졸리에게 있어서, 추상적 도덕보다는 윤리적 비도덕주의(immoralisme éthique)와 관련된다고 할 수 있다.

그런데 여기서 핵심적인 것은, 위의 인용문이 보여주듯이 생기론과 '역의 일치' 간의 연결이다. 이러한 대립되는 사물들

의 일치는, 마페졸리에 의하면, 존재의 확장, 배가, 따라서 역
동성의 동력이다. 즉 삶이 의미가 있는 것은 단지 그것을 죽음
의 관점 안에 위치시킴으로써만이고, 기쁨, 즐거움이 의미가
있는 것은 유한성을 수락하면서, 지금 여기서 주어지는 좋은
순간과 사물들을 이용할 줄 앎으로써만 그렇다는 것이다.

> 〔……〕 모든 삶의 의지의 애매한 구조. 존재에 그 모든 무게와
> 가치를 부여하는, 하나의 모순어법적 합일 속으로 복잡하게 얽
> 혀 있는 삶과 죽음. 이렇게 하여 그 만개가 종말의 필연적인 기
> 호인, 그 유약한 운명 속에서의 꽃. 매우 아름다운, 그렇지만 소
> 멸되기 전에 미소 짓는, 매우 고통스러운 꽃.(IE, p. 168)

이런 '역의 일치'의 관점에서 보았을 때, 마페졸리에게 "순
수한 정신은 하나의 환상일 뿐"(IE, p. 169)이고, '복부의 사
유' '악마적 지혜'가 중요하게 된다.

마페졸리에 의하면, 이와 같은 야생적 생기론은 포스트 모
던 고풍주의에서 흔히 발견된다. 그것은 동양의 '기(氣)'—자
아를 타인들과 자연과 연결 지어주는 생명의 흐름—와 관련
한 주제의 회귀로, 동물, '동물성(bestialité)'—예를 들어 지
중해에서 살필 수 있는 재생산의 힘으로서의 황소 찬양—의
찬양, 그리고 포스트 모던 테크노의 땀 흘리는 육체에 이르기
까지 그 변주는 다양하다. 아마도 그것들에 공통적인 점은,

마페졸리에 의하면, "인간적인 것의 동물적 차원을 동종 요법적으로 받아들이면서 그것으로부터 스스로를 보호하는 동시에 그것의 '실체적 정수'를 끄집어내는 것이다."(IE, p. 171)

이와 같은 '자연적인 것의 회귀' '인간 속의 동물'의 재귀에 대하여 우리는 최선의 경우, 그리고 최악의 경우를 상정해볼 수 있는데, '최선의 경우'의 시나리오가 어떨지를 일단 그려보고자 하는 마페졸리를 따라가 보자.

일단, '동물'의 회귀는 이 세상의 맛(saveurs du monde)에 대한 취향을 되살린다. 여러 종류의 '쾌락주의' '세계에 대한 사랑(amor mundi)'이 마페졸리가 보기에 그 좋은 지표들이다. 그리고 이에 상응하는 사유가 '감성적 이성'인데 이는 동양적 사유에 익숙한 부분이다. 이 사유는 진부한, 일상적인 존재 안에서 보여지는, 살게 주어지는 인간적 불완전을 넘어서서 진리, 선, 정의를 찾기보다는, 이 대지가 제공하는 모든 감각적인 선물의 유혹을 동반하는 데 만족하는 '명랑한 지식'이라는 것이다.(IE, p. 173) 또한 이 사유에 고유한 생기론은 피조물로서의 인류를, 그것의 토대 구실을 하는 '어머니 대지'에 연결시키는 우주적 감정의 직관과도 연결되어 있다.

사물들의 힘

삶과 죽음의 유기적인 얽힘은, 마페졸리에 의하면, 추락,

시련 그리고 구원의 원형적 체험을 다시 보여주는 것에 다름 아니다. 즉 그것은, '부활'의 원형이라고도 할 수 있다.

> '부활'의 원형이 우리에게 가르쳐주는 것은, 삶이 어떤 유대·기독교적 철학에 고유한 단순한 인과적 단선주의에 새겨지지 않는다는 점이다. 〔……〕 삶은 그 가시적이고, 만질 수 있고, 실증적인 측면으로 환원될 수 없다. 전혀 반대로, 초월적인 삶만이 있을 뿐이다. 즉 삶은 그 반대를 통합하고, 그로부터 자양분을 얻는다. 삶의 변형(transfiguration), 즉 형상으로부터 형상으로의 이행인 셈인데, 이것이 바로, 장기적으로 보았을 때 부인할 수 없는 영원성을 보장하는 것이다.(IE, p. 183)

이와 같은 통합적 세계관, 생기론의 회귀는 또한 '원형'의 회귀, 그리고 앞서 살펴보았듯이, '고풍주의'의 회귀와 연결된다. 후자는 마페졸리에게 있어서 디오니소스의 테마, 부족주의 그리고 유목주의의 주제와 연결된다. 이러한 고풍주의는 그리고 이 고풍주의의 원인이자 결과인 자연과 문화의 가역성은, 마페졸리에 의하면, 여러 분야를 가로지르며 관찰된다.(IE, pp. 185~189)

이러한 결합은 음악의 경우, '음악적 야만'을 통하여 보여진다. '테크노' '레이브파티' 그리고 '하우스 뮤직' 등이 그 예이다. 이를 통해, 가장 세련된 기술 장치들과 가장 고풍스러운 연출이 결합된다. 「스타워즈」와 같은 영화들의 성공도 마찬가지의 관점에서 마페졸리는 설명한다. 신화들의 중요성이 강조되는 비디오 클립들 그리고 레이저 검과 기사가 통합을 이루는 만화들 그리고 그 중요한 부분이 현대의 신화라고 할 수 있는 광고들을 마페졸리는, 그 좋은 예로 들고 있다. "현대의 역사가 단순화시킨다면, 현대의 신화는 복잡화시킨다."

마페졸리에 의하면, 이 결합은 비합리주의의 찬양이 아니라, 이성과 정서가 서로를 풍요롭게 해줌을 보여준다. 이는 호세 오르테가이가세트(José Ortega y Gasset)의 의미에서의 '합리·생기주의(ratio-vitalisme)'이기도 하다는 것이다. 오르테가이가세트에 의하면, 이성은 삶으로부터 나오지만, 삶은 이성 없이는 지속될 수 없다.(IE, p. 188)

이는 또한, 마페졸리에 의하면, 시적 사유이고, 그 온전성 속에서의 인간에 대한 사유이며, 매개 없는 사유이기도 하고, 우리를 '상응'의 주제로 이끄는 것이기도 하다.

거의 마술적인 방식으로 삶에 참여하면서 보이고, 살게 주어지는 것을 진지하게 받아들이는 것. 이를 통해 의도적으로 사물들, 말들 그리고 인간들이 놀랍고 복잡한 상응의 놀이 안에서 함께 진동하는 그러한, 하나의 광대한 상징체계 안으로 들어간다.(IE, p. 192)

이제 그 어원적인 의미가 지칭하는 것처럼, '함께 태어나는 (*cum nascere*)' 지식(connaissance)이 실재를 가르고, 분리하고, 분석하는 순수하게 지적인 이론보다 중요해진다고 마페졸리는 강조한다. 그리고 바로 이와 같이, 유기적 사유가 사회적이고 자연적인 모든 상응들을 표현할 때, 세계에 대한 비극적 관점이 강조된다.

운명의 수락, 있는 것의 긍정, 그 모든 측면에서의 세계에 적응할 필요성은, 마페졸리에 의하면, '강인한 영혼'을, 즉 "삶의 내적 논리라는 것은, 자연적이고 사회적인 전체 안에서 각 부분은 그 자체로 아무 가치가 없고, 단지 그것이 다른 것들과 관계를 맺을 때에만 그렇게 되는 그러한 하나의 '위계적 연쇄'라는 것을 인정할 수 있는 영혼"을 요구한다. 그 영혼에게는 따라서 "사회계약을 형성하는 평등한 개인들 간의 단순한 합이 더 이상 아니고, 보다 훨씬 구체적이고, 보다 훨씬 견고한 유기적 연대 안에서의 차이들의 시너지"가 보다 중요해진다.(IE, p. 198) 이로써 마페졸리는 모더니티를 받치고 있는 근간 중의 하나인 사회계약론과 개인주의를 넘어서려고 한다.

6. 사회적 점착성

공감(*Empathie*)

마페졸리가 보기에 이제 근본적인 것은, '관계의 중요성'이다. 문제들은 이제 '관계'라는 표현으로 제기된다.

> 타인과의 관계, 세계와의 관계, 환경과의 관계. 요약한다면, 나에게 귀속된 운명과의 관계. 운명으로서의 개인적 육체, 운명으로서의 우리가 사는 공간, 운명으로서의 사회적 상황 등. 통제할 수 있고 지배할 수 있는 역사보다는, 적응해야만 하는 운명. 존재의 집단적 차원에 의미를 다시 부여하고, 개인이 사회체 안에 '소실'되게 하는 것은 이 모든 것이다.(IE, p. 202)

마페졸리가 자주 드는 예들인 스포츠의, 음악적인 그리고 종교적인 운집(affoulements)들은 '융합' 그리고 더 나아가서는 '혼동'을 잘 보여준다는 것이다. 이는 모두 모더니티의 '개인' '에고'가 파열되고, 용해되는 것을 잘 보여준다.

그런데 이러한 '망아(忘我, extase)'—'extase'는 그 어원상 '자아로부터 벗어남'의 의미임—상태는 한편으로는 감각과 감성적인 것들에 부여된 중요성의 증가, 그리고 다른 한편으로는 기술 발전의 도움과 함께한다고 마페졸리는 지적한다.

우선 육체의 격앙, 외양의 놀이 그리고 이것들이 유도하는 연극성 등은 전혀 개인주의적이지 않으며, 보다 큰 집합체(corps collectif) 안으로의 흡수를 나타낸다는 것이다. 여러 스포츠의, 성적, 음악적 그리고 자연주의적 부족들은 기본적으로 그 자체로 찬양되는 육체와 감각들의 현현에 근거하고 있다. 마찬가지로, 비디오 텍스트나 인터넷에서의 토론의 포럼, 철학, 문화, 종교, 성적인 추구와 만남들은 '비물질적 공간(espace im-matériel)'이 갖출 수 있는 부정할 수 없는 효율성을 증명해준다. 이 모두, 마페졸리에 의하면, 신비적 결합, 관계를 맺고자 하는 욕망 그리고 타인과 '닿고자' 하는 욕망을 보여준다.(IE, pp. 203~204)

이 문제 제기를 마페졸리는 다시 "타인과의 삼투 속에서, 자연과의 상응 안에서 살게 하는 것"을 의미하는, '공감'이라는 개념을 통하여 요약하고자 한다. 그런데 이 문제 제기는, 우리가 이미 살펴보았듯이, 타자와의 거리 두기가 지배적이었던 다른 시기들의 그것들과 구분된다. 이 시기들의 경우, 사회관계는 합리화되고, 자유의지에 의한 그리고 법적인 '계약(contrat)'이 중요시된다. 자연은 이때 객관화되고, 부차적인 것이 되며, 물론 도구화된다. 보다 도식화시키면서 마페졸리는, 한편으로는 '자연'이, 다른 한편으로는 '문화'가 각각 시대에 따라서 지배적이 된다고 분석한다. 이는 또한 그리스 시대의 '자연(*phusis*)'과 '법(*nomos*)'의 대립과도 비견될 수 있다고 마페졸리는 분석한다. 전자의 예는 그리스의 경우, 견유학파의 디오게네스 라에르티오스(Diogenes Laertios)가 그 대표적인 예일 터인데, 그에게 있어서 중요한 것은 '삶의 야만화'였다는 것이다. 이는 포스트 모던 시대의 '야만적인 것의 회귀'와 연결된다고 마페졸리는 분석한다. 이제 '털' '벗은 것' '날 것'들, 요약한다면 그 다양한 변주하에서의 '야생적인 것'이 회귀하고, 이 회귀는 "우리들 각자 안에 있는 동물적인 것의 지속성"을 상기시킨다.(IE, p. 205)

그것은 또한, 우리들이 그로부터 유래한 대지적 자연, 그리고 대지적 자연이 그 원천인 생명의 흐름을 상기시키는 것이기도 하다.

> 모더니티 동안 만들어진 것(ce qui est fait), 최종 산물(ergon)에 집착하였다면, 자연적인 것의 회귀는 에너지(energia)에, 즉 생성되는 것(ce qui se fait), 자라고 성장하는 것, 즉 삶의 생명력 혹은 모랭처럼 말한다면, '삶의 삶'에 주의를 기울이게 한다.(IE, p. 206)

그리고 이와 같은 '가치의 심층적인 변화'는 마페졸리로 하여금 '세계의 동양화(orientalisation du monde)', 그리고 '세계의 여성화(féminisation du monde)'를 이제 논하게 한다.

여성적 융합

뒤랑이 분석하는 신화소(神話素)들을 빌려 오면서 마페졸리는 포스트 모던적 '문화의 부글거림(bouillon de culture)'과 '세계의 여성화'를 연결시킨다. 뒤랑의 경우, 우선 풍요로운 '우글거림(grouillement fécondant)' 그리고 다양한 형태의 '득실거림(fourmillement multiforme)'은 옛것, 생동성 그리고 동시에 갱생을 지칭하는 신화소들이다. 다른 한편 물의 상징, 여성화, 다모성(多毛性) 등은 자연 혹은 동물성과의 연관을 보여준다. 바로 이 점에서, 마페졸리에 의하면, '모던의 행동주의'에 대비되는 '세계의 여성화' '세계의 동양화'를 말할 수 있다.(IE, pp. 207~208) 이제 문제가 되는 것은 오히려, '동물성의 현현'이라는 것이다. 후자는 존재 전체에 걸쳐서, 그리고 일상의 창조에서 다시금 발견된다. 이제 자연을 참작하는 것, 자연과 상대하는 것(faire avec la nature)이 문제가 된다. 이제 자연에 대한 단순한 통제를 넘어서서, 집단적으로 존재의 비극적 감정에 참여한다.

마페졸리가 보기에 여성적인 것, "영원히 여성적인 것(éternel féminin)"은, 이와 같은 생명의 흐름과 자연적 삼투 관계에 있다. 그리고 장구한 세월에 걸쳐서 종(種)의 항구성을 보장하는 것도, 삶이 갱신되고 자라나고 풍성해지도록 하는 것도, 바로 이 여성적인 것이다. 이 세계가 야기한 미학적 감흥을 용이하게 하는 것도, 이 세계에 대한 전율을 가능하게 하는 것도 역시, 마페졸리에 의하면, 이 여성적인 것이다. 사물들을 어떻게 되어야 하는 바대로가 아니라, 있는 그대로 말할 줄 아는 "쓰다듬는 사유(pensée caressante)" 또한 이 여성적인 것이라는 것이다.(IE, pp. 208~209)

여기에서 마페졸리가 '영원한 여성'이라는 괴테의 표현을 다시금 쓰는 것은 여성을 남성화시키기 위하여, 혹은 세계의 여성화는 역의 일치 속에 인간 본성의 두 측면들을 통합한다는 사실을 강조하기 위해서이다. 왜냐하면 생기론에 고유한 점은, 마페졸리가 보기에, 양가성 위에 그리고 양가성을 출발점으로 하여 기능하는 것이기 때문이다. 이와 같이 하나의 가치와 그 반대를 동종 요법적으로 통합하는 것이 '진정한 휴머니즘'이라는 것이다.

인간―신의 일신교, 주인―부친의 일신교와 마주하여 여성화는, 마페졸리가 보기에, 항상 다신주의, 다원적이고 대립적인 가치들의 동의어이다. 그런데 역동적 긴장을 낳는 것은 이 대립적인 가치들이다. 삶을 추동하는 것 또한 이것들이다. 마페졸리에 의하면, 이 예들은 여러 '자연종교들'에서 발견되는데, 이 종교들 안에서는 대지, 운명 그리고 양성적인 에로스가 공존한다. 옛 터키의 샤머니즘, 일본의 신토이즘, 아프리카·브라질의 숭배들이 그 좋은 예가 된다. 그리고 이 후자들에 공통적인 점은 정체성의 코드들의 흐려짐이라는 것이다. 이것들은 또한 자연주의적 근거를 가진 종교성 안에서 발견할 수 있는 것이기도 하다. 대지 모신의 지하의 힘은 비결정화된 것이고, 그것은 항상 원초적 양성 그리고 그것의 역동적 양가성의 옛 신화와 만난다.(IE, pp. 209~210)

결국 '영원한 여성적인 것'은 페미니스트적인 것이 아니라, 인간을 그에게 보고의 구실을 하는 자연에 결합하는 모든 것을 다시 말하는 것이고, 찢김을 넘어서서 기원적 통일성으로의 회귀를 말하는 것이다.

마페졸리는 다시 서구 창세 신화의 예를 든다. 신화에서 카오스(Chaos)는 가이아(Gaïa), 즉 대지를 낳는다. 후자는 분열에 의하여 우라노스(Ouranos), 즉 하늘을 생성시킨다. 마페졸리에 의하면, 모든 서양 전통은 제우스에 의하여 상징화되는 후자를 신성화한다. 고전적으로 보았을 때 제우스는, 덮어씌우는 하늘로서 질서를 부여한다. 그것은, 아이가 엄마로부터 분리되는 것을, 말하자면 탈혼융화(défusionne)하는 것을 가능하게 한다. 이 의미에서 프로메테우스적인 부르주아주의의 후계자인 정신분석의 근본은, 본질적으로 '구분하는' 문명의 이 가부장적 질서 부여의 기능을 자기 것으로 한다.

그러나 반대로 융합적 혹은 대지적 원형은 쉽사리 사라지지 않는다. 애매하고, 남성적 신들 중에서 가장 여성적인 신인 디오니소스는 노모스의 한가운데에 '자연(*phusis*)'을 재도입하기 위하여 돌아온다. 풍요로운 무질서이며, 창건적 폭력이라고 할 수 있는데, 왜냐하면 그것은 다시 삶을 부여하는 위기이기도 하기 때문이라는 것이다. 그리고 이것은 또한 존재의 온전성에 근거한 에너지, 다형적인, 즉 성적이고, 에로틱하고, 사회적이며, 주신제적인 리비도이기도 하다.(IE, p. 216)

마페졸리는 다음과 같은 오리데스 폰텔라(Orides Fontela)의 시를 인용하면서 자신의 문제 틀을 다시 요약한다. "나의 손 위의 새 / 너의 노래 / 순수한 생동감 / 나의 휴머니티를 만난다." 이 동물―생명력―휴머니티의 연결이 앞의 논의들을 축약해서 보여준다는 것이다.(IE, p. 218) 그리고 존재론적인 차원에서, 마페졸리는 성 아우구스티누스의 다음과 같은 표현을 상기시킨다. "*Inter fesces et urinam nascitur.*" 즉 똥과 오줌 사이에서 인간은 태어나고, 결국 그를 기다리는 것도 마지막에는 부패이지만, 그 둘 사이에는 그 거친 강렬함을 가진 삶이 있는 것이다. 이와 같은 존재의 모든 기쁨의 메타포로서 마페졸리는 '복부'의 은유를 쓴다.

그리고 앞서 우리가 살폈지만, 이에 상응하는 '복부의 사유'를 강조한다. 그것은 감정, 정서, 감각을 사회적 표현들로서 받아들일 줄 아는 사유, 욕망과 열정과 정신 사이의 '새로운 연합'을, 유물론과 정신성 사이의 그것을, 자연과 문화 사이의 그것을 그리고 '복부'와 지성 사이의 그것을 설정하는 사유이기도 하다. 이 '감성적 이성'의 동력은, 마페졸리에 의하면, '여성적인 것'이다. 그리고 이 '감성적 이성'은 인간을 구성하고 있는 '부식토'를 상기하는 것이고, 그것은 그 인간의 최선을 낳게 하기 위하여 그리고 그것의 가장 아름다운 즐거움을 표명하게 하기 위하여서인 것이다. 마페졸리는 결론짓는다. "승화에 이르기 위하여 있는 것을 인정하는 것, 이것이 비극의 표지가 아니겠는가?"(IE, pp. 220~221)

열정적 인력

마페졸리는 다음과 같이 자신의 생기론을 요약한다.

> 편견 없이 선개념 없이, 요약한다면 그것을 선험적으로 가두는 아무것도 없이 삶을 바라볼 것. 그것은 아마도 어떤 면에서 삶이 관대하고, 연대적이고, 연결시켜주고, 한마디로 말한다면 살아 있고 끊임없는 재개 속에 있는지를 보게 할 것이다.(IE, p. 221)

이 삶에서, 우리는 앞에서 마페졸리를 따라가면서, '참여'의 중요성에 대하여 살펴보았다. 이 '참여'는 그 마술적인 의미에서의, 사물들에의, 사람들에의 그리고 장소들에의 참여를 의미하였다. 마페졸리는 이를 일종의 '열정적 인력(attraction passionnée)'이라고 이름 붙이는데, 이것은 일종의 계통발생적인 도식이며, 타자를 찾고, 타자와 접촉하며, 타자처럼 하고자 하는 '잔기(殘基)'(파레토)라는 것이다. 물론 이것을 퇴행이라고, 그리고 프로이트식의 단순주의 안에서는 어머니와의 병적인 미분화라고, 혹은 더 나쁘게는 자연적 '대모(Grande Mère)'와의 미분화라고 비판할 것이다.

그러나 마페졸리는 이 인력을 오늘날 우리가 목도하고 있다는 점을, 그리고 그것이 우리에게 익숙하지 않은 가치들이라고 할지라도, 그것은 또한 삶의 형식이 될 수 있음을 강조한다. 마페졸리가 보기에 그것은 무엇보다도 '연결'의 기호이며, 관련을 맺어주고, 삶을 그 온전성 안에서 표현할 수 있게 해준다는 것이다.(IE, p. 222) 이제, 우리가 앞서 살핀 바와 같이, 현대 개인주의의 특징인 '분리'와 '구분'이 더 이상 중요하지 않고, 반대로 포스트 모던 통합주의의 표식으로서의 과도한 '참여'가 중요하다는 것이다.

그 결과 우리는 다양한 토템들을 중심으로 한 여러 형태의 참여를 목도한다. 이 토템들 혹은 '작은 신(神)들'은 여러 형태를 띨 수 있다. 그것은 오브제 신이 될 수도 있고, 성(性)의 신, 영토의 신이 될 수도 있으며, 자연 그리고/혹은 생태학 또한 이와 같이 퍼져 있는 애니미즘의 집적소 역할을 할 수 있다. 그리고 이 각각의 경우 우리는 신적인 것과 운명 간의 관계를 확인할 수 있다는 것이다. 즉 이 작은 신들은 그 자체로서 수락된다. 오브제를 부인하는 것도 아니고, 성을 승화시켜야 하는 것도 아니며, 영역을 구획 지어야 하는 것도 아니고, 자연을 가공해야 하는 것도 아니다. 이제 마페졸리가 들고 있는 두 가지 예인 '오브제'와 '영토'의 경우를 살펴보자.

먼저 '이미지화된 오브제(objet imagé)'의 경우를 살펴보자. 이제 오브제는 더 이상 '멀리 던져진(*ob-jectum*)' 것이 아니라, 일상생활의 역동적 요소가 된다.(CM 참조) "우리가 생명이 없다고 부르는 오브제들은 과학의 추상들보다 훨씬 살아 있다……. 그것들이 우리의 관심을 끌고, 우리를 감동시키며, 우리들이 그것들과 공명하게 한다."(귀요) 마페졸리에 의하면, 바로 그것들을 통하여 우리는 말의 강한 의미에서 자아와 세계와의 조화의 한 형태를 발견하게 된다. 말하자면 그것들은 적대적인 환경을 길들일 수 있게 한다. 이 관점에서 마페졸리는, "오브제들에 의하여 창조되고, 채워지고, 관통된 세계 그리고 그것들에 의해 길들여진 세계"라는 의미의 신조어인 '오브젝탈'의 세계(monde 'objectal')의 개념을 제안한다. 더 나아가서 마페졸리는 후자가 하나의 영혼을 갖고 있고, 우리의 세계에 생기를 띠게 한다고 주장한다.

이렇게 되면, 주체와 객체와의 구분은 더 이상 없고, 이 두 극(極) 간의 오고 감이 있을 뿐이다.

> 〔……〕단순한 주관적인 것 혹은 객관적인 것에 대립하는 '도정적(trajectif)'인 것, 그 안에서는 오브제들이 그만큼의 '중재인', 그만큼의 '과도적인' 오브제들인 그러한 보다 마술적인 세계와의 관계의 창건적 요소로서의 '인류학적 도정'(뒤랑)이 있다.

오브제들은 중개하고, 완화하며, 개입한다.(IE, p. 224)

마페졸리는 이런 관점에서 대형 쇼핑센터들의 성공을 이해할 것을 권유한다. 즉 그것들은 판매의 단순한 기능적인 장소들이 아니라, 융합의 기회들이라는 것이다. "그것들은, 그 안에서 각자가 어떤 하나의 오브제들을 소유하기보다는 그것들에 의하여 '소유당하는(possédé[4])', 그러한 진정한 '소모'의 트랜스들을 야기한다."(IE, p. 224)

이런 관점에서 보았을 때 오브제는 마페졸리가 주장하는 의미에서의 '세계의 재마법화(réenchantement du monde)'에 참여한다.

그런데 이러한 마술적 참여는 지금, 여기에 뿌리내리고 있다. 즉 그것은, 비극적인 방식으로 보여지고, 살게 주어지는 이 세계를 산다는 것이다. 이런 의미에서 마페졸리는, 앞서 우리가 살폈듯이, "관계를 만드는 장소"에 대하여 강조한다. 즉 오브제가 현재주의적 즐김의 작은 영토라면, 엄격한 의미에서의 영토 또한 즐김의 기회라는 것이다.

이제 젊은 세대들은 도시를 일련의 다양한— 음악, 야간 비등의 장소, 종교적 흥분, 문화적·의복적 소비, 영화, 스포츠

---

4) 불어로는 '신들린다'는 의미도 있음.

등—'성소(hauts lieux)'로 인지한다는 것이다. '성소'는 원래 신들이 숭앙되는 장소이지만, 이제 그것들을 통해서 숭앙되는 것은, 마페졸리에 의하면, 그 온전함 안에서의 세계이다. 그리고 이 성소들은 또한 다양한 형태의 과도함들(excès)이 체험되는 장소이기도 하다. 이때 공동 열정—'주신제(orgie)'의 어원적 의미—의 격앙은 모둠 살이의 욕망과 기쁨의 토대를 다시 마련한다. 공간에 연결된 강렬함인 셈이고, 이는 다시 '땅'의 신, 뿌리내리고 있는 신, 영토의 신이기도 한 디오니소스를 상기시킨다는 것이다. 그것은 또한 불안하게 하고, 비극을 연상시키는 신이지만, 동시에 활성화의 신이기도 한 것이다. 반복하자면 활기를 주고, 삶을 주는 모든 것들은 불안함을 통해서 표명된다는 것이다.(IE, pp. 225~227)

이와 같이 영토에는 무언가 성스러운 것이 그리고 무언가 고풍스러운 것이 있다. 그리고 가장 현재적인 것(actuel)은 바로 이 고풍스러운 것이라고 마페졸리는 강조한다. 말하자면 깊게 파인 고랑처럼, 영토는 사회체를 구성하는 존재 방식들, 감정들, 정서들 그리고 감각들이 싹을 트고 자라나게 하는 것을 허락한다. 이제 중요한 것은 이 세계와 자아에 대한 인간의 행위가 아니라, 성장이고, '발명(invention)'—뿌리내린 싹이 빛을 보게 한다는 의미에서—이라는 것이다. 이것이 바로, 마페졸리에 의하면, 영토와 그 영토가 야기하는—축제적이고 진부한—사회성이다. 그러나 그것이 지금 여기에서의 존재를 하나의 예술 작품이 되게 한다는 의미에서, 위에서 언급한 '축제적인'과 '진부한'의 구분은 별 의미가 없어진다.

> 영토의 강조는 따라서 세계의 비극적 감정과 상관적이다. 즉 종교적 혹은 역사적 저세상이 없는 순간부터, 이 땅이 주는 것을 강렬하게 살아야 한다. 이러한 내재주의의 결과에 대해서는 아무리 강조해도 모자라지 않을 것이다. 각 행위, 각 상황 그리고 각 순간은 그 자체로 하나의 전체를 구성한다.(IE, p. 228)

이와 같은 자족성은 또한, 마페졸리에 의하면, 모든 예술 작품을 특징짓는 것이기도 하다. 예술 작품은 또한 그것을 명상하는 이들을 큰 전체와의 융합에 이르게 하기도 한다. 명상에는 물론 하나의 죽음, 망아의 '작은 죽음', 주신주의의 죽음이 있지만, 그것은 '더 이상의 존재'에 이르는 하나의 '손실'이라는 것이다. 그것이 하나의 탁자이든, 한 편의 음악이든, 하나의 풍경이든 혹은 특별한 한순간의 강렬한 삶이든, 예술 작품은 '죽음'을 거치면서 죽음을 초월하고, 세계의 젊어짐(ra-jeunissement)에 참여한다.

우리는 또한 장소에 의하여 특징지어지는 만큼 장소에 반대로 특징을 부여한다. 이것이 바로 '장소의 정령'의 아이디어일 터인데, 그 고유의 '아우라'에 의하여 그 장소를 사는 부족의 구성을 보장하는 것은 바로 이 아이디어이다. 이와 동시

에 중요한 것은 장소가 타자와의 융합을 가능하게 한다는 것
이다.(IE, p. 231)

그리고 이를 통해 가능해진 '모둠 살이'는 새로운 형태의
관대함과 연대를 야기한다. 이와 관련하여 마페졸리는 영토
의 공유, 비극적 분위기 그리고 여러 차원의 자선적 운동 간
의 상관관계를 가정한다. 우리는 이미 주신제가 열정의 공유
이고, 신비로움의 찬양이라는 점을 살펴보았는데, 이와 같은
열정과 신비로움은 축제적 과도함, 방탕함, 쾌락주의 등과 관
련이 있지만, 그것들은 또한 자선의 운동들에 고유한 타인에
대한 배려, 연민 그리고 관대함도 야기한다는 것이다.

다시 한 번 비극, 기쁨 그리고 연대는 연결되어 있다는 점
을 확인할 수 있는데, 왜냐하면 타자에게 일어나는 일은 나
역시 위협한다는 것을 우리는 체화된 '지식'으로 알고 있기
때문이라는 것이다. 재앙 영화들을 마페졸리는 그 좋은 예로
서 들고 있다. 그리고 비극은 또한 동일시를 낳는다. 그리고
이것이 바로 함께 전율하고, 웃고, 울고, 소리치고, 노래하게
하는 '공감'이라는 것이다. 더 나아가 내 곁에, 공동의 영토
위에 사는 타자를 인정하면서, 그리고 이 세계의 수락에 의하
여 유도되는 비극은 또한, 내 자신 안의 타자의 인정과 수락
으로 이르게 된다.(IE, p. 233)

아마도 이것이 융이 제안하는 '개성화 과정'과 관련이 있다
고 마페졸리는 강조한다. 에고에 대한 숭앙을 넘어서서 그것

은 자신 속에 단순한 자아보다 무한히 더 많은 것을 껴안는
다. "개성화는 우주를 배제하지 않고, 그것을 포함한다."(C.
G. Jung, *Les racines de la conscience*, Paris, Buchet-Chastel,
1971, p. 554; IE, p. 233에서 재인용)

헤르메스의 정신을 향한 여정

우리는 이제 마페졸리 저작의 주된 흐름을 '자연 회귀'의 문제 틀을 바탕으로 정리해본 셈이다. 그러나 이와 더불어 당연히 검토되었어야 할 '방법론'은 지면의 제한상 본격적으로 다루어질 수 없었다. 이를 체계적으로 다루는 것은 다음 기회로 미루기로 하고, 여기서는 '방법론'과 관련한 마페졸리의 기본 입장을 검토하고, 그것의 의미를 '헤르메스적 이성(*hermetica ratio*)'과 관련시켜 살펴보는 것으로 이 책을 매듭짓도록 하겠다.

'형상적 사유'

마페졸리의 방법론은 아마도 '형상적 사유(pensée figurative)'의 틀 안에서 살펴볼 수 있을 터인데, 그 예로서 그가 주장하는 사물들의 '제시(présentation)'에 의한 '재현(représentation)'의 대체에 대하여 살펴보기로 하자.(ERS, p. 23) 마페졸리에 의하면, '재현'은 모든 영역에서 모더니티의 중심이었다. 정치조직의 경우 그것은, 민주주의적 이상의 기초가 되면서, 권력의 모든 대리들을 정당화하였다. 다양한 해석 체계들에서는 연속적인 중재의 절차를 통하여, 단순한 사실성 너머로 그 근본적이고, 보편적이고, 우회할 수 없는 진리 안에서 세계를 재현하려는 야망이 중요하였다. 두 경우 모두 순화, 환원 그리고 완성에 그 절차들이 근거를 두고 있다.

마페졸리에 따르면 '제시'는 전혀 다르다. 그것은 있는 것을 그대로 내버려 두는 데에 만족하고, '현 세계(monde-là)'의 풍성함과 역동성 그리고 생명력을 드러내려고 한다.(ERS, p. 23)

'현 세계'는 물론, 불완전하다. 그러나 그것은 존재한다는 가치가 있고, 그 자체로 체험된다는 가치가 있다. '제시'가 강조하는 것은, 마페졸리에 따르면, 현상, 즉 경험적인 무엇, 경험적으로 체험된 무엇을 단순한 합리적 비판으로 비울 수 없다는 것이다. 있는 그대로의 세계에 대한 적응이 지배적이 되는 사회적 상상계 안에서 작동하는 것도 또한 이것이라는 것이다. 이것이 마페졸리가 포스트 모더니티의 중요 형상으로서의 '세계의 명상'을 통하여 말하고자 하는 바이기도 하다. 또한 이 점이 바로 마페졸리가 '형식'의 분석에서, '현상'을 신중히 받아들이는 것에서, 그리고 경험의 회귀 안에서 강조하고자 하는 바인, 뒤랑이 바로 '이미지의 인지적 역할'이라고 불렀던 것이다.

'이미지'는 단일한 진리를 찾지 않고, 모든 사물의 역설과 복잡성을 강조하는 데에 만족한다. 이 점에서 '제시'는 사회적 혹은 자연적 실재의 주인이기보다는 그것에 보다 종속된다고 마페졸리는 지적한다. 그것은 세속적 소여를 지배하기보다는 그것의 하녀이다. '스타일'이라는 개념을 통하여 그가 보여주고자 하는 바도 바로 이것이라고 마페졸리는 강조한다. 세계의 아름다운 그 특수한 표현들에 주의를 기울이는 이는, 이제 이 세계의 창조적 노력에 참여한다. 이 의미에서 '존재하게 내버려 두는 것(laisser-être)'은 존재의 전체성을 파악하기 위하여, 이 예술 작품인 삶을 표현하기 위하여, 지적 절차 안에 미학적 염려를 다양한 배합으로 통합할 줄 아는 하나의 요구라는 것이다.

또한 이러한 통합주의의 추구는, 마페졸리에 의하면, 독자들에게도 요구된다. 그것은 실재를 조각으로 자르는 용이성에 근거하고 있지 않기 때문이다. '스타일'을 강조한다는 것은 숙고의 노력을 필요로 한다. 왜냐하면 그것은 어떤 구체적인 내용을 내주는 것이 아니고, 용기(容器)를, 형식을 서술하는 데에 만족하기 때문이다. 이 '형식' 안에서 각자는 그의 고유한 사유 능력을 행사해야 한다. 하나의 메시지를 내놓는 합리주의는 목표로 직접 향한다. 상상계의 불확실한 절차는, 마페졸리에 의하면, 전혀 다르다.

이는 드문 지식(savoir rare)에 이른다. 그것이 서술하는 자체를 드러내는 동시에 감추는 지식. 섬세한 정신들에게, 메타포의 아라베스크 밑으로 다수의 진리들을 숨겨두는 지식. 각자에게 벗겨내는, 즉 발견하고자 하는 것을 그 자신에 의하여, 그 자신을 위하여 이해하는 수고를 남겨놓는 지식. 말하자면 입문적 지식.(ERS, p. 26)

이 관점에서 보자면, 메타포는 지식인의 절차에 감각을 통합한다는 의미에서 매우 중요하다고 마페졸리는 강조한다. 그것은, 사회생활 안에서의 감각적인 것의 위치와 그것의 지식 행위 안으로의 통합 사이의 정확히 중간에 위치한다고 말할 수 있다. 그리고 모든 영역에서 열정, 감각, 감정 그리고 정서 등이 중요한 이 상황에서 메타포는, 이를 파악하기 위한 적절한 도구 중의 하나이다. 사상사의 중요한 순간에 지성과 감성 사이의 균형을 허락해준 것도 또한 메타포라는 것이다. 그리고 이 균형은, 마페졸리에 의하면, 모더니티 동안 경시되어왔던 '상식' 안에서 재발견되고(CO 참조), 그 자체로 체험된다. 그것은 또한 전통 사회들의 유기적 사유에서도, 포스트모던 사회성 안에서도 현전한다.

이제 이러한 '형상적 사유'의 의미를, 그것에 대해 서로 상이한 가치 평가를 내리고 있는 움베르토 에코(Umberto Eco)와 뒤랑의 논의를 통해 살펴보기로 하자.

'제3의 여건'과 헤르메스적 이성

에코에 따르면, 그것들을 정의내리기에의 어려움에도 불구하고, '합리적인 것'과 '비합리적인 것'은 다음과 같이 설명될 수 있다. '합리적'이라는 것은 "'모두스(*modus*)' 안에 있다는 것, 즉 어떤 한계 내에 있다는 것, 그리고 일정한 척도를 존중한다는 것"인 반면, '비합리적인 것'은 "하나의 규범에 의하여 정해진 한계를 넘어가는 어떤 것"이다. 영어에서의 'unreasonableness'에 대비되는 'moderateness'가 이를 잘 보여 준다.(에코, 1990) 우선 에코를 따라서 '합리주의' 쪽을 검토해 보자.

"모두스 안에 있다."라는 이 합리주의의 원칙은, 에코에 의하면, 고대 그리스와 라틴 문명으로부터 이어받은 두 규칙을 우리에게 상기시킨다. 우선 '논리'의 측면에서 그것은 '모두스 포넨스(*modus ponens*)'의 원칙이다. 그다음 '윤리적' 측면에서는, 호라티우스가 다음과 같이 정식화한 원칙이다. "만물에는 척도와 일정한 한계가 있으니, 이러한 경계선의 이쪽이나 저쪽 모두에서 정의는 설 수가 없다."

에코에 의하면, 우선 '모두스 포넨스'는 그리스 합리주의에서는, 인식한다는 것은 항상 어떤 '카우자(*causa*)', 즉 인식하고자 하는 것의 원인을 인식하는 것을 의미했다. 그리고 세계를 '인과관계'에 따라 해명하려면, 일직선적이고 단선적인 연쇄 고리라는 개념을 발전시켜야 했다. 또한 인과 고리가 일직선적이라는 점을 논증하려면 몇 가지 원칙을 받아들여야 했다는 것이다. 즉 동일성의 원리(A=A), 무모순성의 원리(어떤 점이 A이면서 동시에 A가 아닌 것은 불가능하다), 배중률의 원리(A는 참이거나 거짓이다 *tertium non datur*)가 그것들이다.

그러나 이 합리주의의 원칙은, 에코에 의하면, 법적 정치적 차원에도 적용된다. 이 경우, '경계'가 모두스의 역할을 맡게 된다. 바로 그렇기에 로마인들은 도시의 경계를 설정하는 물길인 술커스(*sulcus*, 홈)에 큰 중요성을 부여하였다는 것이다. 또한 바로 그렇기에 술커스를 가로지르는 다리의 건설은, 바로 그 다리가 성물(聖物)이었기 때문에 폰티펙스(*pontifex*, 대신관)의 엄격한 관리하에 놓인다. 따라서 한계들의 명확한 경계선이 더 이상 존재하지 않고, 야만인들이 그들의 유목민적인 삶의 방식을 로마인들에게 부과하게 되었을 때, 제국은 파국을 맞이하게 되었다는 것이다.

그런데 동시에, 다시 에코에 따르면, 그리스 세계는 지속적으로 아페이론(*apeiron*), 즉 무한에, 달리 말하면 모두스를 갖고 있지 않은 것, 규범을 벗어나는 것에 의하여 이끌리게 된다. 이러한 무한에 대한 매혹은, 고대 그리스에서 헤르메스의 신화적 형상에 의하여 상징화되었다. 헤르메스는, 에코에 따르면, 지속적인 변전의 신이고, 휘발성이고, 애매한 신이며, 그렇지만 특히 매개자의 신인 동시에, 외국인을 좋아하는 신이다. 또한 헤르메스는, 앞의 논의의 논리선상에서 '비합리주의'의 신인 셈이다.

에코가 헤르메스를 '비합리주의'에 위치시키고, 이에 대한 비판을 가하고 있다면, 뒤랑의 이에 대한 진단은 다르다.

논리적 그리고 인식론적 측면에서 헤르메스적 사유는, 뒤랑에 의하면, 무엇보다도 유사성의 원칙에 의하여 정의될 수 있다. 예를 들어 화학적 실체, 수목, 장소, 별 그리고 인간의 상황들 사이에 '공감적' 관계를 설정하려는 원칙. 그러나 우주의 사물들을 인간의 부분들, 기질들과 연결하는 이 '공감적 관계' 혹은 '끈'은, 뒤랑에 의하면, 고전 합리주의 안에서 배제되었던 '제3'에 다름 아니다. 따라서 이 유사성의 원칙은 '제3의 여건(*tertium datum*)' 혹은 비이원성의 원칙을 함축한다.(G. Durand, 1975, pp. 35~37)

이 '제3'은 예를 들어, 일정한 상동성(homologie)을 가능하게 하는 '본질(essence)'에 의하여 설명될 수 있다. A′와 A″의 상동성 혹은 B′와 B″의 상동성은, A에 공통적인 하나의 '본질'이 A′와 A″에 부여되었다는 것, B는 B′와 B″에 부여되었다는 것을 함축한다.(G. Durand, 1975, p. 183) 그리고 또한, "분석이 거기에서 발견하고, 그것이 하나의 동일한 이해 안에서 결합할 수 없는 그러한 대립을 하나의 유일한 현상 안으로 연결하게 해주는 것"도 이 '제3의 여건'의 논리인 것이다. 이렇게 하여, 뒤랑에 의하면, 유사성의 원칙은 '역의 일치'의 원칙에 다름 아니다.(G. Durand, 1975, p. 209) 결국 사물 속의 운동과 다양성이 도입되는 것은, 중재적 특수성과 역동적 중재인 이 '제3'에 의한 것이다. 그리고 또한 자아를 벗어나고, 타자에의 개방을 가능하게 하는 것, 그리고 이타성 일반에의 개방을 가능하게 하는 것 역시 이 '제3'인 것이다. 결국 마페졸리의 저작을 관통한다고 우리가 가정한 '자연 회귀'의 문제 의식은 이 '제3의 여건'의 문제 틀 안에 놓일 수 있음을 우리는 다시금 확인하게 된다.

1. 마페졸리 저술

Michel Maffesoli, *La logique de la domination*, Paris: PUF, 1976. (LD)

______ , *La violence totaloitaire, Essai d'anthropologie politique*, Paris: PUF, 1979. (VT)

______, *La conquête du présent, Pour une sociologie de la vie quotidienne*, Paris: PUF, 1979. (CP)

______, *L'ombre de Dionysos, Contribution à une sociologie de l'orgie*, Paris: Méridien Klincksieck, 1982. (*The Shadow of Dionysus*, SUNY, 1993) (OD)

______, *Essai sur la violence banale et fondatrice*, Paris: Méridien Klincksieck, 1984. (EV)

______, *La connaissance ordinaire, Précis de sociologie compréhensive*, Paris: Méridien Klincksieck, 1985. (*The ordinary knowledge, An introduction to interpretive sociology*, Polity Press, 1996) (CO)

______, *Le temps des tribus, Le déclin de l'individualisme dans la société de masse*, Paris: Méridien Klincksieck, 1988. (*The Time of the tribes, The decline of the individualism in mass society*, London: Sage, 1995) (TT)

______, *Au creux des apparences, Pour une éthique de l'esthétique*, Paris: Plon, 1990. (ACA)

______, *La transfiguration du politique, La tribalisation du monde*, Paris: Grasset, 1992. (TP)

______, *La contemplation du monde, Figures du style communautaire*, Paris:

Grasset, 1993. (박재환, 이상훈 옮김,『현대를 생각한다』, 서울: 문예출판사, 1997) (*Contemplation of the world, Figures of community style*, Minnesota: 1996) (CM)

______, *Elogie de la raison sensible*, Paris: Grasset, 1996. (ERS)

______, *Du nomadisme, Vagabondages initiatiques*, Paris: Le livre de poche, 1997. (DN)

______, *Le mystère de la conjonction*, Fata Morgana, 1998.

______, *L' instant éternel, Le retour du tragique dans la société postmoderne*, Paris: Denoël, 2000. (IE)

______, *La part du diable, Précis de subversion postmoderne*, Paris: Flammarion, 2002. (PD)

______, *Le rythme de vie, Variations sur les sensibilités postmodernes*, La table ronde, 2004. (RV)

______, *Le réenchantement du monde, Une éthique pour notre temps*, La table ronde, 2007. (RM)

2. 마페졸리 관련 논문

박재환, 「일상생활에 대한 사회학적 조명」, 일상성 · 일상생활 연구회 (엮음), 『일상생활의 사회학』, 한울, 1994.

박치완, 「포스트모더니즘에 대한 미셸 마페졸리의 새로운 시각: 반(反)논리에서 보충의 논리로, 일상으로」, 해석학 연구 Vol. 10, 2002.

Abby Peterson, "Book Reviews: Michel Maffesoli, The Time of the Tribes: The Decline of Individualism in Mass Society", London: Sage, 1996, *Acta Sociologica*, Vol. 40, 1997, pp. 323~327.

Andy Bennett, "Subcultures or Neo-Tribus? Rethinking the Relationship between Youth, Style and Musical Taste", *Sociology*, Vol.33. No.3, SAGE Publications, 1999, pp. 599~617,

Andy Letcher, "The Scouring of the Shire: Fairies, Trolls and Pixies in Eco-Protest Culture", *Folklore*, Vol. 112, 2001, pp. 147~161.

Anita Lacey, 2005. "Networked Communities: Social Centers and Activist

Spaces in Contemporary Britain", *Space and Culture*, Vol. 8, No. 3, SAGE Publications, 2005, pp. 286~301.

Barry Smart, "A Political Economy of New Times?: Critical Reflections on the Network Society and the Ethos of Informational Capitalism", *European Journal of Social Theory*, Vol. 3(1), London, Thousand Oaks, CA and New Delhi: SAGE, 2000, pp. 51~65.

Centre d'Études sur l'Actuel et le Quotidien, *Dérive autour de l'oeuvre de Michel Maffesoli*, Paris: L'Harmattan, 2004.

Chantal Malenfant, "Sociabilities and Volunteering in Sports Associations in France", *International Review for the Sociology of Sport*, Vol. 22, 1987, pp. 281~292.

Chris Shilling, "The Undersocialised Conception on the Embodied Agent in Modern Sociology", *Sociology*, Vol. 31, No. 4, BSA Publications Ltd., 1997, pp. 737~754.

Christian Borch, "The Exclusion of the Crowd: The Destiny of a Sociological Figure of the Irrational", *European Journal of Social Theory*, Vol. 9(1), London: Thousand Oaks and New Delhi: SAGE, 2006. pp. 83~102.

Costea Bodgan, Crump Norman and Holm John, "Dionysus at Work? The Ethos of Play and the Ethos of Management", *Culture and Organization*, Vol. 11(2), 2005, pp. 139~151.

David Evans, "Michel Maffesoli's sociology of modernity and postmodernity: an introduction and critical assessment", *The Editorial Board of The sociological Review*, Blackwell Publishers, 1997, pp. 220~243.

Dick Pels, "Privileged Nomads: On the Strangeness of Intellectuals and the Intellectuality of Strangers", *Theory, Culture & Society*, London, Thousand Oaks, CA and New Delhi: SAGE, Vol. 16(1), 1999, pp. 63~86.

Eduardo De la Fuente, "Sociology and Aesthetics", *European Journal of Social Theory*, Vol. 3(2), London: Thousand Oaks and New Delhi: SAGE, 2000, pp. 235~247.

Elżbieta Hałas, "Symbolism and social Phenomena: Toward the Integration of Past and Current Theoretical Approaches", *European Journal of Social Theory*, Vol. 5(3), London: Thousand Oaks, CA and New Delhi: Sage Publications, 2002, pp. 351~366.

F. Rűdiger, "Civilization and Barbarism in a Contemporary Critique of Culture: A Reading of Michel Maffesoli", *European Journal of Communication*, Vol. 19(1), 2004, pp. 124~125.

Federico Casalegno, "On cybersocialities. Networked communication and social interaction in the wired city of Blacksburg, VA, USA", *Telematics and Informatičs*, Vol. 18(1), 2001, pp. 17~34 .

Gilbert Durand, "Rencontre", Centre d'Études sur l'Actuel et le Quotidien, *Dérive autour de l'oeuvre de Michel Maffesoli*, Paris: L'Harmattan, 2004, pp. 9~10 .

Hélène-Strohl-Maffesoli, "Le jaillissement de la vie", Centre d'Études sur l' Actuel et le Quotidien, *Dérive autour de l'oeuvre de Michel Maffesoli*, Paris: L'Harmattan, 2004, pp. 14~20.

Jing Wang, "Bourgeois Bohemians in China? Neo-Tribes and the Urban Imaginary", *China Quarterly*, No. 183, 2005, pp. 1~31.

Jonathan S. Fish, "Stjepan Mestrović and Michel Maffesoli's 'implosive' defence of the Durkheimian tradition: theoretical convergences around Baudrillard's thesis on the 'end' of the social", *The Editorial Board of The sociological Review*, Blackwell Publishing Ltd., 2003, pp. 257~275.

Julia D. Harrison, "Multiple Imaginings of Institutional Identity-A Case Study of a Large Psychiatric Research Hospital", *The Journal of Applied Behavioral Science*, Vol. 36, No. 4, 2000, pp. 425~455.

Kevin Hetherington, "Identity Formation, Space and Social Centrality", *Theory, Culture & Society*, Vol. 13(4), London: Thousand Oaks and New Delhi: SAGE, 1996, pp. 33~52.

Kyongwon Yoon, "Local Sociality in Young People's Mobile Communications-A Korean Case Study", *Childhood*, Vol. 13(2), London,

Thousand Oaks, CA and New Delhi: SAGE, 2006, pp. 155~174.

Randall Collins, "Reviewed Work(s): The Shadow of Dionysus: A Contribution to the Sociology of the Orgy. by Michel Maffesoli", *Contemporary Sociology*, Vol. 23, No. 2, 1994, pp. 318~320.

Richard H. Brown, "Phenomenological Sociology in France: A review of Michel Maffesoli' s La Conquet du Present", *Sociological Forum*, Vol. 1, Number3, springer Netherlands, 1986, pp. 535~542.

Richard Samuel, "Book Reviews: Michel Maffesoli, The Time of the Tribes: The Decline of Individualism in Mass Society", *Sociology*, Vol. 31, 1997, pp. 165~167.

Rob Shields, "Introduction to 'The Ethic of Aesthetics' ", *Theory Culture & Society*, London, Thousand Oaks, CA and New Delhi: SAGE, Vol. 8, 1991, pp. 1~5.

Ronald N. Jacobs & Philip Smith, "Romance, Irony, and Solidarity", *Sociological Theory*, Vol. 15(1), 1997, pp. 60~80.

Ronald N. Jacobs, "Reviewed Work(s): The Time of the Tribes: The Decline of Individualism in Mass Society. by Michel Maffesoli", *The American Journal of Sociology*, Vol. 102, No. 4, 1997, pp. 1229~1231.

Serge Moscovici, "Quatre thèmes de Kabbale sociologique", Centre d'Études sur l'Actuel et le Quotidien, *Dérive autour de l'oeuvre de Michel Maffesoli*, Paris: L'Harmattan, 2004, pp. 58~71.

Stephen Crook, "Minotaurs and Other Monsters: 'Everyday Life' in Recent Social Theory", *Sociology*, Vol. 32, No. 3, 1998, pp. 523~540.

William Watts Miller, "Durkheimian Time", *Time & Society*, Vol. 9(1), London, Thousand Oaks, CA and New Delhi: SAGE, 2000, pp. 5~20.

3. 기타

Françoise Bonardel, "De l' homme de culture à l' homme de désir", Michel Maffesoli (s.l.d.). *La galaxie de l' imaginaire. Dérive autour de l' oeuvre de Gilbert Durand*, Paris: Berg Intrenational Editeurs, 1980.

Gilbert Durand, *Les structures anthropologiques de l' imaginaire: Introduction à l' archétypologie générale*, Paris: PUF, 1960.

______, *Science de l' Homme et Tradition*, Paris: Tête de Feuilles et Sirac, 1975.

______, "Une réponse de la sociologie française", Michel Maffesoli et Claude Rivière (s.l.d.) *Une anthropologie des turbulences. Hommage à Georges Balandier*, Paris: Berg International Éditeurs, 1985.

______, *L' Imaginaire*, Paris: Hatier, 1994. (진형준 역, 『상상력의 과학과 철학』, 서울: 살림, 1997)

______, *Introduction à la mythodologie*, Paris: Albin Michel, 1996. (유평근 역, 『신화비평과 신화분석. 심층사회학을 위하여』, 서울: 살림, 1998)

Jean-Jacques Wunenburger, *Phiolosophie des images*, Paris: PUF, 1997.

Patrick Tacussel, "La sociologie figurative", in F. Steudler, P. Watier (éd.), *Interrogations et parcours sociologiques*, Paris: Méridiens Klincksieck, 1991.

Umberto Eco, "Rationalisme et irrationalisme", *Encyclopaedia Universalis*, symposium I ("Les enjeux"), 1990. (움베르토 에코, 「비합리주의의 역사」, 『철학의 위안』, 서울: 새물결, 2005)

자연 회귀의 사회학
미셸 마페졸리

초판 인쇄 | 2007년 8월 15일
초판 발행 | 2007년 8월 20일

지은이 | 김무경
펴낸이 | 심만수
펴낸곳 | (주)살림출판사
출판등록 | 1989년 11월 1일 제9-210호

주소 | 413-756 경기도 파주시 교하읍 문발리 파주출판도시 522-2
전화 | 영업 031)955-1350 기획·편집 031)955-1364
팩스 | 031)955-1355
e-mail | salleem@chol.com
홈페이지 | http://www.sallimbooks.com

ISBN 978-89-522-0707-4 04300
       978-89-522-0362-5 04080 (세트)

* 잘못된 책은 구입하신 서점에서 바꾸어 드립니다.
* 저자와의 협의에 의해 인지를 생략합니다.

값 15,000원